本系列教材是
上海市市属高校第三批应用型本科试点专业
"国际经济与贸易"专业建设成果

普通高等院校经济学
"十三五"规划重点教材

微观经济学

邓继光　周扬波/主编

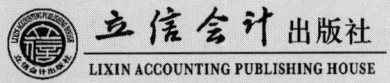

立信会计出版社
LIXIN ACCOUNTING PUBLISHING HOUSE

图书在版编目(CIP)数据

微观经济学/邓继光,周扬波主编. —上海:立信会计出版社,2018.2

普通高等院校经济学"十三五"规划重点教材

ISBN 978-7-5429-5649-1

Ⅰ.①微… Ⅱ.①邓… ②周… Ⅲ.①微观经济学—高等学校—教材 Ⅳ.①F016

中国版本图书馆 CIP 数据核字(2018)第 007016 号

责任编辑　王艳丽
封面设计　南房间

微观经济学

Weiguan Jingjixue

出版发行	立信会计出版社			
地　　址	上海市中山西路 2230 号	邮政编码	200235	
电　　话	(021)64411389	传　真	(021)64411325	
网　　址	www.lixinaph.com	电子邮箱	lxaph@sh163.net	
网上书店	www.shlx.net	电　话	(021)64411071	
经　　销	各地新华书店			
印　　刷	上海万卷印刷股份有限公司			
开　　本	787 毫米×1092 毫米	1/16		
印　　张	13	插　页	1	
字　　数	293 千字			
版　　次	2018 年 2 月第 1 版			
印　　次	2018 年 7 月第 2 次			
印　　数	4101—5600			
书　　号	ISBN 978-7-5429-5649-1/F			
定　　价	39.00 元			

如有印订差错,请与本社联系调换

总序

经济学被称为"社会科学之皇后",研究内容包罗万象,涉及社会经济生活的方方面面。经过长期的积累与发展,经济学学科构建出了一套系统的分析框架,从基本的假设出发,采用严密的逻辑,推导出清晰的结论,为理解社会经济运行现实、总结经济发展规律、指导经济政策实践提供支持,形成了一个分工细密、门类齐全的体系。

21世纪以来,随着经济科学研究的深入,经济科学内容及架构不断丰富,对经济学的认识与研究逐渐演变深化为日益细分的特定领域、具体学科和专业,体现在高校的经济学教育中,就是经济类各相关专业的核心课程体系。本系列教材即为适应高等院校经济学本科专业教育不断发展的新要求,由上海立信会计金融学院国际经贸学院组织编写的"普通高等院校经济学'十三五'规划重点教材"。

上海立信会计金融学院是根据国家和上海经济社会发展战略、上海提升财经类高校整体发展实力的规划,为适应上海建设"四个中心"、具有全球影响力的科技创新中心和自由贸易试验区的迫切需要,形成与社会主义现代化国际大都市地位相匹配的财经教育影响力的迫切需要,经中共上海市委、上海市人民政府批准,于2016年3月由上海立信会计学院和上海金融学院合并组建而成的应用型财经大学。

经济学学科是学校建设和发展的主体学科之一。建校90周年来,学校已经为社会输送了大量专业人才,积累了丰富的学科专业建设和教育教学经验。为了更好地促进经济学本科各专业发展,提升专业学科建设水平,总结与提炼教学经验,为社会培养更多优秀应用型人才,为各高等院校经济类本科专业教学提供适用的优秀教材,上海立信会计金融学院成立了以经济类专业骨干教师为核心的教材编写委员会,结合教学实践与人才培养要求编写了经贸系列规划教材。

本系列教材是上海立信会计金融学院的特色教材,主要用于高等院校本科经贸类相关专业的教学实践与参考,教材规划涵盖经贸类各专业的核心课程,目前主要包括《微观经济学》《宏观经济学》《计量经济学》《国际贸易学》《国际贸易实务》《国际商务》等。随着科研与教学工作的推进,本系列教材还将不断充实其他经贸类核心课程教材。

本系列教材有以下主要特点。

(1)一线教学、实践成果的总结。本系列教材的编写人员由上海立信会计金融学院国际经贸学院多年从事一线教学工作的教授、博士组成,实务类教材的编写人员都具有企业工作或实务工作经验,有丰富的教材写作经历和经验。在本系列教材的编写过程中,他们充分吸收最新教研成果,更加注重教材在实际教学中的使用效果。

(2)最新前沿理论、成果的总结。本系列教材在保证基础理论知识完整性的前提下,不断更新内容,将各专业领域的最新内容、知识、方法吸收到教材中,力求内容的新颖性。实务类教材则以应用性为导向,力求对接社会经济生活中的经贸实践需求与商业模式创新,为使用者提供最新的经贸实务技能学习资料。

感谢各位参编人员的辛苦付出,感谢立信会计出版社领导与编辑老师对本系列教材的支持。由于水平有限,本系列教材一定还存在一些不足之处。敬请各位经济学同仁和学生、读者在使用中提出宝贵意见,我们将边用边改,不断完善本系列教材。

唐海燕

2018 年 1 月

前言

作为经济管理类专业的专业基础课,微观经济学课程有着十分重要的意义。微观经济学也有很多不同版本的优秀教材,但不同的教材可能针对不同需求的读者。对应用型本科经管类专业的同学及对经济学感兴趣的读者来说,一本简明扼要、通俗易懂、贴近经济生活的教材,能帮助他们更好地理解和掌握微观经济学中的基本原理和方法。作为长期从事微观经济学教学的教师,我们对此有着深刻的体会,这也是为什么我们明知水平和经验有限,在已经有很多优秀教材的情况下,仍然鼓起勇气编写这本教材的原因。

本教材共分十章,第一章绪论,后九章内容包括供求及均衡价格理论、消费理论、生产和成本理论、市场结构和厂商决策理论、市场失灵和政府干预理论等基础理论。在实际教学中,第七章寡头垄断市场的独立行动模型,第十章一般均衡与福利经济学的相关内容,可根据具体情况选讲。考虑到博弈论在很多学校独立作为一门课程开设,和应用型经济管理类本科专业的实际,本书只在第七章专栏部分做了简要介绍。

本教材特色是结合近年来经济理论和我国经济社会发展的实践,如行业与竞争者分析、自由市场的效率、互联网+经济、共享经济、寻租与创新等,突出基本理论的应用性分析,加强案例教学,力求做到深入浅出、通俗易懂。同时本教材还配套开发微课等立体教学资源,方便读者更好地学用结合。

参加本教材编写的同志有邓继光(第一章、第三章、第四章、第五章)、刘明(第二章、第十章)、周扬波(第六章、第八章)、刘霞(第七章)、刘国平(第九章)。在编写过程中,先由周扬波和刘明对书稿进行编撰和整理,最后由邓继光定稿。

在本教材的编写过程中，我们参考借鉴了高鸿业、尹伯成、黄亚钧、叶德磊、刘东等专家学者的研究方法和成果，立信会计出版社的编辑老师在编写过程中做了许多工作，在此一并表示感谢！

本教材除了作为经济管理等应用型专业的教材外，也可作为广大社会读者的学习参考书。限于水平和时间，本教材中的缺点和错误在所难免，敬请各位读者指正！

编　者

2018 年 1 月

目 录

第一章 绪论 ··· 1

　　本章简要介绍学习微观经济学的必要性、微观经济学的主要研究内容以及微观经济学基本的研究方法。

第一节　为什么要学经济学 ··· 2
第二节　经济学的基本问题 ··· 5
第三节　微观经济学的研究方法 ·· 7
本章小结 ·· 10
关键术语 ·· 11
练习题 ··· 11

第二章 均衡价格理论 ·· 13

　　本章讨论了需求、供给、需求弹性、供给弹性等基本概念,分析了均衡价格的决定和变动,并在此基础上介绍了政府价格干预的原因及影响。

第一节　需求理论 ··· 14
第二节　供给理论 ··· 18
第三节　市场均衡 ··· 22
第四节　需求弹性与供给弹性 ·· 25
第五节　均衡价格的应用 ·· 33
本章小结 ·· 35
关键术语 ·· 36
练习题 ··· 36

第三章 消费者行为理论 ·· 37

　　本章在效用理论的基础上,分析在一定的预算约束下消费者怎样作出自己的合理选择,即在收入一定的条件下实现效用最大化,或者说在效用一定条件下支出最小化。

第一节　效用理论 ··· 38

第二节　预算约束 …… 41
第三节　基数效用论下的消费者均衡 …… 43
第四节　序数效用论下的消费者均衡 …… 46
第五节　不确定条件下的消费者选择 …… 53
本章小结 …… 59
关键术语 …… 59
练习题 …… 59

第四章　生产理论 …… 63

本章从生产角度分析厂商的供给,讨论在不同生产周期里厂商在要素价格既定和投入既定的情况下,如何合理进行要素投入和规模选择,使自己的生产行为最优化,实现既定投入下产出最大或既定产出下投入最小。

第一节　厂商及生产周期 …… 64
第二节　短期生产函数 …… 66
第三节　长期生产函数 …… 71
第四节　规模报酬与范围经济 …… 75
本章小结 …… 78
关键术语 …… 79
练习题 …… 79

第五章　成本和利润理论 …… 81

本章主要分析在短期和长期不同的生产规律约束下,产量变化所导致的成本变动特点;其次,还比较了经济成本和会计成本的不同及不同的利润概念。

第一节　成本的定义及分类 …… 82
第二节　短期成本函数和长期成本函数 …… 85
第三节　收益和利润 …… 91
本章小结 …… 96
关键术语 …… 96
练习题 …… 96

第六章　完全竞争市场理论 …… 99

本章主要分析厂商在完全竞争市场上的行为,即厂商在既定的市场价格下,如何通过产量或规模的调整来实现利润最大化。

第一节　市场结构概述 …… 100

第二节　完全竞争厂商的需求与收益…… 101
第三节　完全竞争市场的短期均衡…… 104
第四节　完全竞争市场的长期均衡…… 108
第五节　完全竞争行业长期供给曲线…… 110
第六节　完全竞争市场的效率与福利分析…… 113
本章小结…… 114
关键术语…… 114
练习题…… 114

第七章　不完全竞争理论…… 117

本章主要分析除完全竞争市场以外的另外三种市场结构——完全垄断、垄断竞争和寡头市场的特征，以及在每一种市场结构中，企业是如何追求利润最大化的。

第一节　完全垄断市场…… 118
第二节　垄断竞争市场…… 126
第三节　寡头垄断市场…… 130
第四节　价格差别…… 137
本章小结…… 139
关键术语…… 140
练习题…… 140

第八章　要素价格决定与收入分配…… 143

本章从要素市场的基本特征入手，以完全竞争市场为例分析了要素市场的使用原则及要素价格的决定，讨论了劳动供给特点及寻租现象，并在此基础上介绍了衡量贫富差距的指标——基尼系数。

第一节　要素市场概述…… 144
第二节　完全竞争市场中的要素供求…… 145
第三节　劳动供给曲线与工资率…… 148
第四节　土地供给与地租…… 151
第五节　利率的决定…… 155
第六节　洛伦兹曲线与基尼系数…… 157
本章小结…… 158
关键术语…… 158
练习题…… 158

第九章　市场失灵理论 ········· 161

本章主要分析了外部性、公共物品、信息不对称这三种情况下市场失灵的原因，介绍了在这些情况下政府及经济主体如何采取相应的措施以弥补市场失灵带来的低效。

第一节　外部性 ········· 162
第二节　公共物品 ········· 168
第三节　信息不对称 ········· 174
本章小结 ········· 177
关键术语 ········· 177
练习题 ········· 177

第十章　一般均衡理论与福利经济学 ········· 181

本章重点介绍生产和消费的均衡过程，讨论市场与市场之间的相互作用，研究如何判断一个经济体系是否有效率，判断效率的标准是什么，实现效率有哪些条件，最后研究社会福利函数以及经济学对平等与效率问题的讨论。

第一节　一般均衡理论 ········· 182
第二节　帕累托最优与经济效率 ········· 187
第三节　社会福利与政策标准 ········· 189
第四节　经济学关于平等与效率的讨论 ········· 190
本章小结 ········· 194
关键术语 ········· 194
练习题 ········· 195

参考文献 ········· 196

第 一 章

◎ **学习目的与要求**

　　本章简要介绍学习微观经济学的必要性、微观经济学的主要研究内容以及微观经济学基本的研究方法。

　　通过本章学习,要求初步认识学习微观经济学的意义,掌握微观经济学的研究内容,了解微观经济学的方法。

微课:每个人都要上大学吗

导 读

经济活动是人类最重要的实践活动之一，人们在实践中会遇到各种各样有关个人和社会的经济问题，个人和社会不停地面临各种选择。比如，为什么"读书无用论"在我国经常抬头？宝贵的青春年华在大学的校园度过一定是正确的选择吗？企业该如何投入各种生产要素选择合理的规模？怎样的人口规模是合适的？经济学是从社会生活的实践中概括总结出来的科学，其内容渗透到我们生活的各个方面。学习经济学有助于我们做出合理的选择。

第一节 为什么要学经济学

美国经济学家保罗·萨缪尔森(Paul A Samuelson)说："要学习经济学的一条最重要的理由是，在你的一生中——从摇篮到坟墓——你都会碰到无情的经济学真理。"微观经济学的创始人阿尔弗雷德·马歇尔(Alfred Marshall)认为，经济学是研究人类一般生活事务的学问。每个人在生活中会经历不同的生活事务，这些生活事务可能包括但并不限于：是选择公共交通还是自驾出行？节假日期间是加班还是陪伴家人？是贷款买房还是买车？要不要结婚？要几个孩子？企业或政府也面临各种选择：跨国公司选择什么样的地方进行投资？土地是用来兴建工厂还是用来建设健身场地？个人和社会不停地面临或大或小、或艰难或容易的选择，我们该如何做出正确的选择？

一、稀缺性与选择

人们为什么必须作出选择呢？这源于客观存在的稀缺性。

相对于人类无穷无尽的欲望而言，"经济物品"(需要付出代价才能得到且有用的物品)以及生产这些物品的经济资源总是不足的，这就是稀缺性(scarcity)。这里所说的稀缺性，不是指物品或资源绝对数量的多少，而是相对于人类欲望的无限性来说，再多的物品和资源总是不足的。一方面，有些经济资源逐渐减少因而其稀缺性不断增强，如城市里可开发利用的土地；另一方面，某些资源或经济物品越来越丰富的同时，人们的欲望也在不停的增加，因此稀缺性不一定减弱，如住房；有些物品或资源对某些人不稀缺，但对另外一些人稀缺，因此总体上是稀缺的。除了空气和阳光这类自由物品(与经济物品相对而言，指不需要付出代价就可得到，不需要考虑节约使用的物品)，货币是稀缺的，森林、草地、住房、汽车、服装、水，甚至铅笔、袜子……我们所能接触到、听到的几乎所有物品都是稀缺的。人们对资源稀缺性的认识，也是在不断改变的。今天我们意识到节约用水的重要性和紧迫性,正是因为我们对淡水资源稀缺性的认识不断加强的结果。由于上述原因,便产生了如何最有效地利用现有资源,去生产能最大程度满足人类欲望的选择问题。比如,城市里稀缺的土地,该怎样使用才能产生最大的社会效益?

专栏 1-1　稀缺性与共享经济

共享经济(sharing economy)又称分享经济,也被称为协同消费(collaborative consumption),是指能让商品、服务、数据(资源)及(人的)才能等具有共享渠道的经济社会体系。互联网的深入发展以及新一代信息技术与创新 2.0 的互动演进推动了分享经济的发展。以消费交易对象为分类标准将共享型经济行业分为五个主要类型,涉及旅行住宿共享、物流共享、交通共享、服务共享、闲置用品共享。消费者可以通过合作的方式来和他人共同享用产品和服务,而无需持有产品与服务的所有权。使用但不拥有,分享替代私有,即"我的就是你的"。

共享经济的产生,从根本上也是因为资源的稀缺性,比如,道路资源的稀缺性使得城市交通越来越拥挤,土地的稀缺和汽车的普及使得停车场越来越稀缺,在互联网技术发展的背景下"共享汽车"应运而生。在我国,"共享单车"在大中城市迅速推广。

当下,全球经济正呈现出这样一种前所未有的趋势:消费者之间的分享、交换、借贷、租赁等共享经济行为正在爆炸式增长。从易见(eBay)、Craigslist 的交易平台,到家在四方(Airbnb)的房屋短租平台,再到优步(Uber)的拼车平台,共享经济——因互联网技术发展而崛起的协同式消费——正逐渐取代过时、落伍的传统商业模式。无论在金融业、旅游业,还是教育业与零售业,共享经济都在以方兴未艾之势发展。

二、机会成本

人们之所以需要在稀缺资源的使用上作出选择,还与资源的多用途性有关。人们可以利用稀缺的时间去工作赚取一定的收入,也可以把时间用来陪伴亲人;政府可以把一块土地用来开发成一个公园,也可以用来建造一个图书馆。

经济资源的竞争性用途要求人们作出合理的选择,把稀缺的资源用于给自己带来最大满足或产生最大社会效益的用途。这就意味着,为了生产某种产品就必须放弃其他产品的生产。当把一定资源用于某种产品的生产时而放弃的在其他用途上最大的收益,就是人们选择把资源投入这种产品生产上的机会成本(opportunity cost)。所谓有所得必有所失,其中就含有机会成本的思想。例如,若某人有 200 万元现金,可购买年收益率为 6% 的理财产品,可以去投资年收益率为 15% 的股票,也可以购买年利率为 4.5% 的债券,还可以投资年收益率为 20% 的房产,则其将资金用于各种用途的收益和机会成本如表 1-1 所示。

表 1-1　资金使用的收益和机会成本　　　　　单位：万元

	收益	机会成本
理财产品	12	40
股票	30	40
债券	9	40
房产	40	30

只有当收益大于机会成本时，选择才是合理的，上例中正确的选择应该是将资金投资于房产。但在现实生活中，人们往往只注意自己的收益而忽略自己的机会成本，或者有时候因为很难发现自己正确的机会成本而做出事后看来是错误的选择。当然，考虑到风险偏好的不同，及对未来收益不确定性收益的不同判断（如房价是会涨还是跌），也可能使人们不能判断自己选择最终的机会成本而做出基于当时情况的合理选择。

三、生产可能性边界

与机会成本密切相关的是生产可能性边界。生产可能性边界(production possibilities curve)表明在既定的经济资源和生产技术条件下所能达到的各种产品最大产量的组合，又可叫生产可能性曲线，或产品转换曲线。一个经济社会，必然具有一定数量的经济资源，一定程度的技术水平，处于一定社会制度下。为简化起见，假定处于某个发展阶段的社会用既定的经济资源只生产两种产品 X 和 Y，那么增加生产 X 就必然减少 Y 的生产，反之亦然。将全部经济资源以不同的比例分配分别用来最有效率地生产 X 和 Y（包括全部用来生产 X 或 Y），将可能得到的产品组合在坐标系中描点并连接起来，便可得到生产可能性边界，如图 1-1 所示。

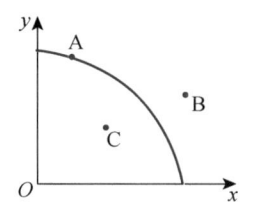

图 1-1　生产可能性曲线

处于生产可能性边界之上的点（如点 A）表示现有资源最有效率地生产能够实现的两种产品最大产出的各种组合；处于生产可能性边界以内的点（如点 C）表示生产有潜力（资源还没有充分利用）或者生产不是最有效率；处于生产可能性边界以外的点（如点 B）表示现有条件下，不可能实现的产出。生产可能性边界不是一成不变的，随技术、资源的变化而移动，技术变革、制度进步都可能使生产可能性边界外移。某些条件下，自然灾害、社会动乱或制度倒退也可能会使生产可能性边界向内（左下方）移动。生产可能性边界一般情况下凹向原点，是因为不同的经济资源更适合生产 X 或 Y，而资源总是应该首先配置在适合的用途上才更有效率，我们用边际转换率来分析生产可能性曲线凹向原点这一特点。

生产可能性曲线的斜率称为边际转换率(marginal rate of transformation, MRT)，表示在资源既定时增加单位某种产品所必须减少的另一种产品的数量，用公式表示为：

$$MRT_{XY} = \frac{\Delta y}{\Delta x} \quad \text{或} \quad MRT_{XY} = \frac{dy}{dx} \tag{1-1}$$

当将本来适合生产 Y 的资源逐渐用于生产 X 时,单位 X 的增加会导致 Y 产品的减少越来越多,边际转换率 $MRT_{XY} = \Delta Y/\Delta X$ 的绝对值递增。如果资源在生产 X 和 Y 两种产品时能够完全替代,生产可能性曲线就是一条向右下方倾斜的线段。在第十章中,我们将对生产可能性曲线做进一步的讨论。

基于上述理由,我们可以给经济学下这样一个定义:经济学是研究人们和社会如何作出选择,来使用可以有其他用途的稀缺的经济资源在现在或将来生产各种物品,并把物品分配给社会的各个成员集团以供消费之用的一门社会科学。经济学是从社会生活的实践中概括总结出来的科学,其内容渗透到我们生活的各个方面。学习经济学有助于我们做出合理的选择。

第二节 经济学的基本问题

如何规划土地的用途,该如何安排生产,为什么劳资双方在分配中处于不对称的地位,为什么要支付更高的利息……各种各样的经济问题都源于资源的稀缺性,都可归于生产什么(what)、怎样(how)生产、为谁(for whom)生产、何时(when)生产这几个基本问题。这四个问题被认为是人类社会共有的基本经济问题,纷繁复杂、形形色色的各种经济问题实质上都是这四个问题中的一种或者几种,经济学正是为了解决这些问题而产生的。

一、生产什么

稀缺的资源有多种用途,人们的需求也多元化。在特定时期内如何将既定的资源配置到不同的生产上,以生产不同种类、不同数量的产品,从而最大程度地满足个人和社会的差异化需求,是经济社会中个人和社会经常面临的问题。比如,大城市的土地越来越稀缺,应该供应多少土地用于开发房产?某一块土地如果是用来开发住房,是用来建造别墅,还是用来建造廉租房?"生产什么"要解决的问题是如何选择用总量既定的市场资源来生产能最大限度满足个人或社会的需要,给个人带来最大的满足或产生最大的社会效益的产品。

二、怎样生产

决定了生产什么后,厂商还要面临生产方式的选择。如何合理投入稀缺的有多种用途的不同生产要素,降低生产成本和代价,也是企业和社会经常面临的选择。例如,是用先进的生产流水线还是更多地利用人工制造运动鞋?因为资本或劳动这两种生产要素的稀缺性不同而导致某一种要素价格相对昂贵,厂商在组织生产时考虑到成本从而去选择多投入劳动或资本。一般来说,发展中国家劳动力相对丰富,因此多采用劳动密集型生产方法;而发达国家资本相对丰富,多采用资本密集型生产方法。"怎样生产"要解决的是在市场同一种产品的多种不同方法中选择一种最有效率的方法,不仅是从技术角度,也是从经济角度。

三、为谁生产

这是指生产出来的产品和财富如何在社会成员之间进行分配。"为谁生产"在很大程度上是一个收入分配问题,直接关系到社会的稳定和生产的再进行。工人的工资高,意味着在分配格局中向工人的利益倾斜,根本上可能是因为劳动力相对稀缺。而在资本相对稀缺的社会,资本的回报可能更高。

四、何时生产

经济资源在不同时间的相对稀缺性会发生变化,因而选择在不同的时间利用资源所付出的代价或成本所获得的收益都有所不同,所以即便明确了该生产什么,还要注意"何时生产"的问题。比如,运动明星在年轻的时候从事竞技运动,在退役后再去上大学,会使稀缺的运动天赋为个人、也为社会带来更大的满足。比较而言,更多的人在青少年时期在学校学习可能是更好的选择。

五、资源配置和利用

前面所说的经济社会的几个基本问题,都是研究稀缺的经济资源(劳动、土地、资本、企业家才能)如何分配给各种不同用途的,所以它实质上是考察经济资源的合理配置问题。但实际上,在现实的经济社会中,还有另一方面的问题,就是劳动力资源、生产设备和自然资源闲置是经常存在的状态,因此,经济学还研究经济资源的充分有效利用的问题。

经济资源配置和利用的方式就是所谓经济体制问题,不同的经济体制实现资源配置和资源利用的方式不同。计划经济和市场经济是两种基本的经济体制。计划经济也称为"看得见的手",政府对社会生产做出合理的安排,用计划来解决资源配置和利用问题。但精英能否对社会需求和供给做出准确的预测和安排?精英又能否代表社会公众的利益?在经济学中,政府也被看做"理性的经济人",也有自己的利益诉求,只有在特定的制度约束下才能代表公众的利益。进一步,假定政府决策时代表公众的利益,政府有能力对资源做出合理精确的配置吗?比如,政府怎么决定一个社会中合理的汽车产量?在实践中计划经济的历史也表明这种资源配置的手段能在特定时期起到较好的作用,但更多情况下也暴露出效率低下、资源配置扭曲及其他严重社会问题。

市场经济的基本特征是产权明晰,经济决策高度分散。市场经济中各市场主体在市场机制这只"看不见的手"的指引下,追求利益最大化目标而合理配置和利用资源。现代经济学家创始人、英国古典经济学家亚当·斯密(Adam Smith)认为,在市场经济中,人们追求他自己的利益,却往往使他能比在真正出于本意的情况下更有效地促进社会的利益,市场机制是解决资源优化配置、增进社会福利的有效机制。但是,市场在配置资源方面并不是万能的,具有盲目性和短视性,在克服垄断和外部性弊端、提供公共物品、管理信息、调节收入、控制经济波动等诸多方面,市场都无能为力,需要国家或者政府发挥作用。

因此,现实中各国的经济体制是计划和市场相结合的经济体制,区别是计划和市场发挥作用的程度之分。而经济学发展过程中,关于计划和市场的争论到现在并未停止,比较普遍的看法是应该尽可能地让市场发挥作用,争论的焦点集中在极少数经济领域该不该发挥政府的作用?在经济发展的不同历史阶段又该如何看待政府的作用?如何发挥计划和市场配置在资源配置中的作用,在经济现实中总会引起广泛地争议和讨论。

专栏1-2 中国的市场经济地位

按照一个国家市场经济在全国经济中的重要性,以及政府对于经济的干预程度,一般可区分为完全市场经济国家和非市场经济国家。加入世界贸易组织以后,中国一直与相关国家进行完全承认中国市场经济地位的谈判。2009年4月14日,新西兰率先承认中国的完全市场经济地位。这意味着中国在获得完全市场经济地位问题上首次取得突破,也表明作为西方发达国家的新西兰对中国改革开放的巨大成就给以客观承认。目前许多国家认识到中国市场经济体制建设所取得的成绩,承认了中国完全市场经济地位,但占中国进出口总额45%的前三大贸易伙伴——欧盟、美国和日本,无一承认中国完全市场经济地位。在欧盟内部,是否承认中国的市场经济地位存在分歧。

微观经济学(microeconomics)的研究对象是个体经济单位,包括单个消费者、单个生产者和单个市场等。消费者购买一定的商品愿意支付多高的价格,企业如何根据商品和要素价格决定合适的产量,工人如何根据工资率的变动调整自己的劳动供给,汽车市场的产量和价格如何变动等,这些都是微观经济学研究的问题。微观经济学的基本问题(生产什么、怎样生产和为谁生产)都是资源配置问题,在一般情况下,经济个体在市场价格的信号作用下配置资源,所以微观经济学也被认为是关于资源合理配置的科学,又称为价格理论。

第三节 微观经济学的研究方法

一、实证分析与规范分析

对各种经济问题的研究,从不同的角度可以有不同的研究方法。对资源配置问题的研究,主要是采用实证分析。**实证分析(positive analysis)是关于客观事实的叙述和分析**,它主要回答诸如经济现象是什么、怎样以及为什么变化,其后果是什么等这一类问题。"预计我国经济增长率在未来5年能保持在5%以上的水平""大学生中消费信贷的比例不足20%"这样的研究都是实证研究。实证分析从纷繁复杂的现象和各种因素中,建立起相关因素间因果关系或依存关系的理论说明,这一说明的作用是描述和解释经济现象。它的任务仅仅是描述、解释和预测,而不对经济活动的好坏作出评价。实证经济学关注的是对观测到的现象进行解释和预测,经济学中的实证分析也不总是正确的,而可能只是对真实经济活动不完全的、近似的写照,其科学性是相对的。对同一问题进行多角度的实证分析,可能有助于更好地回答"是什么"这一问题。

与实证分析相对应的是规范分析(normative analysis)。微观经济学在主要采用实证分析方法的同时,还采用规范分析。规范分析指的是对经济状况、经济现象进行价值判断,它根据一定的价值判断标准,评价经济运行、经济状态的好坏优劣,回答一个"应该怎么样"的问题。"收入差距应该缩小""要支持发展新能源汽车"都是规范分析的命题。规范分析是一种带有强烈主观色彩、牵涉到个人道德准则和好恶的价值判断,因此,一般说来,人们比较容易就实证分析达成共识,而对于规范性命题则经常会有不同甚至相反的意见。

实证分析是规范分析的基础,规范分析是实证分析的目的。比如,当研究某一家化工企业是否应该关闭时,需要就这家企业提供的就业机会、对当地财政收入的贡献、排放的废气废水对环境的污染程度等展开实证分析。只有对关闭企业的积极后果和不利因素进行实证意义上的比较分析,才能为是否关闭企业的规范分析提供依据。当然,即便实证分析很充分,规范分析得出怎样的结论,仍然和决策者的偏好、价值观、判断标准相关。严谨充分的实证分析是规范分析有说服力的保证,在经济问题的研究中,需要实证分析和规范分析的有机结合。

二、均衡分析

在物理学中,当物体受到一组平衡力的相互作用时维持运动状态不变。在经济学中,当某一经济变量在各种影响因素的综合作用下,维持原来的状态不变时,我们就说这一变量处于均衡(equilibrium)状态。例如,当价格为 200 元时,市场上所有消费者对某种品牌衬衣的需求总量为 1 万件,整个市场上所有厂商愿意供给的数量也为 1 万件,这时候市场上的需求量刚好等于供给量,这种衬衣的供求处于均衡状态。如果价格为 300 元时,市场需求量为 6 000 件,而厂商愿意供给 2 万件,这时供给量大于需求量,衬衣的价格会有下降的压力;反之,如果价格为 100 元,市场的需求量为 3 万件,而厂商只愿意生产并提供 5 000 件,则衬衣的价格有上涨的动力。在上述两种情况下,衬衣供求与价格都未稳定下来,处于非均衡状态。

经济中的均衡是很脆弱的,因为经济变量的各种影响因素自身也在其他变量的影响下不停地变化。当某一种或某几种影响因素发生改变时,会使原来的均衡变量向新的均衡演变。经济变量均衡与非均衡的不断交替是经济中的常态。因此,经济中的均衡分析,其意义更多在于通过分析经济变量的均衡解,来理解经济变量均衡变动的原因,预测经济变量的变动趋势,在此基础上找到解决问题的对策。

均衡分析可以分局部均衡分析和一般均衡分析两种。局部均衡分析假定,我们进行均衡分析的市场与其他市场间不存在着相互影响。一般均衡分析,是指对整个经济体系均衡状态的分析,是研究所有的市场、所有商品的供求达到均衡的条件以及均衡的变化。

为了分析方便,均衡分析还可以从静态、比较静态和动态三个角度展开。大家在以后的学习中逐渐了解,这里不展开分析。

三、边际分析

边际分析来源于数学中的增量分析。当一个或几个自变量发生微小变动时,因变量如何随之变动,这就是边际分析。比如,一个饿得很厉害的人,吃几个馒头合适?吃一个还是太饿,吃两个还是饿……吃六个又太撑,所以吃一个、两个、六个都不是最好的选择,可能吃五个最好,俗话说"饭吃七(八)分饱",即为此理。边际分析的思想是要注重变量变化的影响,而不应只关注总量结果,这样才可能做出合理的选择。比如,商品降价能促进销售,但如果降得太多虽然能使销售量增加,利润却不一定增加,降价降到什么样的程度才会使利润最大?"锦上添花不如雪中送炭""过犹不及"等词语,也蕴含着边际分析的思想。正是依据边际分析,产生了微观经济学中一系列极为重要的边际概念和边际法则。

西方经济学家普遍非常重视边际分析方法,把边际分析方法的发现和应用看成是一场"边际革命"。自19世纪70年代"边际革命"兴起后,边际概念和边际分析方法立刻广泛传播,并构成西方经济学的重要组成部分。

专栏1-3 边际革命

19世纪70年代初,以杰文斯、门格尔和瓦尔拉斯为代表人物的边际效用学派,提出以边际效用为基础的边际分析方法。这对经济学的发展产生了广泛而深远的影响,被称为边际革命。边际效用价值论和边际分析方法的广泛运用是边际革命的重要内容。这场革命使经济学从古典经济学强调的生产、供给和成本,转向现代经济学关注的消费、需求和效用。自此,边际分析方法成为经济学的基本研究方法之一。边际效用论和边际生产力论是以马歇尔为创始人的现代微观经济学的重要组成部分,边际原理也是以凯恩斯为创始人的现代宏观经济学的重要工具之一。英国著名的经济思想史专家埃里克·罗尔指出,"边际效用的概念不仅被看做是经济'工具箱'的一种补充,并且还被看做是经济科学研究方法上的一项极其重要的革新。"边际分析的广泛使用是经济学研究的重大变革。

边际分析的方法实际上是一种数学分析方法,强调在经济分析中把增量投入与增量产出联系起来,运用数学中的微积分作为分析工具去观察和解释经济问题,注重经济变量的微小变化产生的影响,这样有助于合理决策。在后续学习过程中,我们将会接触到边际产量、边际成本、边际收益、边际利润、边际替代率、边际技术替代率、边际转换率、边际消费倾向等一系列边际概念。

华人经济学家杨小凯首创的超边际分析方法,以边际分析为基础,运用角点解来解决劳动分工问题,获得经济学界广泛的赞誉。

四、理性人假定

微观经济理论的建立是以一定的假设条件作为前提的,因为在经济分析中,经济问题的复杂性使得如果不进行一定的假设,分析便无从展开。比如,当我们考虑是否要买某种品牌的汽车时,这种汽车的价格、汽油的价格、其他汽车的价格未来会发生什么变化,我们的收入是否提高,汽车牌照是否收费,道路拥挤状态是否改善,停车难是否加剧,公共交通在未来是否会更方便快捷,共享汽车的发展趋势怎样……这些问题都会影响到我们是否购买汽车的决策。但若要把所有这些问题都要分析清楚,事实上是几乎不可能的,因此,我们会基于当前的情况做一系列假设,使我们更容易做出选择。不同的经济问题中需要的假设不一样,但经济学赖以建立的一个基本理论假定便是人们的经济行为是合乎理性的,现实社会中的人作为"经济人",追求自己的利益最大化,即人在经济生活中都受利己心或个人利益所驱使,不会去干那种于己无利或于己有害的事情。消费者追求在既定收入下的效用极大化,生产者追求既定投入下利润的极大化,生产要素所有者追求既定要素供给下要素收益的极大化。理性"经济人"假定,并不是说每个人做出的抉择在别人看来也是理性的,一定最终会为他带来利益的最大化,而只是他基于自己的信息和条件下做出自以为理性的选择。

利益最大化,不仅包括物质利益最大化或货币收入最大化,还包括精神等非货币内容的最大化。传统经济学经常以货币内容为对象,分析收入最大化、利润最大化等,是因为这样可以借助于数学工具量化分析,并非因为它是最大化唯一的内容,也是一种基于简单化目的的假定。

以个体利益最大化为追求目标的假设既在相当程度上反映了客观现实,也是理论分析得以展开的前提条件。例如,当我们分析消费者行为时,如果消费者的目标不是在既定支出下追求效用最大化,而是存在不理性的消费行为甚至去故意浪费,那么理论分析便不能按照一定的逻辑展开。试想一下,极端地讲,我们如何分析一个疯子接下来会做出什么举动?因此,要分析一个人的行为,我们首先要假设他是理性的。

经济生活是纷繁复杂的,一个经济变量的变动受很多因素的影响。研究某一经济问题时如果将所有的相关因素都考虑在内,事实上就根本没法展开研究。因此,研究经济问题时总会忽略一些次要的因素、在特定的假设前提下展开。在学习中,我们也要注意很多经济理论往往只是在某一层次上或从某一角度对经济现实的一种解释、描述,总是建立在严格的假定基础上。从某种意义上说,经济理论不能简单地判断对错而是要看在一定的历史阶段是否适用。当然也要注意的是,我们研究问题时所做的假定前提不能影响经济变量变动的理论趋势,有时候如果假定严重背离实际则会影响分析的有效性。某些经济理论的合理性可能只在一定的历史条件下才存在,因此,学习经济理论不是学习死的教条,而要学习活的思想方法。

本章小结

资源的稀缺性和多用性是经济学产生并不断发展的原因和动力,微观经济学主要研究资源配置的问题,又称为价格理论。资源配置有市场这只"看不见的手"和政府这只"看得见的手"两种手段,"看不见的手"起着基础性的作用。

微观经济学的基本研究方法有实证和规范分析、均衡分析、边际分析等。在研究经济问题时为了分析的方便经常要做假定,理性人假定是微观经济学的基本假定。这种假定只是说经济人在做决策的时候要遵循利益最大化的原则,当然这并不意味着他一定能实现利益最大化,也可能在别人看来他的选择不一定理性。

关键术语

稀缺性　自由物品　经济物品　机会成本　生产可能性曲线　实证分析　规范分析　均衡分析　边际分析　理性人假定

练习题

一、案例分析

三次"读书无用论"思潮

新中国成立至今,一共出现过三次"读书无用论"的思潮。

第一次是在"文革"后期,以张铁生交白卷上大学为高潮,那些年"我是中国人,何必学外语,不学 ABC,照样干革命",成为广大青年的口头禅,学校停课,学生停学,知识分子是"臭老九",成为批斗的对象。以大老粗为时尚,越穷越光荣。

第二次出现在改革开放初期的 80 年代末和 90 年代初,最典型的口头禅就是"造原子弹的不如卖茶叶蛋的,拿手术刀的不如拿剃头刀的",许多没有读过多少书、又没有进入国营事业集体等所谓"单位"的人,首先进入了个体户的行列而勤劳致富。由于体制等原因,教授、医生、教师、公务员、工程师等依然在单位拿着固定工资,收入差距十分明显。

如今的"读书无用论"首先从农村出现。过去靠高考改变命运的农村青年面临无能为力的几大难题:比如,高昂的学费让贫困家庭难以负担,以及花费巨额费用大学毕业后却找不到工作。在一些农村学校,放弃高考的学生高达三成。对农村弃考生来说,读大学已是一项回报难料的风险投资。城市日益激烈的应届生就业竞争,高昂的学费、生活费,使他们不得不重新权衡读大学的利弊,读大学不是唯一出路也便成为一种更为现实的考量与选择。当读书高投入、低回报成为社会现实,那么放弃读书在很多人看来就是理性选择。我们可以批评这种短视,但无法回避背后无奈的现实。

在现阶段,因为"读书贵、就业难",就业低起薪遭遇"寒流"和其他各种原因和目的,社会上特别是大学生群体中流行了新"读书无用论",这实际上指的是庞大的教育成本,置换来相对较低的回报,造成人们对读书的现实功效的一种否定与怀疑。教育的高成本、高投入与严峻的就业现实存在较大差距,所学无处用,所用非所学,是造成此现象的普遍原因。

但我们也要客观认识读大学的作用。读大学,不仅在于学习知识,为将来的职业生涯储备"资本";而且还有其更高的价值:培养训练自我学习、教育并进步的能力。与其说大学教育教给学生的是具体专业的学科知识,不如说是一种可以受益终生的技能。

读大学到底有没有用,在很大程度上取决于"怎么读大学"。

问题:
1. 怎样认识读书无用论?
2. 如何看待读大学这种选择?
3. 该怎么读大学才能让上大学的选择变得更合理?

二、思考题

1. 如果经济学家讨论的是"我国的经济增长率处在合理的区间",试问这是属于实证经济学问题还是规范经济学问题?
2. 既然理性行为无需完全是自私自利的,为什么经济分析又要假定个人行为的基本动力是追逐个人利益?
3. 人们为什么要不停地面临各种选择?该如何做出选择?

第二章 均衡价格理论

学习目的与要求

本章讨论了需求、供给、需求弹性、供给弹性等基本概念,分析了均衡价格的决定和变动,并在此基础上介绍了政府价格干预的原因及影响。

通过本章学习,掌握需求、供给、均衡价格、需求弹性等基本概念;理解需求规律、供给规律、均衡价格的决定和变动等;并学会运用弹性理论、均衡价格理论分析消费者和生产者的行为。

微课:牛肉面风波

导 读

在导论中我们了解到微观经济学主要研究资源的配置,市场这只"看不见的手"在资源配置中起着基础性的主导作用。而"看不见的手"主要依靠市场机制的价格信号引导市场主体配置资源。那么价格如何形成?如何变动?本章在需求、供给等基本概念的基础上讨论均衡价格的决定和变动及其对消费者和生产者的影响。

第一节 需 求 理 论

一、需求和需求曲线

在一个给定时期内,消费者对于商品的需求须满足两个条件:第一,消费者具有购买意愿,即为了得到商品,他愿意支付特定价格;第二,消费者具有支付能力。没有支付能力的购买和消费意愿只是一种需要(want),不构成经济意义上的需求。

讨论消费者的需求,必然要联系消费者的购买能力和消费欲望,这会受到很多因素的影响。比如,消费者是否会购买新能源汽车,可能会受汽车价格、自身收入、政府的补贴政策、汽车信贷、汽车牌照获得的难易程度等很多因素的影响。为了分析的方便,我们假设在短期内除价格以外其他所有影响因素都不变,在此假设下定义需求。所谓需求(demand)是在一特定时期内,一定价格与在此价格下消费者愿意并且能够购买的商品数量之间的对应关系。对应地,我们将给定市场价格水平下,消费者愿意购买并且能够购买的商品的数量称为需求量。

消费者在市场中购买的商品种类众多,为了分析方便,我们以其中的一种商品为例。表2-1给出了2016年某月果汁市场的需求情况,从中看出,如果果汁的价格是5元/瓶,商家可以售出的数量是10瓶;如果果汁的价格是10元/瓶,商家可以售出的数量是5瓶。我们将这个表示果汁市场中价格和需求量之间的对应关系的表格称为果汁市场的需求表。

表2-1 2016年某月果汁市场的需求表

价格(元/瓶)	12	10	8	7	5	3
需求量(瓶)	3	5	7	8	10	12

另一种表示价格与需求量之间对应关系的方式是坐标图。在经济学中,我们习惯将商品的价格画在纵坐标上,将商品的需求量画在横坐标上。表2-1中的6个价

格——需求量组合可以描绘为坐标系中的 6 个点,将若干个这样的点连接起来,我们就得到一条需求曲线,如图 2-1 所示。

当然,图 2-1 中需求曲线为直线只是我们为了分析方便而做的假设,因此,虽然我们画成直线,我们仍然称之为需求曲线,事实上商品的需求曲线在更多情况下可能不是直线而是曲线。果汁市场需求曲线上的任意一点均有两重含义:一是消费者在该价格水平下愿意购买且能够购买的果汁数量;二是消费者在购买给定数量的果汁的时候,愿意并且能够支付的最高价格水平。

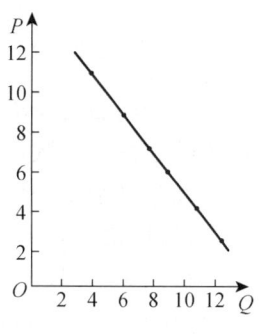

图 2-1　果汁市场的需求曲线

特定时间点上,某种商品的具体需求数量受到很多因素的影响。在上述果汁市场的例子中,我们只考虑了价格因素的影响,其实具体的需求量至少还会受到以下一些因素的影响。

(1) 消费者的收入水平。收入影响购买能力。一般来说,如果收入水平提高时会增加对某种商品的需求量,这种商品通常质量较好,如果收入更高的话消费者有更多消费的意愿,我们把这种商品称为正常商品(normal goods);相反,当收入水平提高时,消费者如果减少对某种商品的需求量,这种商品通常质量不高,我们把这种商品称为劣等商品(inferior goods)。

(2) 消费的偏好,即消费者对某种商品的喜好程度。如果消费者开始认为多喝果汁对健康有益,那么果汁的需求量就会增加;反之,如果消费者转变了口味,不再喜欢喝果汁,那么果汁的需求量就会减少。需要注意的是,消费者的偏好会受到商家宣传、专家意见、政府引导等多方面的影响,较容易发生改变。

(3) 相关商品的价格。如果一种商品的价格变化会影响到另一种商品的需求量,那么这两种商品之间存在相关性。商品的相关性主要表现为替代关系和互补关系两种。于是,按照商品之间的关系可以分为替代品、互补品和独立品。替代品(substitutes)是指那些具有相同或相似使用价值的商品,可以互相替代以满足消费者的某种需要的商品;互补品(complements)是指需要搭配使用才能发挥最佳价值,在消费中互相补充以满足消费者某种需要的商品。例如,果汁和凉茶,苹果和梨等构成替代品;汽车和汽油,打印机和墨盒等则构成互补品。在其他条件不变的情况下,当凉茶的价格上涨,人们会更多地选择消费果汁,所以果汁的需求量会上升。

(4) 消费者对商品价格的预期。如果消费者预期某种商品的价格在下一期会上升,就会选择趁涨价之前多买一点;如果消费者预期某种商品的价格在下一期会下降,就会选择减少当期的购买。

此外,政府的政策,人口结构的变化,消费者对未来收入的预期,甚至天气情况等因素也会影响需求量。现实中我们经常注意到政府采取措施刺激需求。刺激需求的方式,就是实现欲望和能力的有效结合。比如,提供信贷是为有需要而没有能力的消费者创造购买力,改善服务则是使有消费能力的消费者有消费欲望。

二、需求函数

一种商品的需求是指消费者在一定时期内,在各种可能的价格水平上愿意且能够购买的该商品的数量。通过比较可以发现,需求和需求量是不同的概念。需求量表示的是在某种给定的价格下,消费者购买某种商品的数量;而需求表示的是不同价格下的需求量,即价格和需求量之间的对应关系。

在上文中,我们提到很多因素会影响具体的需求数量。如果我们用 P 表示价格,P_r 表示相关商品价格,M 表示收入水平,F 表示对未来的预期,一种商品的需求量 Q_d 就是这些变量的函数,于是需求函数可以表示为:

$$Q_d = f(P, P_r, M, F, \cdots) \tag{2-1}$$

式(2-1)是一个多元函数,难以进行分析。为了简化问题,我们把注意力集中在一个变量的影响上,同时假设其他变量保持不变。在这里,我们首先关心的是价格因素对需求量的影响。于是假定其他因素保持不变,得到:

$$Q_d = f(P) \tag{2-2}$$

式(2-2)意味着商品价格和需求量之间存在着一一对应关系。为了分析的方便,我们进一步将需求曲线假设为直线形式。上述果汁的例子中,图 2-1 所示的需求曲线的函数形式可以写作 $Q_d = 15 - P$,是一条直线。其公式为:

$$Q_d = a - bP \tag{2-3}$$

式(2-3)中:a 和 b 是外生变量,具体来说,a 表示当价格为零时的需求量;b 是需求曲线的斜率,表示当价格发生微小变化时所引起的 Q_d 的变动。因为习惯上价格 P 位于纵坐标,需求量 Q_d 位于横坐标,所以(2-3)中的需求函数可以改写为:

$$P = \frac{a}{b} - \frac{1}{b} Q_d \quad (a > 0, b > 0) \tag{2-4}$$

当然,如果假设价格等因素不变,只考虑相关商品价格对需求量的影响,我们也可以得到另一个需求函数:$Q_d = g(P_r)$,即需求交叉函数。类似的,还可以写出需求收入函数:$Q_d = h(M)$ 等。

三、需求规律

需求表和需求曲线表示价格和需求量之间的关系。无论需求曲线是直线还是曲线,一般都是向右下方倾斜的,这表明两个变量之间呈现反向变动关系。这一特征被称为需求规律(law of demand),或者需求法则。需求规律可以表述为,当其他条件保持不变时,商品的需求量随着价格的上升而减少,随着价格的下降而增加,即:

$$\frac{dQ_d}{dP} = \lim_{\Delta P \to 0} \frac{\Delta Q_d}{\Delta P} < 0 \tag{2-5}$$

正是因为需求规律,我们将需求曲线划成类似于图 2-1 中向右下方倾斜的曲线,这条曲线唯一的经济含义是需求量和价格反向变动,线性只不过是为了讨论方便的假设。我们许多人在生活中有一个观察经验,就是一种商品的需求量越大,价格越高。这似乎与需求量越大、价格越低的需求曲线不符。这其实是一种误解。本节所讨论需求法则的前提是不考虑供给量和供给价格,只表示需求价格和需求量之间的关系,也就是在每一价格水平下消费者愿意购买的商品数量。这里的需求价格和需求量,并不是市场均衡价格和市场均衡数量。我们在市场中观察到的需求量越大、价格越高的现象,其实是均衡价格和均衡数量的变化。关于这一点,本章第三节将做进一步讨论。

在理解需求规律时要注意以下两点。

第一,其他条件不变是指影响需求的其他因素不变,如上文中提到的偏好、收入等不变。也就是说,需求法则是在假定影响需求的其他因素不变的前提下,研究商品价格与需求量之间的关系,离开了这一前提,需求法则无法成立。比如,当房价不断上涨时,居民对住房的需求可能也在提高,不能说这是需求规律的例外,因为在这个过程中居民收入、对房价的预期等很多影响需求的因素都在变化。

第二,需求曲线向下倾斜的需求法则虽然对大多数商品都是适用的,但也有一些例外,比如,奢侈品与吉芬商品就违反需求法则。

吉芬商品是需求规律的例外。在 1845 年,爱尔兰发生灾害时,马铃薯的价格上涨而需求量却增加,原因是灾荒造成爱尔兰人实际收入下降而只能增加这类生活必需的低档食品的消费。因为是英国学者吉芬发现这种现象,所以往往将这类商品称为吉芬商品。

因此,经济学中的法则或规律,只是对经济生活中一种普遍现象的概括和总结,而并不意味着任何情况下此法则一定成立,这是我们学习经济学要注意的。

四、需求与需求量的变动

在前文中,我们区分了需求与需求量的概念。接下来,本小节将分别讨论两者发生变化的情况。

需求量的变动是指需求数量的改变。在只考虑价格因素的需求函数中,商品价格变动所引起的需求量变动,将表现为同一条需求曲线上点的移动。图 2-2 中的需求曲线上从 $A \to B$,表示价格从 P_0 上升到 P_1 时,需求量从 Q_0 下降到 Q_1。随着价格的不断上升,需求量不断减少。如果某商品价格打折后需求量上升,那么在图形上只是表现为同一条需求曲线上点的移动。

需求的变动是指商品本身价格不变的条件下,由其他因素变化所引起的需求量变化。对于特定的价格来说,其所对应的需求量发生了改变,这意味着价格和需求量的对应关系(函数关系)发生了改变。这在函数形式上表现为外生变量的变化,在图形中表现为需求曲线整体的移动。例如,消费者认为果汁中的添加剂成分有害健康,对果汁的偏好发生改变,结果需求减少,在图形上表示为需求曲线向左下方移动。即使价格没有变化,对果汁的需求量也有可能减少。如图 2-2 所示,从 A 点到 C 点,表示在同样的价格水平下,

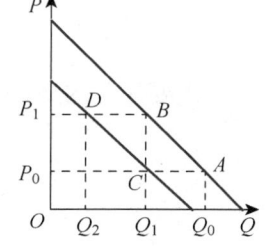

图 2-2 需求量与需求的变动

消费者消费的数量减少了。

五、个人需求与市场需求

在不加限制的情况下,需求既可以指个人或家庭的需求,也可以指整个市场的需求。个人需求表示的是一个人(或一个家庭)在某一特定时间内,他的需求量与价格之间的对应关系。市场需求则是某一特定时间内,某市场中所有消费者对该种商品的需求量与价格之间的对应关系。很显然,市场需求是个人或家庭需求的加总。

假设市场中有 A、B、C 三个家庭,对果汁的需求分别如表 2-2 所示。

表 2-2 果汁的个别需求与市场需求

果汁价格(元/瓶)	A 需求量(瓶)	B 需求量(瓶)	C 需求量(瓶)	市场需求量(瓶)
0	15	10	5	30
3	12	8	4	24
6	9	6	3	18
9	6	4	2	12
12	3	2	1	6

与前文类似,我们可以推导出三个家庭分别的需求曲线方程:

$$Q_{DA} = 15 - P \tag{2-6}$$

$$Q_{DB} = 10 - \frac{2}{3}P \tag{2-7}$$

$$Q_{DC} = 5 - \frac{1}{3}P \tag{2-8}$$

于是我们有整个市场的需求函数为:

$$Q_D = Q_{DA} + Q_{DB} + Q_{DC} = 30 - 2P \tag{2-9}$$

需要注意的是,个人需求和市场需求的变动方向有时候可能并不一致。

第二节 供 给 理 论

在本节中,我们将沿着与上节相同的思路,讨论供给曲线的基本原理。

一、供给与供给曲线

在一定时期内,生产者对于商品的供给须满足两个条件:第一,生产者有生产并销售某种商品的愿望,即愿意为了获得销售收入而向市场提供该商品;第二,生产者有提供出售该商品的能力。没有生产能力不能形成有效供给,不能算作是经济意义上的供给。我们将在给定市场价格水平下,生产者愿意提供并能够提供出售该种商品的数量称为供给量。对应于需求,供给(supply)是指在特定时期内,每一给定价格与此价格下生产者愿意并能够提供的商品数量之间的对应关系。

表2-3给出了2016年某月果汁市场的供给情况,当果汁的价格是5元/瓶时,厂商的供给量是1瓶,当果汁的价格是10元/瓶时,厂商的供给量是11瓶。我们将这个表示果汁市场价格和数量之间对应关系的表格称为果汁市场的供给表。

表2-3 2016年某月果汁市场的供给表

价格(元/瓶)	12	10	8	7	5	4.5
供给量(瓶)	15	11	7	5	1	0

类似于需求曲线,我们将表2-3中的6个价格—供给量组合描绘在坐标系中,并将若干个这样的点连接起来,就得到一条供给曲线,如图2-3所示。

这条供给曲线上任意一点同样有两重含义:一是生产者在该价格水平下愿意提供且能够提供出售的果汁数量;二是生产者在提供出售给定数量果汁的时候,能够接受的最低价格水平。

特定时间点上,某种商品的具体供给数量受到很多因素的影响。在上述果汁市场的例子中,我们只考虑了价格因素的影响,其实具体的供给量还会受到以下一些因素的影响。

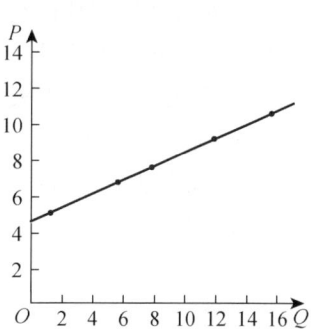

图2-3 果汁市场的供给曲线

(1)厂商的目标。在经济学中一般假设生产者的目标是利润最大化,即生产者提供出售多少商品取决于是否能够为其带来最大利润。如果由于某些内部或外部原因,使得生产者不再以利润最大化为目标,而是追求收入最大化,或者某种具有社会责任的目标,那么供给量会随着发生改变。

(2)相关商品的价格。互补品和替代品的价格变化也会影响该商品的供给量。比如,农民既可以种玉米也可以种小麦,当市场上小麦的价格上涨的时候,农民会更多选择种小麦,这会导致玉米的供给减少。

(3)生产技术。一般情况下,生产技术的进步会降低商品的生产成本,增加生产者的利润,生产者会选择提供更多的商品。

(4)生产要素的价格。生产要素的价格是企业生产价格的重要组成部分。生产要素价格上升,商品成本增加,生产者利润减少,会减少供给量。反之,生产要素价格下降,生产者会提高供给量。

(5)生产者对未来的预期。如果生产者对未来经济的预期比较乐观,往往会选择扩大生产规模,增加商品供给。如果生产者对未来经济的预期比较悲观,预期商品价格会下降,那么往往会缩减生产规模,减少商品供给。当然这一推断建立在生产规模可以调整的前提下,如果生产规模来不及调整,预期到商品价格不久会上升,生产者可能会选择囤积商品。这样一来，短期内该商品的供给就会下降。

（6）自然条件。很多商品的供给量受制于自然条件。比如农产品的收成就受到干旱和洪水的影响，交通运输行业的供给也受到恶劣天气的影响。

在现实市场中，影响供给量的因素还有很多，比如市场竞争的格局，政府的经济政策等，这些因素通过直接或间接的改变生产成本以及生产者对未来的预期，进而改变市场的供给水平。

二、供给函数

一种商品的供给是指生产者在一定时期内在各种可能的价格下，愿意并且能够提供出售的某种商品的数量。类似于需求和需求量的关系，供给和供给量的概念也有所区别。供给量是在某种给定的价格下，生产者提供出售某种商品的数量；而供给表示的是不同价格下的供给量，是价格和供给量之间的对应关系。

我们用函数形式来表示这种对应关系，就是供给函数。如果我们用 P 表示价格，P_r 表示相关商品价格，C 表示生产要素价格，T 表示生产者的技术水平，P_e 表示预期价格，N 表示自然条件，那么一种商品的供给量 Q_s 就是这些变量的函数，于是供给函数可以表示为：

$$Q_s = f(P, P_r, C, T, P_e, N, \cdots) \tag{2-10}$$

如果假设其他变量保持不变，只考虑价格因素对供给量的影响，可以将上式改写为一元函数的形式，得到：

$$Q_s = f(P) \tag{2-11}$$

式(2-11)意味着商品价格和供给量之间存在着一一对应关系。上述果汁的例子中，图2-2所示的供给曲线的函数形式可以写作 $Q_s = -9 + 2P$，是一条直线。直线形式的供给曲线可以一般化为：

$$Q_s = -c + dP \quad (c > 0, d > 0) \tag{2-12}$$

式(2-12)中：$-c$ 和 d 是外生变量，具体来说，当价格 $P = 0$ 时，供给量 $Q_s = -c$，但是生产者提供的产量不能为负数，所以这里的含义是只有当价格高于 $\frac{c}{d}$ 时，生产者才会提供商品。d 是供给曲线的斜率，表示当价格发生微小变动时引起的 Q_s 的变动，即：

$$d = \frac{\Delta Q}{\Delta P} \text{ 或者 } d = \lim \frac{\Delta Q_s}{\Delta P} = \frac{dQ}{dP}$$

另外，式(2-12)中的供给函数可以改写为：

$$P = \frac{c}{d} + \frac{1}{d} Q_s \tag{2-13}$$

三、供给规律

供给表和供给曲线表示的是价格和供给量之间的关系。无论供给曲线是直线还是曲线，一般都是向右上方倾斜的，这表明两个变量之间呈现同向变动关系。这一特征被称为供给规律(law of supply)或供给法则。供给规律可以表述为：当其他条件保持不变时，商品的供给量随着价格的上升而增加，随着价格的下降而减少，即：

$$\frac{\mathrm{d}Q_s}{\mathrm{d}P} = \lim_{\Delta P \to 0} \frac{\Delta Q_s}{\Delta P} > 0 \tag{2-14}$$

与需求曲线类似，人们的常识是供给量越大，商品的价格越低。这也是一种误解。本节所讨论的供给曲线是描述供给价格(生产者愿意接受的最低价格)与供给量之间的关系，而不是市场均衡价格和均衡数量之间的关系。

在理解供给规律的时候，要注意以下两点。

第一，其他条件不变是指影响供给的其他因素不变，如上文中提到的生产技术、相关商品价格等不变。也就是说，供给法则是在假定影响供给的其他因素不变的前提下，研究商品价格与供给量之间的关系，离开了这一前提，供给法则无法成立。

第二，供给曲线向上倾斜的供给法则虽然对大多数商品都是适用的，但也有一些例外，比如，已故名人的字画，价格上升供给量也无法增加。另外还有一些特殊商品可能会出现随着价格升高而供给量减少的情况，这将在后面的章节中进行讨论。

四、供给与供给量的变动

供给量的变动是指供给数量的改变，在只考虑价格因素的供给曲线中，商品的价格变动引起供给量的变动，将表现为在同一条供给曲线上的移动。如图 2-4 中从 $A \to B$，表示价格从 P_0 上升到 P_1 时，供给量从 Q_0 增加到 Q_1，随着价格的不断上升，供给量不断增加。

供给的变动是指商品本身价格不变的条件下，由其他因素变化所引起的供给量变化。对于特定的价格来说，其所对应的供给量发生了改变，这意味着价格和供给量的对应关系(函数关系)发生了改变。这在函数形式上表现为外生变量的变化，在图形中表现为供给曲线整体的移动。

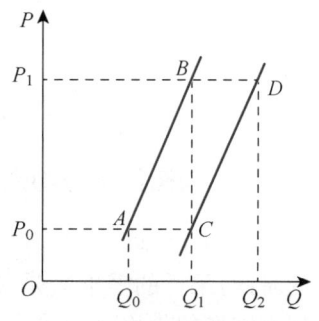

图 2-4 供给量与供给的变动

例如，生产果汁的原料成本下降，即使果汁价格没有变化，对生产者来说，因为生产销售果汁的利润增加，所以愿意增加供给量。在图 2-4 中的供给曲线上，从 A 点到 C 点，表示在同样的价格水平下，生产者供应的数量增加了。

五、个别供给与市场供给

个别供给，或称为企业供给，是某一特定时间内，某生产者的供给量与价格之间的对应关系。市场供给则是某一特定时间内，某市场中所有生产者提供该种商品的供给量与价格之间的对应关系。很显然,市场供给是行业内诸企业供给量的加总。

假设市场中有 A、B、C 三个生产者,对果汁的供给分别如表 2-4 所示。

表 2-4 果汁的个别供给与市场供给

果汁价格(元/瓶)	A供给量(瓶)	B供给量(瓶)	C供给量(瓶)	市场供给量(瓶)
3	0	0	0	0
6	3	6	2	11
9	9	12	5	26
12	15	18	8	41
15	21	24	11	56

与前文类似,我们可以推导出三个厂商分别的供给曲线方程:

$$Q_{SA} = 2P - 9 \tag{2-15}$$

$$Q_{SB} = 2P - 6 \tag{2-16}$$

$$Q_{SC} = P - 4 \tag{2-17}$$

于是我们有整个市场的供给函数为:

$$Q_S = Q_{SA} + Q_{SB} + Q_{SC} = 5P - 19 \tag{2-18}$$

同样,个别供给与市场供给的变动趋势有时候也可能并不一致。

第三节 市 场 均 衡

一、均衡价格与均衡数量

我们在前两节中分别讨论了需求曲线和供给曲线。我们知道:"当价格是每瓶 6 元的时候,果汁的需求量是 24 瓶""当价格是每瓶 9 元的时候,果汁的供给量是 26 瓶"。那么市场的价格是如何决定的呢?

如图 2-5 所示,我们将前文中果汁的供给曲线和果汁的需求曲线放在了同一张图中。我们看到这两条曲线相交于一点,交点处的价格被称为均衡价格,交点处的数量被称为均衡数量。

均衡价格(equilibrium price)是指某种商品的需求量恰好等于其供给量时的价格,也就是买方的出价恰好等于卖方要价时的价格。此时,该商品的需求量和供给量相等,这个数量被称为均衡数量(equilibrium quantity)。

均衡的概念是由物理学引入的,原意指受力平衡,物体将保持现有运动状态。市场中的商品同时受到买卖双方市场力量的影响,均衡价格和均衡数量是自由市场中唯一能够保持稳定的价格和数量。在没有外部力量影响的情况下,这个稳定状态将一直延续。此时,生产者愿意供给的商品数量等于消费者愿意购买的数量。任何偏离这一均衡状态的价格和数量,经济力量都会起作用,推动价格和数量趋向于均衡水平。

我们首先利用供求图来分析均衡的调整过程,如图 2-5 所示。假设现在的价格是每瓶 6 元,生产者愿意销售的数量是 11 瓶,消费者愿意购买的数量是 18 瓶,这就导致了 7 瓶的超额需求,即产生了短缺(shortage)。消费者会竞相以高价购买商品,价格有上升的压力,这会降低消费者的需求量而提高厂商的供给量,直至供求重新平衡。类似的,假设现在的价格是每瓶 10 元,生产者愿意销售的数量是 31 瓶,消费者愿意购买的数量是 10 瓶,这就导致了 21 瓶的超额供给,即产生了过剩(surplus)。生产厂商为了能将产品销售出去会竞相压价,价格有下降的压力,这会提高消费者的需求,而降低厂商的供给,直至供求重新平衡。上述调整过程还可以用表 2-5 来表示。

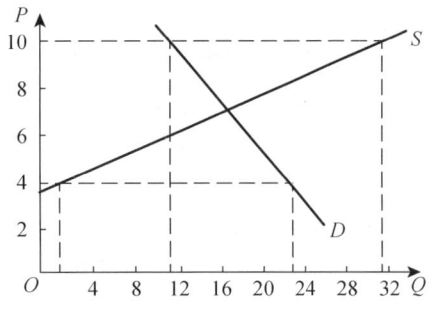

图 2-5 果汁的均衡价格和均衡数量

表 2-5 果汁的市场供求平衡过程表

单位价格(元/瓶)	日供给量(瓶)	日需求量(瓶)	过剩/短缺	对价格的压力
4	1	22	短缺	↑
6	11	18	短缺	↑
7	16	16	0	均衡
8	21	14	过剩	↓
10	31	10	过剩	↓

如图 2-5 所示,当且仅当果汁的价格为 7 元/瓶时,需求曲线和供给曲线相交于一点,此时果汁的需求量和供给量相等,均为 16 瓶。于是,7 元/瓶是买卖双方均不愿改变的均衡价格,16 瓶是果汁市场的均衡数量。

二、均衡价格的求解

我们可以利用需求函数和供给函数的表达式来求解均衡价格和均衡数量,以前文中的果汁市场为例,可以建立如下联立方程组:

$$\begin{cases} Q_D = 30 - 2P \\ Q_S = 5P - 19 \end{cases} \tag{2-19}$$

解得均衡价格 $P^* = 7$,均衡数量 $Q^* = 16$。

三、均衡价格的变动

超市里定价 1 元/瓶的矿泉水,我们不知道在这个价格下矿泉水是否能卖完,即便卖完了,我们不知道这个价格下消费者是否需要购买更多的矿泉水,因此,我们无从判断这个价格是否是均衡价格。即便瞬间存在理论上的均衡价格，但因为影响需求和供给的因素太多，这些因素稍微发生变化就会打破均衡，所以现实中均衡价格几乎不存在。

讨论均衡价格的现实意义并不在于求出均衡价格，而在于通过分析均衡价格的决定来判断均衡价格的变动。我们已经知道均衡价格是由市场需求曲线和供给曲线共同决定的，因此，均衡价格的变动就取决于供求曲线的移动。本章前两节中所提到的若干种因素都会导致供求曲线的移动，下面我们将分析这种移动对均衡价格和均衡数量的影响。

1. 需求曲线的移动

在供给曲线不变的前提下，需求增加表现为需求曲线向右移动，这会导致均衡价格升高，均衡数量增加；需求减少表现为需求曲线向左移动，这会导致均衡价格下降，均衡数量减少。如图2-6所示，当需求曲线为 D_1 时，与供给曲线的交点为 E_1，均衡价格和均衡数量分别为 P_1 和 Q_1，如果由于某种原因导致需求增加，比如消费者的偏好改变或者替代品的价格上涨，需求增加导致需求曲线向右移动到 D_2，与供给曲线的新交点为 E_2，均衡价格和均衡数量分别为 P_2 和 Q_2。相反，由于某种原因导致需求减少，需求曲线向左移动到 D_3，与供给曲线的新交点为 E_3，均衡价格和均衡数量分别为 P_3 和 Q_3。

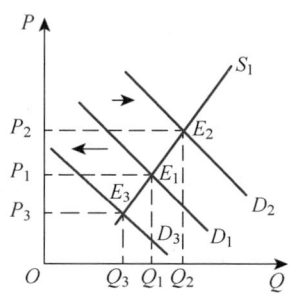

图 2-6　需求曲线移动对均衡价格的影响

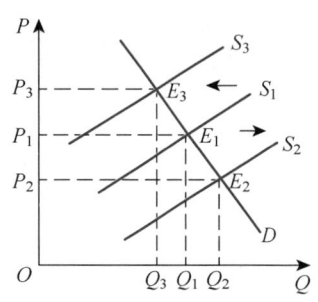

图 2-7　供给曲线移动对均衡价格的影响

2. 供给曲线的移动

在需求曲线不变的前提下，供给增加表现为供给曲线向右移动，这会导致均衡价格下降，均衡数量增加；供给减少表现为供给曲线向左移动，这会导致均衡价格上升，均衡数量减少。如图2-7所示，当供给曲线为 S_1 时，与曲线的交点为 E_1，均衡价格和均衡数量分别为 P_1 和 Q_1，如果由于某种原因导致供给增加，比如原材料价格下降，供给增加导致供给曲线向右移动到 S_2，与需求曲线的新交点为 E_2，均衡价格和均衡数量分别为 P_2 和 Q_2。相反，由于某种原因导致供给减少，供给曲线向左移动到 D_3，与需求曲线的新交点为 E_3，均衡价格和均衡数量分别为 P_3 和 Q_3。

3. 需求曲线、供给曲线同时移动

需求和供给同时发生变化的情况也不罕见，但这会使得分析变得复杂。假设初始状态的均衡点为 E_1。由于各种原因导致需求和供给同时增加，那么需求曲线向右移动到 D_2，供给曲线向右移动到 S_2，均衡点移动到 E_2。根据前面的分析，需求、供给曲线均向右移动，新的交点一定在初始均衡点的右侧，均衡产量 Q_2 必定大于 Q_1。但是均衡价格的变动却不能确定，因为需求增加使得均衡价格有上升的压力，供给增加使得均衡价格有下降的压力，两种力量的相对大小不明的情况下，均衡价格的变动方向不明。因此，均衡价格的实际变动取决于供求两者增加的程度。如图 2-8 所示,如果需求增加的程度大于供给增加的程度,那么均衡价格将趋于上升,即图中 E_2 点所示的价格 P_2;如果需求增加的程度小于供给增加的程度,那么均衡价格将趋于下降,即图中 E_2' 点所示的价格 P_2'。当然,在特殊情况下,供给和需求的增加程度正好相等,那么均衡价格将保持不变。

类似的,如果需求和供给同时减少,均衡产量必定减少,但是均衡价格的变动方向不能确定。

接下来我们分析需求和供给发生反向变动的情况。由于各种原因导致需求增加,而供给同时减少,

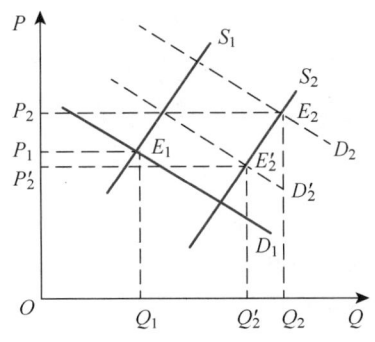

图 2-8　需求和供给同时增加时对均衡价格的影响

那么需求曲线向右移动到 D_2,供给曲线向左移动到 S_2,均衡点移动到 E_2。根据前面的分析,需求曲线向右移动,供给曲线向左移动,新的交点一定在初始均衡点的上方,均衡价格 P_2 必定大于 P_1,但是均衡数量的变动却不能确定。均衡数量的变化将取决于供求变化的相对程度,如果需求增加的程度比较大,那么均衡数量将增加;如果供给减少的程度比较大,那么均衡数量将减少。

4. 供求变动对均衡价格和均衡数量的影响

综上,我们可以得到如下的结论:均衡价格和均衡数量与需求呈同方向变动;均衡价格与供给呈反方向变动,均衡数量与供给呈同方向变动。这被很多学者称为"供求规律",如表 2-6 所示。

表 2-6　供求变动对均衡的影响

需求曲线移动方向	供给曲线移动方向	均衡价格变化	均衡数量变化
向右	向右	不确定	增加
向左	向左	不确定	减少
向右	向左	提高	不确定
向左	向右	下降	不确定

第四节　需求弹性与供给弹性

需求规律告诉我们,降价能帮助厂商更多地销售滞销的商品。但厂商的目标是获得更大的利润而不是简单地将商品卖出。因此,厂商更需要知道的是将价格降到何种程度才能使收益最大,这取决于消费者对价格变化做出的反应程度的大小,即需求价格弹性。

一、弹性的概念

弹性(elasticity)是一个由物理学引入到经济学中的概念,原意是指某一个物体对

外部力量变化的反应程度。我们可以用百分比的变动率来表示这种反应程度，即在两个相互关联的变量之间，一个变量变动1%，引起另一个变量变动的百分比。这种比例关系可以用下式来表示：

$$\text{弹性系数} = \text{因变量变动的比率} / \text{自变量变动的比率}$$

对于任何存在函数关系的经济变量之间，都可以建立两者之间的弹性关系或进行弹性分析。当然，弹性分析也有其局限性，因为弹性分析是一种数量分析，对于难以量化的因素便无法应用。

我们假设两个经济变量之间存在函数关系，$y = f(x)$，则弹性的一般公式可以表示为：

$$e = \frac{\frac{\Delta y}{y}}{\frac{\Delta x}{x}} = \frac{\Delta y}{\Delta x} \times \frac{x}{y} \tag{2-20}$$

如果 x 的变化量非常小，即 $\Delta x \to 0$，那么上式可以改写为微分的形式，即：

$$e = \lim_{\Delta x \to 0} \frac{\frac{\Delta y}{y}}{\frac{\Delta x}{x}} = \frac{\frac{\mathrm{d}y}{y}}{\frac{\mathrm{d}x}{x}} = \frac{\mathrm{d}y}{\mathrm{d}x} \times \frac{x}{y} \tag{2-21}$$

我们通常将式(2-20)称为弧弹性公式，将式(2-21)称为点弹性公式。弧弹性对应的是表示函数的曲线上两个点之间的一段曲线（弧线）的弹性，点弹性对应的是曲线上某一点的弹性。

因为弹性是两个变量变化率的比值，所以弹性无量纲，与两个变量的度量单位无关。这一点与曲线斜率的定义不同，斜率会受到变量单位的影响，而弹性则不会。

二、需求价格弹性

（一）点弹性和弧弹性

在本小节中将讨论最常见的一种经济弹性——需求价格弹性（price elasticity of demand）。前文中给出的需求函数 $Q_D = f(P)$ 中，唯一的自变量是价格。那么需求的价格弹性可以表示一定时期内，一种商品的需求量变动对于该商品的价格变动的反应程度，其弹性系数等于需求量变动的百分比除以价格变动的百分比。

于是，可以写出需求价格弹性的公式，如下式所示：

$$e_d = \frac{\text{需求量变动的百分比}}{\text{价格变动的百分比}} = -\frac{\frac{\Delta Q}{Q}}{\frac{\Delta P}{P}} = -\frac{\Delta Q}{\Delta P} \times \frac{P}{Q} \tag{2-22}$$

式(2-22)中：e_d 表示需求的价格弹性；Q 表示与原来价格 P 对应的需求量；ΔP 表示价格的变化量；ΔQ 表示对应的需求量的变化量。根据需求法则，需求量的变动方向与价格的变动方向相反，所以上式中需求价格弹性一般为负数。但事实上，从经济意义上讲我们说弹性-4比弹性-3要大,这与数学上的判断矛盾,因此为方便和习惯起见,在定义需求价格弹性时在公式里加上一个负号,使得需求价格弹性系数为正数。例如,假设果汁的价格上涨了10%,对应的消费者的需求量减少了15%,由上式可以得到需求价格弹性为:

$$e_d = -\frac{\Delta Q/Q}{\Delta P/P} = -\frac{-15\%}{10\%} = 1.5 \tag{2-23}$$

当然,吉芬商品、炫耀性商品因为是需求规律的例外,其需求价格弹性本来就大于零。

需求价格弹性也可以分为弧弹性和点弹性两种。需求的价格弧弹性表示需求曲线上两点之间的需求量变动对价格变动的反应程度。当需求曲线上的两点之间无限接近的时候,需求价格弹性可以表示为点弹性的形式,即需求曲线上某一点上需求量变动对价格变化的反应程度,可以用微分的形式表示需求价格点弹性公式,即:

$$e_d = \lim_{\Delta x \to 0} -\frac{\frac{\Delta Q}{Q}}{\frac{\Delta P}{P}} = -\frac{dQ}{dP} \times \frac{P}{Q} \tag{2-24}$$

式(2-24)中:$-dQ/dP$是需求曲线上P与Q所对应点的切线斜率;而P/Q是需求曲线上某一点的坐标值之比;需求弹性是两者的乘积。这再次说明,弹性和斜率的概念完全不同。对于线性需求曲线而言,斜率是唯一的,但是曲线上每一点的弹性会随着位置的变化而变化。

例如,已知果汁的需求函数为$Q_D = 30 - 2P$,曲线的斜率为$dQ/dP = -2$。当价格$P = 5$时,$Q = 20$,此时的需求价格点弹性为:

$$e_d = -\frac{dQ}{dP} \times \frac{P}{Q} = -(-2) \times \frac{5}{20} = 0.5 \tag{2-25}$$

而当$P = 8$时,$Q = 14$,对应的需求价格点弹性为:

$$e_d = -\frac{dQ}{dP} \times \frac{P}{Q} = -(-2) \times \frac{8}{14} = 1.143 \tag{2-26}$$

从边际分析的角度出发,我们总是分析价格的微小变动引起需求量如何调整,因此,在以后的分析中更多地用点弹性这种定义。

(二) 需求价格弹性的几何表示

线性需求曲线上点弹性的变化还可以用几何图形来表示。如图2-9所示,需求曲线与横纵坐标轴交于A、B两点,C点为曲线上一点。根据点弹性的定义,C点的需求价格弹性可以用下式来表示:

$$e_d = -\frac{dQ}{dP} \times \frac{P}{Q} = \frac{GB}{CG} \times \frac{CG}{OG} = \frac{GB}{OG} = \frac{CB}{AC} = \frac{FO}{AF} \tag{2-27}$$
$$= \frac{BC}{AC}$$

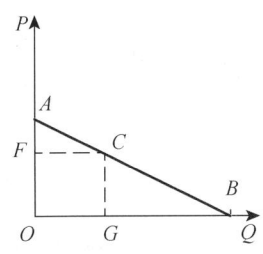

图2-9 线性需求曲线上的点弹性

由此，我们可以总结出这样一个结论：线性需求曲线上任意一点的弹性，都可以通过由该点出发向横轴或纵轴引垂线的方法来求得，也等于这点和横轴所夹的线段与和纵轴所夹线段的比值，因此，价格越低时弹性越小。由于线性需求曲线的斜率不变，那么曲线上位置越高的点，其 P/Q 的值就越大，相应的点弹性系数值就越大；相反，位置越低的点，其 P/Q 的值就越小，相应的点弹性系数值就越小。在图 2-9 中，以位置最低的点 B 出发，逐步上升到最高的点 A 的过程中，相应的点弹性由 $e_d=0$ 逐步增大，一直到 $e_d=\infty$。在这一变化过程中，也必然存在一个点，使得 $e_d=1$。从上面的几何分

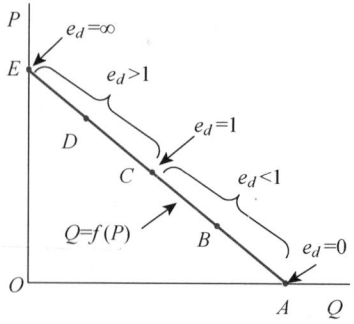

图 2-10　线性需求曲线的点弹性类型

析中我们知道，这个弹性系数为 1 的点，应该是 AB 的中点。于是，在需求曲线中点以下部分，$e_d<1$，在中点以上的部分，$e_d>1$。这一规律的总结，如图 2-10 所示。

（三）需求价格弹性的分类

根据弹性绝对值的大小，需求价格弹性可以分为以下五种情况。

第一，当 $e_d>1$ 时，需求富有弹性。这时需求量的相对变动大于价格的相对变动，或者说价格每变化 1%，引起的需求量的变动大于 1%，需求量对价格变化的反应比较敏感。

第二，当 $e_d<1$ 时，需求缺乏弹性。这时需求量的相对变动小于价格的相对变动，或者说价格每变化 1%，引起的需求量的变动小于 1%，需求量对价格变化的反应比较不敏感。

第三，当 $e_d=1$ 时，需求具有单位弹性。这时需求量的相对变动等于价格的相对变动，或者说价格每变化 1%，引起的需求量的变动也是 1%。

第四，当 $e_d=0$ 时，需求完全无弹性。这时无论价格如何变动，需求量保持不变，需求量对价格变化完全不敏感，其需求曲线是与纵轴平行的一条垂直线。

第五，当 $e_d\rightarrow\infty$ 时，需求具有完全弹性。这时在给定的价格水平上，需求量可以无限大，但一旦价格高于既定价格，需求量即下降为零。其需求曲线是一条与横轴平衡的水平线。

以上五种类型的需求价格弹性分别对应图 2-11 中的五种需求曲线形式。

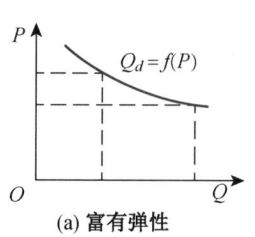
(a) 富有弹性

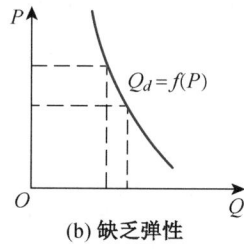
(b) 缺乏弹性

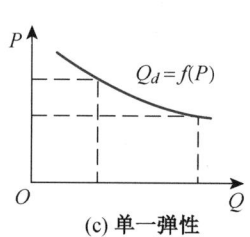
(c) 单一弹性

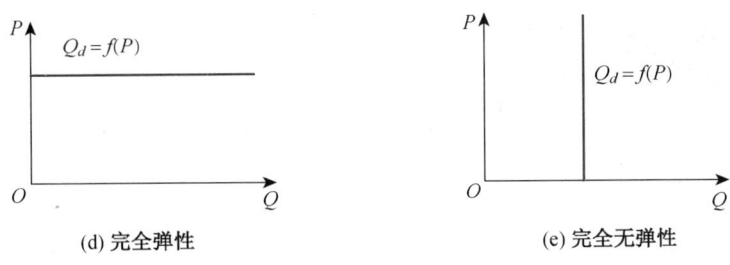

(d) 完全弹性　　　　　　　　(e) 完全无弹性

图 2-11　需求价格弹性的五种类型

（四）需求价格弹性与总收益的关系

在市场上，厂商销售商品的总收益等于商品价格与销售量的乘积，即厂商销售总收益 $TR=P\times Q$，式中：P 表示商品价格；Q 表示商品的销售量，即市场在该价格水平下的需求量。

当某种商品的需求是富有弹性的时候，因为需求量的相对变动大于价格的相对变动，所以价格的上升会导致消费者用于购买这种商品货币总支出减少，而价格下跌会导致消费者用于购买这种商品的货币总支出增加。类似的，如果某种商品的需求是缺乏弹性的，那么因为需求量的相对变动小于价格的相对变动，所以价格的上升会导致消费者用于购买这种商品的货币总支出增加，而价格下降则会导致消费者的货币总支出减少。如果某种商品的需求具有单位弹性，那么价格上升或下降均不会改变消费用于购买这种商品的货币总支出。

如图 2-12(a)所示，对于 $e_d>1$ 的富有弹性的商品，降价可以增加厂商的销售收入，而涨价会降低销售收入。这是因为对于富有弹性的商品，厂商降价所引起的需求量上升的百分比大于价格下降的百分比，降价所造成的销售收入的减少量小于需求量增加所带来的销售收入的增加量。

如图 2-12(b)所示，对于 $e_d<1$ 的缺乏弹性的商品，降价可以减少厂商的销售收入，而涨价会增加销售收入。这是因为对于缺乏弹性的商品，厂商降价所引起的需求量上升的百分比小于价格下降的百分比，降价所造成的销售收入的减少量超过需求量增加所带来的销售收入的增加量。

如图 2-12(c)所示，对于 $e_d=1$ 的单位弹性的商品，价格变化对厂商的销售收入没有影响。这是因为对于单位弹性的商品，厂商降价所引起的需求量上升的百分比等于价格下降的百分比，降价所造成的销售收入的减少量正好抵消了需求量增加所带来的销售收入的增加量。

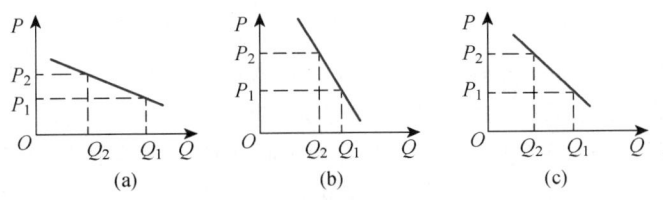

图 2-12　需求弹性与销售收入

值得注意的是，这里都是以需求价格弧弹性来进行分析的。我们也可以根据价格变动后收益变化的情况，来对不同需求弹性进行分类。比如，如果价格稍微上涨，引起需求量大幅下降,厂商收入减少则这种商品是富有弹性的。其他情况可对照理解。

(五) 影响需求价格弹性的因素

影响需求价格弹性的因素很多,主要有以下几点。

(1) 商品的必需程度。如果一种商品是消费者的生活必需品,那么商品的需求量受价格因素的影响较小,因而需求价格弹性较小。相反的,如果一种商品对消费者而言是奢侈品,那么商品的需求量受价格因素影响较大,因而需求价格弹性较大。

(2) 替代品的数量和可替代性。一般而言,一种商品的替代品越多,可替代性越强,则该商品的需求价格弹性越大。例如,各种果汁之间互为替代品,且可替代性较强。那么当橙汁涨价的时候,消费者很容易选择更多地消费苹果汁或桃汁。这样橙汁的需求价格弹性较大。而食盐作为一种商品,缺乏合适的替代品,那么当食盐涨价的时候,消费者没有其他选择,其需求价格弹性非常小。

(3) 商品用途的广泛性。一般而言,商品用途越广泛,需求价格弹性越大。这是因为当该商品价格下降时,消费者会从多个途径增加对这种商品的购买,使得需求量增加较多。

此外,消费者的消费习惯,商品质量,购买该商品的支出占总支出的比例等因素也会影响需求价格弹性的大小。一种商品的需求价格弹性的大小是各种影响因素共同作用的结果。

三、需求收入弹性

需求收入弹性(income elasticity of demand)是一定时期内消费者对某种商品的需求量变动对于消费者收入变动的反应程度,是需求量变动的百分比除以收入变动的百分比。可以用下面的公式来表示:

$$e_M = \frac{\frac{\Delta Q}{Q}}{\frac{\Delta M}{M}} = \frac{\Delta Q}{\Delta M} \times \frac{M}{Q} \tag{2-28}$$

式(2-28)中:e_M 表示需求的收入弹性;Q 和 M 分别表示既有的需求量和收入水平;ΔM 表示收入的变化量;ΔQ 表示对应的需求量的变化量。当收入变动非常小,趋近于零的时候,需求收入弹性可以用微分的形式来表示:

$$e_M = \frac{\frac{dQ}{Q}}{\frac{dM}{M}} = \frac{dQ}{dM} \times \frac{M}{Q} \tag{2-29}$$

与需求价格弹性不同,这里等号右边没有负号。需求收入弹性系数可以为正,也可以为负。我们可以根据商品的需求收入弹性系数给商品进行分类。

(1) 正常商品。对正常商品而言,消费者的收入增加将导致其需求量的提高,即需求量与收入同方向变动,有 $e_M > 0$。其中又可以根据需求收入弹性是否大于 1,将正常商品分为奢侈品和必需品。如果 $e_M > 1$,表明需求量对收入变动较为敏感,我们称这类商品为奢侈品(luxury goods);如果 $e_M < 1$,表明需求量对收入变动较为不敏感,我们称这类商品为必需品(necessities)。

(2) 低档商品。对劣等(低档)商品,当人们的收入提高之后,消费量反而减少,即需求量与收入反方向变动,则 $e_M < 0$。例如,当人们收入较低的时候,会选择消费部分方便食品或者快餐,而收入提高以后很可能减少这些食品的消费。于是这些食品的需求收入弹性小于零,可以将其归属于低档商品。

四、需求交叉价格弹性

需求交叉价格弹性(cross elasticity of demand)是一定时期内消费者对某种商品的需求量变动对于另一种商品价格变动的反应程度,是一种商品的需求量变动的百分比除以另一种商品的价格变动的百分比。可以用以下公式表示:

$$e_{XY} = \frac{\frac{\Delta Q_X}{Q_X}}{\frac{\Delta P_Y}{P_Y}} = \frac{\Delta Q_X}{\Delta P_Y} \times \frac{P_Y}{Q_X} \qquad (2-30)$$

注意这里,因为有两种商品,我们需要用角标来进行区分。式(2-30)中:X,Y 表示两种商品;e_{XY} 表示需求交叉价格弹性,是商品 X 的需求量对商品 Y 的价格变化的反应程度;Q_X 是商品 X 的既有需求量;P_Y 是商品 Y 的既有价格;ΔP_Y 表示 Y 的价格变化量;ΔQ_X 表示对应的 X 需求量的变化量。当 Y 的价格变动非常小,趋近于零的时候,需求交叉价格弹性可以用以下微分的形式来表示:

$$e_{XY} = \frac{\frac{dQ_X}{Q_X}}{\frac{dP_Y}{P_Y}} = \frac{dQ_X}{dP_Y} \times \frac{P_Y}{Q_X} \qquad (2-31)$$

式(2-31)中:等号右侧也没有负号。需求交叉价格弹性系数可以为正,也可以为负。根据商品互相之间的关系,需求交叉价格弹性系数有如下三种。

(1) 替代品的需求交叉弹性系数大于零。一种商品的价格上涨,会引起它的替代品的需求量增加,两者呈现同方向变动,对应的需求交叉价格弹性系数大于零。例如,某一年羊肉的价格上涨,会引起消费者对羊肉的需求量减少(需求法则),转而增加牛肉的消费。

(2) 互补品的需求交叉价格弹性系数小于零。例如,汽车和汽油,打印机和硒鼓,一种商品的价格上涨,会引起它的互补品的需求量下降,两者呈现反方向变动。

(3) 无关商品的需求交叉价格弹性系数等于零。一种商品的需求量对另一种商品的价格变化完全不敏感。此时,一种商品的价格上涨不会影响到另一种商品的需求量。

五、供给价格弹性

与需求曲线类似,商品的供给量也会对决定供给的各种因素的变化做出反应。我们也可以用弹性来表示这种反应程度,这就是供给弹性。供给弹性中也包括供给价格弹性、供给交叉价格弹性等不同种类。在本小节中,我们只介绍供给的价格弹性。

(一) 供给价格弹性的含义

与前文中推导需求价格弹性类似,在供给函数 $Q_S = f(P)$ 中,唯一的自变量是价格。那么供给的价格弹性可以表示一定时期内，一种商品的供给量变动对该商品的价格变动的反应程度，其弹性系数等于供给量变动的百分比除以价格变动的百分比。

于是，可以写出供给价格弹性的公式：

$$e_S = \frac{\text{供给量变动的百分比}}{\text{价格变动的百分比}} = \frac{\frac{\Delta Q}{Q}}{\frac{\Delta P}{P}} = \frac{\Delta Q}{\Delta P} \times \frac{P}{Q} \quad (2\text{-}32)$$

式(2-32)中：e_S 是供给的价格弹性系数；Q 表示与原来价格 P 对应的供给量；ΔP 表示价格的变化量；ΔQ 表示对应的供给量的变化量。从式(2-32)中可以看出，与需求价格弹性类似，供给价格弹性表示的是价格和数量的相对变化，而不是绝对变化，所以不能把供给价格弹性与供给曲线的斜率相混淆。根据供给定律，供给量的变动方向与价格的变动方向相同，所以 e_S 通常为正数，但也有例外。

(二) 供给价格弹性的类型

不同商品的供给价格弹性，以及同一条供给曲线上不同点的价格弹性是不同的。和需求价格弹性的分类对应，根据弹性系数的大小，供给价格弹性有以下几种类型。

(1) 当 $e_S > 1$ 时，供给富有弹性。这时供给量的相对变动大于价格的相对变动，或者说价格每变化 1%，引起的供给量的变动大于 1%，供给量对价格变化的反应比较敏感。

(2) 当 $e_S < 1$ 时，供给缺乏弹性。这时供给量的相对变动小于价格的相对变动，或者说价格每变化 1%，引起的供给量的变动小于 1%，供给量对价格变化的反应比较不敏感。

(3) 当 $e_S = 1$ 时，供给具有单位(单元)弹性。这时供给量的相对变动等于价格的相对变动，或者说价格每变化 1%，引起的供给量的变动也是 1%。

(4) 当 $e_S = 0$ 时，供给完全无弹性。这时无论价格如何变动，供给量保持不变。比如，某些农产品无论价格如何波动，但限于生产特点，供给量无法增加。其供给曲线是与纵轴平行的一条垂直线。

(5) $e_S = \alpha$，供给具有完全弹性。这时在给定的价格水平上，供给量可以无限大，但一旦价格低于既定价格，供给量即下降为零。其供给曲线是一条与横轴平行的水平线。

对应地，供给曲线如图 2-13 所示。

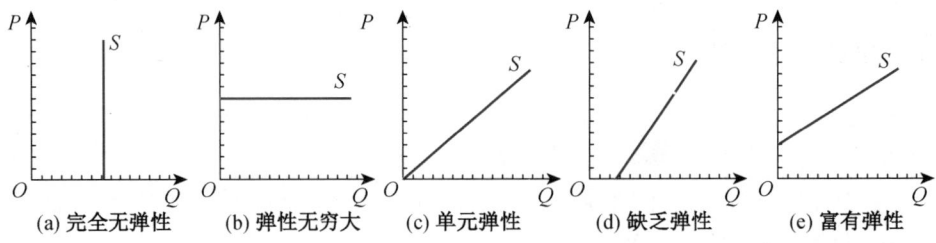

(a) 完全无弹性　　(b) 弹性无穷大　　(c) 单元弹性　　(d) 缺乏弹性　　(e) 富有弹性

图 2-13　不同弹性的供给曲线

与需求价格弹性类似,供给价格弹性在图形上可以表示为某一价格对应的点和横轴所夹线段与这点和纵轴所夹线段的比值。理解这一点,我们就能理解图 2-13(c)～图 2-13(e)三种情况。

(三) 影响供给价格弹性的因素

供给价格弹性的大小主要取决于厂商调整供应量的难易程度。对于那些容易调整产量的商品,当价格上涨时,厂商更加容易增加供给量,供给价格弹性较大;对于难以调整产量的商品,供给价格弹性较小。产量调整的难易程度的影响因素包括如下几点。

(1) 自然因素。农业受自然因素影响较大,产量难以调整,供给弹性较小;工业受自然因素影响较小,产量易于调整,供给弹性较大。

(2) 时间因素。长期来看,厂商有充裕的时间购买或处置设备,扩大或缩小生产规模,供给弹性较大;短期内,厂商难以调整生产规模,供给弹性较小。

(3) 生产周期。在一定时期内,对于生产周期较短的商品,厂商可以根据市场价格的变化及时调整产量,供给弹性较大,对于生产周期较长的商品,厂商难以及时调整产量,供给弹性较小。

除上述因素以外,原材料获取的难易程度、固定资产占比、对未来价格的预期等因素也会影响供给弹性。

第五节 均衡价格的应用

均衡价格是在市场供求作用下自发形成的。一般认为,价格信号能引导消费者和生产者有效地配置资源。但这一结论的前提是,均衡价格是合理有效的。如果价格的形成不合理,价格信号可能是扭曲的。现实社会中,在一些意外因素的冲击下,可能并不能任由市场均衡价格这只"看不见的手"引导资源配置,政府需要进行必要的干预。

一、价格管制政策

价格政策是政府对市场的直接干预,或是规定某种商品的价格不能超过某一水平,即最高限价政策;或是规定某种商品的价格不能低于某一水平,即最低限价政策。有些情况下,政府可能会限定价格波动的范围,而不是指定最低或最高限价。接下来,我们运用价格均衡模型来分析一些价格管制政策的影响。

(一) 支持价格

支持价格是政府为了扶持某一行业的生产,对该行业产品规定的高于市场均衡价格的最低价格,又称为最低限价。如政府为了扶持农业,常实行农产品支持价格。为维持支持价格,政府可采取的措施有:一是收购过剩商品,或用于储备,或用于出口。在出口受阻的情况下,收购过剩商品必然会增加政府财政开支;二是政府对该商品的生产实行产量限制,规定将生产的数量控制在 Q_1,使供求平衡。但在实施时需有较强的指令性且有一定的代价。支持价格政策如图 2-14(a)所示。

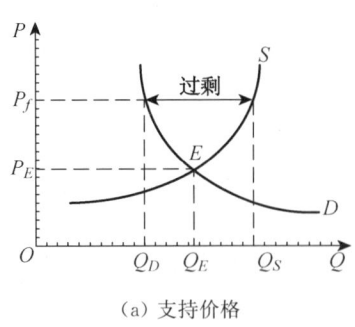 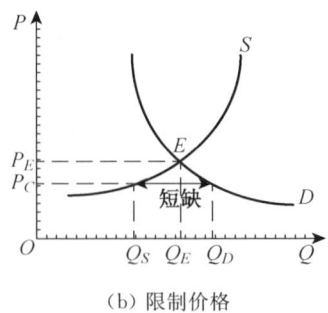

(a) 支持价格　　　　　　　　　(b) 限制价格

图 2-14　价格管制

(二) 限制价格

限制价格是政府规定的某种商品的最高价格。当政府规定的最高价格高于市场的均衡价格时,均衡价格没有动力发生改变,此时最高限价并不发挥影响。只有当政府规定的最高价格低于市场均衡价格时,即均衡价格不再符合规定,此时最高限价会影响价格。

图 2-14(b)表示政府对某种商品实行最高限价,并且该限价低于市场均衡价格的情况。在没有价格管制的情况下,市场均衡价格 P_E,对应的均衡数量为 Q_E 现在,政府规定该商品的最高价格不得超过 P_c,有 $P_C < P_E$,在最高限价 P_c 的水平,市场需求量 Q_D 大于市场的供给量 Q_S,即存在供不应求的情况,又称为短缺(shortage)。短缺意味着,在当前价格水平下,有些人愿意且有能力购买,但由于供给量不足而无法买到。为了克服短缺造成的混乱,通常可以采取的措施是引入某种配给制,比如排队机制,凭票供应。

专栏 2-1　价格听证会

对于一些与居民生活关系密切、由极少数厂商生产提供的商品,价格上涨会对普通居民的生活造成很大影响,如电价、水价等。政府往往对这类商品的价格实行一定的管制,管制途径通常是通过价格听证会的方式征求各方意见后决定价格是否变动。价格听证会制度是价格决策民主化和科学化、消费者直接参与定价的重要形式。《中华人民共和国价格法》第二十三条规定,制定关系群众切身利益的公用事业价格、公益性服务价格、自然垄断经营的商品价格等政府指导价、政府定价,应建立听证会制度,征求消费者、经营者和有关方面的意见。实行听证会制度,邀请社会各方面代表参加,有利于沟通经营者与消费者之间的联系,有利于使价格决策形成多方制约的格局,提高政府制定价格的科学性、全面性,减少盲目性、片面性,使定价更加符合实际。公共交通、自来水价格、居民用电价格等价格听证会的实践,近年来在我国的经济生活中频繁出现。当然政府对价格的管制或干预往往会有相应的成本或代价,所以只有关系国计民生的重要商品的价格,政府才会干预。

二、政府税收对均衡价格的影响

政府往往根据经济形势、社会利益等的需要,采取一些政策来影响产品的价格与产量,税收政策是政府经常采用的政策之一。假定政府对厂商征收 T 单位从量税,将使厂商的生产成本或供应成本相应提高,因此供给曲线向左移动。如图 2-15 所示,供给曲线 S 向上平移到 S_1 的距离为税收 T,均衡价格的变化 P_0P_1 为生产者转嫁给消费者承担的部分税收,剩余部分税收则由生产者承担。在现实经济中,税收由消费者和生产者承担的比例取决于需求弹性和供给弹性的大小。一般地说,需求弹性越大,消费者承担比例越小。因为需求弹性大意味着产品价格

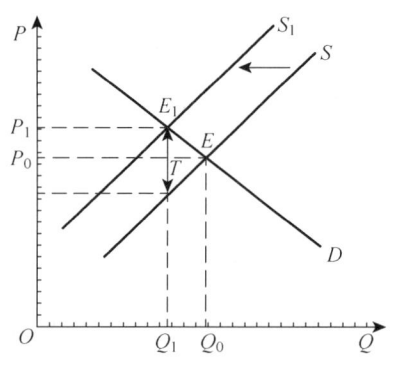

图 2-15 税收对价格的影响

上涨后,消费者的消费量会显著减少,生产者无法将税收的大部分转嫁出去。类似的,供给弹性越大,生产者承担的比例越小。因此,政府有时意在限制生产者的税收政策可能侵害了消费者的利益。大家可以画图分析一下,在什么情况下企业可以把政府征收的税收,全部转嫁给消费者,在什么情况下又完全不能转嫁。

如果政府向消费者征收消费税,对生产者和消费者的影响大家可自己画图分析。与此类似的是,如果政府对消费者或生产者进行补贴,补贴的好处在均衡价格的作用下也会被供求双方分享。

本章小结

需求是在其他影响因素不变的条件下,消费者对商品的需求量与商品价格之间的对应关系。需求是购买欲望和能力的结合。需求规律是经济中的一种普遍现象,假定其他条件不变,需求量与价格反向变动,但需求规律也有例外。根据引起需求量变动的影响因素,我们区分了需求量的变动和需求的变动,前者在图形上表示为同一条需求曲线上点的移动,而后者表示为需求曲线的移动。类似地,我们定义供给、供给量、供给规律、供给量的变动和供给的变动等。

需求价格弹性是需求量的变动对价格变动的反应程度的大小,类似地可定义需求交叉弹性、需求收入弹性等。不同商品、同种商品在不同的价格下需求弹性不同;需求弹性的计算有弧弹性和点弹性两种,不同需求弹性下价格变动对收益的影响不同。

均衡价格是一种理论上的存在,讨论均衡价格的意义是学会根据需求、供给的变动判断均衡价格和均衡产量的变动趋势。市场自发形成的均衡价格信号有时可能并不能合理地引导资源配置,政府在必要的时候会对价格进行不同的管制,如支持价格和限制价格。在一些情况下政府可能实施对不同主体的税收或补贴政策,但政策会因均衡价格的作用使其他主体也受到影响。政府对经济的干预一般有正负两方面的作用,因此只有在必要的时候政府才会干预经济。

关键术语

需求　互补商品　需求规律　正常商品　劣等商品　吉芬商品　供给　供给规律
需求价格弹性　需求交叉弹性　支持价格　限制价格

练习题

一、案例分析

四部委开始研究新能源汽车补贴退出接档政策

发改委产业协调司机械装备处处长吴卫在2017中国汽车产业发展(泰达)国际论坛上表示,2020年后中国新能源汽车财政补贴将完全退出,为防止补贴退出带来新能源汽车销量断崖式下滑,工信部、财政部、科技部和发改委(下称四部委)开始着手研究接档补贴的激励政策。退出补贴不意味对新能源汽车产业支持力度下降,政府将推出更长远、系统的扶持政策。业内认为,此政策届时将给中国新能源汽车产业带来冲击。

值得注意的是,根据国际经验,新能源汽车扶持政策的持续、稳定对产业发展至关重要。美国佐治亚州2015年7月取消州政府税收减免奖励,电动汽车销量大幅下滑;丹麦终止实施电动汽车税收减免政策后,2017年第一季度新能源汽车销量同比下降60.5%。

问题:

1. 如果是对消费者购买汽车进行补贴,新能源汽车价格会如何变化?
2. 如果政府是对企业生产新能源汽车进行补贴,新能源汽车的价格会如何变化?
3. 对新能源汽车补贴政策的退出会导致新能源汽车产量发生怎样的变化?请画图说明。

二、思考题

(一) 计算题

1. 假设某种商品的需求函数和供给函数为 $Q_D = 50 - 3P, Q_S = 2P - 30$。

(1) 求该商品的均衡价格和均衡产销量。
(2) 求该商品供求均衡时的需求价格弹性。
(3) 若生产者每销售一单位产品支付2元销售税,均衡价格又为多少?
(4) 若生产者每销售一单位产品获得政府2元补贴,均衡价格又为多少?

2. 某消费者需求函数为 $Q = M/P^n$,M,n 为常数,如果 $n > 1$,厂商提高价格后消费者在此商品上的支出是增加还是减少?

(二) 分析题

1. 画图说明房地产市场需求和供给增加,均衡价格和产量上涨的情况。
2. 现实中手机的需求和供给也都增加,均衡价格和产量发生了什么变化?画图说明。
3. 根据上面两种情况,我们如何认识需求规律?

第三章 消费者行为理论

◎ **学习目的与要求**

本章在效用理论的基础上,分析在一定的预算约束下消费者怎样作出自己的合理选择,即在收入一定的条件下实现效用最大化,或者说在效用一定条件下支出最小化。

通过本章学习,需要掌握效用、边际效用的概念,基数效用论、序数效用论下消费者均衡的推导;熟悉无差异曲线的基本特点;了解不同类型商品的收入效应和替代效应。本章学习的难点在于分析价格变动下消费者消费某种商品的收入效应和替代效应。

微课:你会买迪士尼的季票吗

导 读

第二章分析了需求曲线和供给曲线的基本特征及市场均衡价格的形成,在分析均衡价格的决定时假定需求是已知的。在本章我们将进一步分析消费者的需求是如何决定的?消费者是如何作出他们理性的消费选择?200多年前,亚当·斯密在《国富论》中提出了价值悖论:没有什么能比水更有用,然而水很少能交换到任何东西;相反,钻石几乎没有任何价值,但却经常可以交换到大量的其他物品,为什么?今天随着人们对水资源稀缺性的认识不断变化,有的矿泉水却可以卖到很高的价格,又是为什么?

在西方经济学的发展过程中,对消费者消费原则的确定,采用了不同的分析方法,其中,边际效用分析法是重要的也是主要的分析方法。本章我们在效用论的基础上分别用基数效用论和序数效用论的方法来分析消费者行为。

第一节 效 用 理 论

消费者购买一定的商品时愿意支付怎样的价格,取决于消费者是否有消费这种商品的欲望,以及这种商品给消费者能带来多大程度的满足。与欲望、满足程度相联系的一个概念是效用。

一、效用、基数效用和序数效用

人们之所以要消费商品或服务,是因为消费者消费该商品(服务)能使他们的需要或爱好得到满足,我们把消费者消费商品或服务时获得的满足程度称为效用(utility)。这种效用的获得,不仅因为物品本身具有的满足人们某种需要的客观物质属性(如食品可以食用,汽车方便交通等),还在于消费者的主观感受。比如,某些人购买名贵汽车,一方面可能是因为名贵汽车质量好;另一方面可能是因为汽车的品牌能给他带来愉悦、满足感。而消费者在消费行为中的攀比、示范效应,往往反映了效用的主观属性。

行为主义心理学家认为,人可以有各种各样、不同层次的满足欲望。消费者的消费选择取决于其消费动机,这种消费动机主要来自于他的某种欲望,用来满足其物质或精神上的需要。由于效用是一种主观心理感受,同样的商品对不同的人,相同的商品对同一个人在不同的时间或不同的地点,效用也可能不同,这反映了效用的主观性。比如,这种情况在流行服装上可以得到体现。

在既定收入条件下面临一定的商品价格时,消费者会权衡消费商品的"得"(所获得的效用或满足程度)与"失"(一定支出),这就产生了对效用的度量问题。在这一问题上,西方经济学者采用了两种不同的思路:基数效用论和序数效用论。

基数和序数是源于数学上的两个概念。数学上基数一般是指1、2、3……可以加总求和的,而在经济学中基数不一定是指自然数,还可以是小数、负数等,其根本含义是效用是可以用来加总及进行数学运算的,比如,吃一碗饭的效用是5.2,吃两碗饭的效用是7.5……数学上序数是指第一、第二、第三……其根本含义是效用可以比较大小进行排序,但不能进行数学运算。

基数效用论在19世纪和20世纪初期被西方经济学家普遍使用,到20世纪30年代,大多数经济学家使用序数效用论来研究消费行为。现代微观经济学里,通常使用序数效用的概念。从逻辑上来说,序数效用论似乎更符合实际。我们不能准确地说出吃一份盒饭和一份面条所获得的效用,但我们可以对这两者依照个人偏好排序进行选择。虽然基数效用论作为一种分析方法不一定符合科学,但有时能更直接地解决问题。试想一下,高考时每个人的数学、语文水平并不能被分数准确地衡量,但在特定的历史条件下,每门课程的分数加总成为选拔人才最可行的办法。

专栏3-1 效用与幸福指数

美国经济学家萨缪尔森提出了一个幸福方程式:效用/欲望＝幸福指数。如果人们的欲望高,而得到的效用低,幸福指数就低;如果欲望低而获得的效用高,则幸福指数就高。

效用完全是一种主观感受,因人、因时、因地而不同。根据马斯洛的需求层次理论,欲望由低到高分为五种层次:第一个层次是人的基本生理需要,第二个层次是安全需要,第三个层次是归属和爱的需要,第四个层次是尊重的需要,第五个层次是自我实现的需要。在社会发展的不同阶段,人们获得的满足程度(效用)不同,欲望(需求层次)也在不停发生变化,幸福指数并不一定与物质的丰富程度正相关。在物质匮乏的时候,物质上的改善会明显提升人们的幸福指数,而在物质相对丰富的时候则不一定如此。理论和实践都可以说明,物质最大化并不意味着效用最大化,也不意味着幸福指数的最大化。

改革开放以来,中国取得了举世瞩目的经济成就,当前已跃升为世界第二大经济体。《世界幸福报告2017》中指出,中国人的幸福指数从20世纪90年代至今,经历了马鞍型的变化,即90年代早中期较高,随后一直在下降,最近几年又得以抬升。与这一阶段对应的是,我国人均GDP和人均国民收入一直是在线性增长。幸福指数与经济增长并不匹配的原因是,人们的欲望已经由追求物质上的满足,上升到对环境、文化、社会公平的更高追求。

二、总效用和边际效用

我们把消费者在一个特定时间内消费一定数量的某种商品所获得的效用的总和称为总效用(total utility)。基于理性经济人的假定,一般认为总效用是所消费商品数量的递增函数,即总效用随商品数量的增加而增加。这一结论的前提是理性的消费者在消费时不会出现边际效用等于零或小于零的结果。边际效用(marginal utility)是指消费一定数量商品中最后增加或减少的那一单位商品所感觉到的满足的变化。如果以 TU 表示总效用,X 表示该种商品数量,则总效用函数(简称效用函数)为:

$$TU = U(X) = \sum UX_i \tag{3-1}$$

如果以 ΔTU 表示总效用增量,ΔX 表示商品增量,MU_X 表示边际效用,假定商品可以无限细分,则:

$$MU_X = \frac{\Delta TU_X}{\Delta X} \tag{3-2}$$

$$MU_X = \lim_{\Delta X \to 0} \frac{\Delta TU_X}{\Delta X} = \frac{\mathrm{d}TU}{\mathrm{d}X} \tag{3-3}$$

假设消费者消费某种商品时的总效用已知,对应地可以知道消费单位商品的边际效用,如表 3-1 和图 3-1 所示。

表 3-1　总效用和边际效用

消费品数量	总效用	边际效用	消费品数量	总效用	边际效用
1	10	10	5	30	2
2	18	8	6	30	0
3	24	6	7	28	−2
4	28	4			

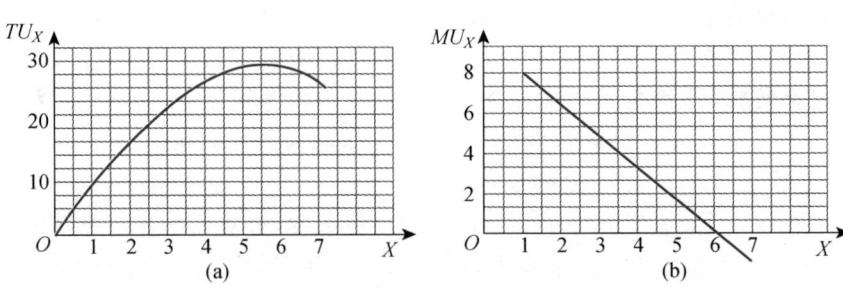

图 3-1　总效用与边际效用曲线

三、边际效用递减规律

表 3-1 的例子中,边际效用是递减的。当消费商品的数量为 6 时,边际效用为 0,这时如果继续消费,边际效用甚至为负数。那么,这样的情况在现实中会出现吗?生活当中,随着消费者消费商品数量的增加,边际效用会呈现出这样的变化趋势吗?在一般情况下,回答是肯定的,这是因为存在边际效用递减规律。

边际效用递减规律是经济学中一条重要的心理规律,其内容是在一定时期内,同一消费者消费某种商品的边际效用随着消费的商品数量的增加而递减，边际效用可下降到零甚至为负值。对于消费者来说，由于好奇等心理因素的作用，刚开始消费某种商品时的欲望较强烈，边际效用较大。但随着对商品消费数量的增多，物质的客观属性和心理的主观感受都使得增加消费的单位商品给消费者带来的满足程度逐渐下降。当边际效用下降为零时，总效用最大，如果边际效用继续下降为负值，此时总效用会下降。当然，理性的消费者消费商品或劳务的时候，不会一直到边际效用小于零。

边际效用递减有两个方面的原因：一是因为生理或心理的原因。由于生理或心理等因素的限制，刚开始消费商品时的满足程度最大，因而消费第一单位商品时得到的效用也最大。随着商品消费的增加，欲望也随之减少，从而感觉上的满足引起期待感、兴奋感下降。二是与消费者的消费选择有关。如果物品有多种多样的用途，并且各种用途的重要程度不同，人们总会把它先用于最重要的用途，也就是效用最大的地方，然后才是次要的用途，故后一单位物品给消费者带来的满足或提供的效用一定小于前一单位。由于边际效用很大程度上受物品稀缺性的影响，而边际效用又是决定物品价格的基础，这样，有些用处极大的东西（如水）由于多而货币意义上的价值很低，而有些用处很小的东西（如钻石），由于其少反而价格很贵。

生活中边际效用递减现象比较普遍，比如，随着人们货币收入的增加，单位货币的边际效用也会下降。设想一下，100元钱能给一个贫困潦倒的人带来的快乐，可能10 000元钱也不能带给一个极为富有的人同样的快乐。由此，随着财富或者货币收入的增加，货币的边际效用一般也递减。但是，在货币不变的条件下，某一时刻、每一单位货币对同一个人而言其效用是相同的。对不同收入或者财富的人而言，每一单位货币的效用显然是不同的。所以，我们可以体会为什么有人可以步行很长的路程只为节约1元钱的车费，而有人却经常乘坐出租车。但边际效用递减规律也存在例外，我们在第五节中就会讨论到有些消费者可能会存在边际效用递增的情况。

第二节 预 算 约 束

消费者消费商品或劳务时，总是希望获得尽可能高的满足程度即效用，但不同消费者最终能获得多大的效用，要受其消费能力的限制，面临预算约束。

一、预算线

前面讨论过，在影响消费者需求的因素中，商品本身的价格、其他商品的价格、消费者的收入都是重要的变量。实际消费活动中消费者在做出购买和消费选择时，其希望购买的商品组合在客观上受到他的货币所决定的消费预算的限制，不能超出他的消费能力，面临一定的预算约束。预算线（budget line）是表示在既定收入和价格条件下，消费者可以购买的两种商品的各种可能的最大数量组合。预算线的位置和斜率取决于消费者的收入水平和商品的价格水平。

我们可以用一个具体的例子来分析预算线。假设消费者收入（或计划支出）$M=$

240元，用来购买苹果和橙子两种水果。苹果的价格为每千克8元，橙子的价格为每千克6元。消费者如将全部收入用于购买苹果，则可购买30千克；全部用于购买橙子，则可购买40千克。当然消费者还可以购买15千克苹果和20千克橙子、12千克苹果和24千克橙子……假定所购买的苹果和橙子的计量单位可以无限细分，从数学上不难推出，消费者还可购买其他一系列商品组合，如购买22.5千克苹果和10千克橙子……

根据上述数据，以Y代表所购买苹果的数量，X代表所购买橙子的数量，便可得到预算线方程为：

$$6X + 8Y = 240$$

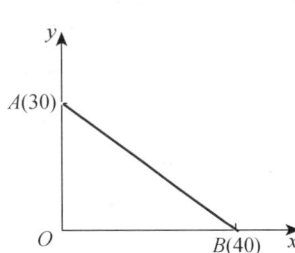

图3-2 购买苹果和橙子的预算线

上述预算线方程在图形上表示为一条线段，如图3-2所示。

更一般地，用P_X表示橙子的价格，P_Y表示苹果的价格，M表示消费者的计划支出，则预算线AB可表示为：

$$XP_X + YP_Y = M \qquad (3-4)$$

在预算线与横轴和纵轴所构成的三角形区域中的任何一点所代表的商品组合，都是消费者所能够购买的商品；而在预算线外面的任何一点所代表的商品组合，表示消费者利用全部收入不可能实现的商品购买的组合点；预算线AB以内的区域中的任何一点，表示消费者的全部收入购买该点的商品组合以后还有剩余；唯有预算线AB上的任何一点，才是消费者的全部收入刚好用完所购买到的商品组合点。

预算线的斜率（K）的绝对值等于两种商品的价格之比，其计算公式为：

$$K = \frac{OA}{OB} = \frac{\dfrac{M}{P_Y}}{\dfrac{M}{P_X}} = \frac{P_X}{P_Y} \qquad (3-5)$$

二、预算线的变动

如果消费者的收入或者商品的价格发生变动，则预算线的位置或斜率也会发生各种变动。简单分析如下。

1. 收入变动

如果所有商品的价格不变，而消费者的收入提高，则消费者的消费能力提高。从图形上看，预算线的斜率不变，而能购买的各种商品的数量都增加，表现为预算线向右上方平行移动。反之，当所有商品价格不变而消费者收入下降的时候，预算线向左下方平行移动。预算线移动的幅度大小取决于收入变动幅度大小。

2. 一种商品价格变动

如果消费者收入和商品Y的价格不变，X商品的价格P_X上升，则消费者可购买的商品Y的数量不变，而可购买的商品X的数量减少，表现为图3-2中预算线AB绕点A

向内旋转。如果 X 商品的价格 P_X 下降,则消费者可购买的 X 的数量增加,预算线 AB 向外旋转。由于 Y 商品的价格 P_Y 未变,所以 A 点始终不动。

3. 两种商品价格变动

如果消费者收入不变,而商品 X 价格 P_X 和商品 Y 价格 P_Y 变动,则能够购买的商品 X 和 Y 数量也会发生变动。我们可以根据实际的变动情况重新绘制预算线。一种特殊的情况是,如果两种商品的价格发生同比例同方向变动,也可理解为价格不变的情况下消费者的实际收入发生变动,预算线的变动参考第一种情况。

第三节 基数效用论下的消费者均衡

一、边际效用与价格

需求规律认为,在影响需求的其他因素不变的情况下,消费者的需求量与该商品价格反向变动。在需求规律的基础上,我们得到一条向右下方倾斜的曲线。下面我们用边际效用递减规律对此做进一步的分析。

在其他条件不变的假设下,消费者对某一商品的需求曲线完全取决于这种商品对他的边际效用曲线。消费者购买商品是要付出代价的,这个代价就是所支付的货币。货币和其他商品一样有效用,货币的效用也分为总效用和边际效用。消费者之所以愿意用货币去购买某种商品,是因为这种商品能给他带来效用。如果带来的效用大,他愿意付出的代价就高;如果带来的效用小,他愿意付出的代价就低。对消费者来说,一种商品的效用的大小,随他占有这种商品数量的变化而变化。占有单位越多,每增加一个单位带来边际效用就越小。例如,在生活中,当一张价格为 10 元的电话卡能为你提供 500 分钟的长途电话服务时,刚开始打电话给亲人、朋友、同事带给你的效用可能远远超过 10 元钱带给你的效用,所以你会很高兴地买电话卡。但是随着你不断地打电话,渐渐地,打电话给你带来的效用可能会和 10 元钱一样,如果继续打电话给你带来的效用还不及 10 元钱的效用(如再打电话无话可说,甚至觉得啰嗦)时,那么,你会停止购买。

消费者在购买某种商品时,实际上会在商品和所需支付的货币之间进行权衡。一方面所购买的商品能给他带来增加的边际效用 MU,另一方面他付出的货币又会失去一部分效用。假设价格为 P,单位货币的边际效用为 λ,则其购买一单位商品付出货币的效用为 $P \times \lambda$。消费者在失去的货币的效用和得到的商品带来的效用之间比较:若 $MU > P \times \lambda$,意味着购买商品的行为使他的总效用增加,这种情况就是我们通常所感受到的物超所值,这时消费者会倾向于购买这种商品。假设商品可以无限细分,则消费者购买这种商品的行为会一直持续到 $MU = P \times \lambda$。因为若他继续购买,根据前面的分析,会出现 $MU < P \times \lambda$,这意味着购买行为使他的总效用下降,理性的消费者是不会这样消费的。由此,消费者在消费或购买商品时满足条件:

$$MU = P \times \lambda \tag{3-6}$$

式(3-6)可以变形为：

$$\lambda = MU/P \tag{3-7}$$

式(3-7)中的 λ 是单位货币的边际效用，如果单位商品的边际效用 MU 高，而支付的价格 P 低，那么单位货币给我们带来的满足程度更高，也就是我们所说的性价比高，这个时候购买商品能给消费者带来比较愉悦的感受。

我们还可以将前面的式子变形为：

$$P = MU/\lambda \tag{3-8}$$

从式(3-8)中可以看出，随着购买的某种商品数量的增多，该商品对消费者的边际效用递减，消费者所愿支付的价格越来越低。另一方面，随着购买的该商品的数量的增加，消费者持有的货币的边际效用递增，因此，他所愿支付的价格也将越来越低。从式(3-8)可看出，边际效用递减导致需求曲线向右下方倾斜。

边际效用曲线对于需求曲线的决定如图 3-3 所示。

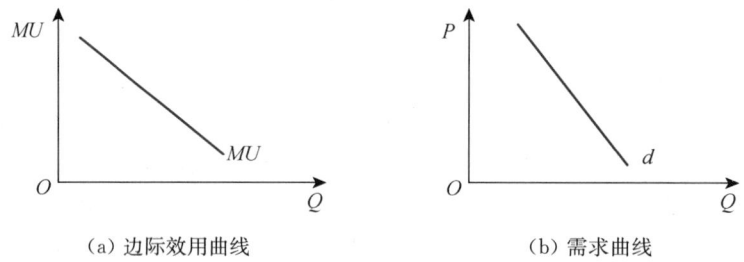

(a) 边际效用曲线　　　　　　(b) 需求曲线

图 3-3　边际效用曲线对于需求曲线的决定

二、消费者均衡

在一定时期内或者在面临消费抉择的时候，消费者的货币收入是既定的。为了使得花费一定量货币所获得的总效用最大，消费者应该怎样把这些货币在各种商品的消费上分配？即应买进哪些商品？各种商品的购买数量应为多少？如果消费者做出的某种选择，使他在既定货币支出和商品价格下能获得最大的效用，那么消费者的选择就是合理的，他就不需要调整自己的消费行为，我们把这种稳定的状态称为消费者均衡。

所谓消费者均衡(consumer's equilibrium)是指消费者在货币支出和商品价格既定的条件下获得了最大的效用。这句话我们也可以反过来理解为：消费者在既定效用下支出最小。这时消费者的消费行为是最合理的，不需要再加以调整。需要注意的是，消费者获得最大效用，并不是指消费者的欲望得到完全满足，而是指消费者在面临一定的预算约束下获得了最大效用。

消费者在消费时可能会面临不同的商品选择。如果这些商品都可以给消费者带来效用，而计划的货币支出又是既定的，当增加某种商品的消费时就必须减少其他商品的消费。消费者就必须考虑这样一个问题：增加的某种商品消费带来的效用增加与由此导致的其他商品效用的减少，最终是会使总效用增加还是减少？无论总效用增加还是减少,都意味着消费者调整消费行为会使总效用更大。只有当消费者花费一单位货币所购买的各种商品的边际效用都相等时,消费者才不会再改变既定的消费格局和消费状态,因为任何改变都只能使消费者所得的总效用减少。

上述思想也可以用数学推导如下:

根据我们前面的讨论,消费者购买商品 X、Y、Z 时应分别满足:

$$\lambda = MU_X/P_X$$
$$\lambda = MU_Y/P_Y$$
$$\lambda = MU_Z/P_Z$$

因为在收入既定的情况下,花在购买各种商品上的每单位货币的边际效用相等,所以,每一单位货币花在任何一种商品的消费上给消费者带来的边际效用都相等,以公式表示为:

$$\lambda = \frac{MU_X}{P_X} = \frac{MU_Y}{P_Y} = \frac{MU_Z}{P_Z} \tag{3-9}$$

消费者均衡的条件又可表述为:消费者购买的各种商品的边际效用之比等于它们的价格之比。

如果 $MU_X/P_X > MU_Y/P_Y$,那么意味着单位货币花在商品 X 的消费上能给消费者带来更大的边际效用,因此理性的消费者会购买性价比更高的商品 X 以替代 Y,但这种替代不会一直进行下去,因为在替代的过程中商品 X 的边际效用下降,而商品 Y 的边际效用随着数量减少反过来递增,此消彼长使得 MU_X/P_X 逐渐趋于 MU_Y/P_Y。反之亦然。

三、消费者剩余

当消费者准备购买或消费商品时,他会对此商品有一个自己愿意支付的最高价格,最高价格取决于商品能给他带来多大的效用。而当他多购买一单位商品时,由于边际效用递减,他愿意支付的价格也随之下降。实际生活中当消费者一次购买多件商品时,并不是按照每一件商品支付心理价格的方式,而一般是都按某一价格支付,由此引出了消费者剩余这个概念。消费者剩余(consumer's surplus)是指消费者消费一定数量的某种商品所获得的总效用与他为此所花费的货币的总效用的差额。为了更直观地表达与计量,经常把消费者剩余看成是消费者购买一定数量商品时所愿意支付的最高价格与他实际支付的价格的差额。消费者剩余越大,消费者获得的心理感觉越好。

图 3-4 是小张对披萨饼的需求曲线 $P = 18 - Q$。小张已购买 12 个披萨饼时愿意为再增加一个披萨饼支付 5 元,也就是愿意为第 13 个披萨饼支付 5 元。当他买第一个披萨饼时则愿意支付 17 元。他买 13 张饼

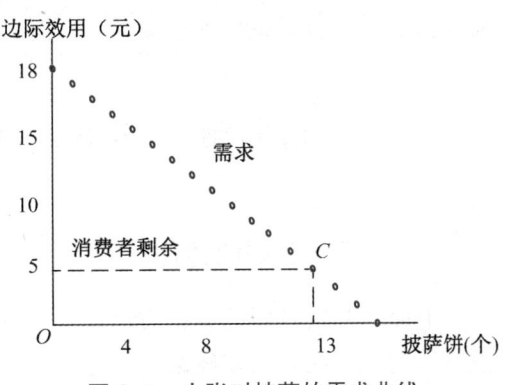

图 3-4 小张对披萨的需求曲线

所付单价都是 5 元,一共支付了 65 元(13×5),而依据他的边际效用和需求曲线,他实际愿意支付 143 元(17+16+15+…+5)。两者差额即消费者剩余为 78 元(143-65)。

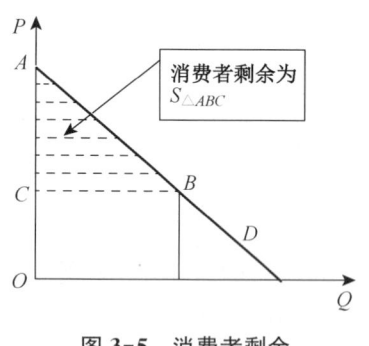

图 3-5 消费者剩余

假设商品可以无限细分,如在上例中披萨饼的单位不断细分,消费者对披萨饼的消费由离散变为连续的,消费者剩余的计算则由理论上可以类似于数学中的求定积分的方法,为图 3-5 中三角形的面积,此时的消费者剩余为 13×13÷2=84.5。

消费者剩余这一概念有着重要的理论意义和现实意义,为分析消费者的福利状况提供了分析工具,这也为分析不同市场结构的效率提供了一个视角。对于消费者而言,商品的市场售价降低意味着消费者福利的提高。当然,消费者剩余的存在是以商品供给的丰富性为前提的。在上例中,如果食品紧缺,市场上可供销售的食品供不应求,消费者剩余就不会存在或大为减少。由此可得出结论,商品供给丰富的国家或地区比商品供给短缺的国家或地区,消费者享受的利益更大。同样的商品,富人的消费者剩余更大。

不过并不能认为消费者剩余大就是一种效率高的资源配置,判断市场效率高低还需要从生产者剩余这个视角来看。与消费者剩余类似情况同样适用于厂商的生产者剩余。厂商的生产者剩余(producer's surplus)是所有生产单位边际生产成本和商品市场价格之间差额的总和。正如消费者剩余表示个人需求曲线以下产品市场价格以上的那部分面积,生产者剩余表示某一生产者供给曲线以上和市场价格以下的那部分面积。

厂商享有生产者剩余的范围取决于它们的生产成本。成本较高厂商享有的生产者剩余较少,而成本较低的厂商享有较多的生产者剩余。将所有的私人厂商的生产者剩余加起来,我们能决定市场的生产者剩余。在图 3-6 中,生产者剩余也就是在产量 O—Q^* 之间位于产品市场价格以下和供给曲线以上的那部分面积。我们将在第六章中进一步讨论生产者剩余。

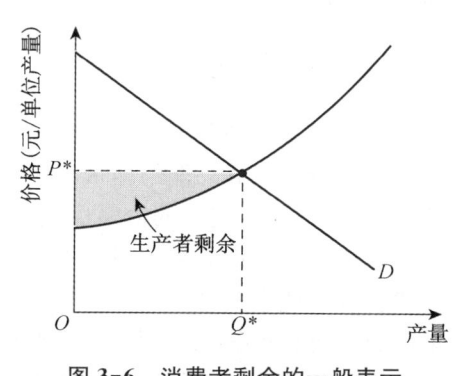

图 3-6 消费者剩余的一般表示

第四节 序数效用论下的消费者均衡

一、消费者偏好的特征

上面用基数效用的分析方法,分析了消费者在收入和商品价格既定的条件下如何进行消费。现在开始在序数效用理论的基础上,分析消费者行为,以进一步补充和发展前面的基数效用分析。

基数效用分析是以效用可以衡量和计算为前提的。后来,一些经济学家感到效用难以用数字衡量,无法计算,不能用基数词表示效用的大小。他们认为,消费者不能说出自己对商品偏好强度的具体大小,即不能说出某一商品的效用量,但可以说出自己对不同商品的偏好的顺序。例如,他不知道 A 与 B 的效用量各为多少,也不知道 A 的效用比 B 大多少,但却知道对 A 的偏好强于 B。因此,可以用序数词第一、第二、第三……来代表偏好的顺序,并以此来表示效用水平的高低。这种序数效用理论假定具有如下特点。

(1) 可比性。消费者在选择商品 A 和 B 时,如果 A 给予他的满足大于 B,他对 A 的偏好就强于 B;反之,则对 A 的偏好弱于 B。如果 A 和 B 给予他的满足相同,他对两者的偏好就无差异。

(2) 确定性。在任何两种可能性中,消费者只能选择其中一种,不能既对 A 的偏好强于 B,又对 B 的偏好强于 A。

(3) 传递性。如果消费者对 A 的偏好强于 B,对 B 的偏好强于 C,那么他对 A 的偏好就强于 C。

这些假定既适用于消费者对单个商品的偏好,也适用于他对商品组合的偏好。消费者可以将商品或商品组合按偏好次序加以排列,用序数词第一、第二、第三……表示自己对商品或商品组合的偏好强度,而无须用基数词一、二、三……表示商品的效用数值或效用程度。这样,效用函数就只表示偏好顺序和偏好的相对水平,而不表示效用数值。总之,序数效用理论强调效用的相对水平,而不像基数效用理论注重效用的绝对数值。

二、无差异曲线

由于序数效用理论认为效用不能用数字准确地度量,所以就不能采用基数效用理论里的计算方法,而主要采用作图分析的方法,其中用到的两个重要的分析工具是无差异曲线和预算线。预算线我们前面已经讨论过,现在来讨论无差异曲线。

(一) 无差异曲线的概念

无差异曲线(indifference curve)是用来表示给消费者带来同等程度的满足水平或效用水平的两种商品的各种不同组合的轨迹。无差异曲线的形状和位置由消费者的偏

表 3-2 无差异表

组合	巧克力(Y)	面包(X)
A	8	5
B	6	8
C	4	13
D	2.5	19

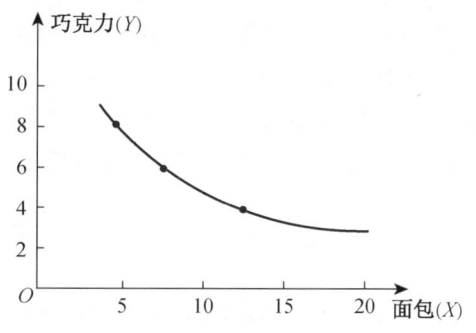

图 3-7 面包和巧克力的无差异曲线

好决定,同一条无差异曲线上不同的点效用水平相同,不同的无差异曲线可以进行效用水平高低的比较,但不能表示效用的数量或数值。这里的无差异,是指给消费者带来效用水平(满足程度)的无差异,而不是指商品的具体数量或组合无差异。

表 3-2 为无差异表。它显示,四种不同的商品组合给某消费者带来的效用是同等的,即无差异的。根据表中所列数据,可绘制图 3-7 中的无差异曲线。图 3-7 中的横轴为商品 X(面包)的数量,纵轴为商品 Y(巧克力)的数量。

(二) 无差异曲线的特点

无差异曲线的特点如下。

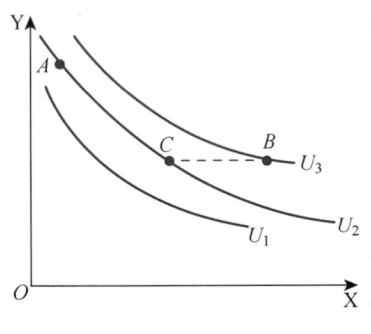

图 3-8 不同效用水平的无差异曲线

(1) 同一坐标平面上有无数条无差异曲线,位置较低的无差异曲线代表较低程度的效用水平,反之亦然。图 3-8 中,点 A 和点 C 的商品组合代表的效用水平相同,而点 B 代表的效用水平大于点 C 代表的效用水平,因此,类似比较后可得到按照效用水平从高到低的顺序为:$U_3 > U_2 > U_1$。

(2) 任何两条无差异曲线不会相交。否则就与不同位置的无差异曲线代表不同程度的效用水平的命题相矛盾。

(3) 无差异曲线向右下方倾斜,并且凸向原点。向右下方倾斜的经济意义是消费者消费的两种商品的数量反向变化,因为既然是获得相同的效用,减少一种商品的消费就需要用增加另一种商品的消费来补偿。当然,如果两种商品的消费量同时增加或者减少,一般情况下消费者获得的效用也发生了变化。

实际上,无差异曲线也可以用来分析三种或三种以上商品的消费选择。这时候,可以用横轴代表一组或一种商品,用纵轴代表另一种或一组商品。比如,用横轴代表食品,用纵轴代表服装;或者用横轴代表私人物品,用纵轴代表公共物品。在这些场合,横轴或纵轴都代表一组商品的组合。

无差异曲线凸向原点,也就是说无差异曲线斜率的绝对值是递减的。无差异曲线斜率的绝对值表示增加一个单位商品 X 所必须减少的商品 Y 的数量。所以,无差异曲线斜率的绝对值的递减,说明消费者每增加一个单位商品 X 所愿意放弃的商品 Y 的数量是递减的。通常将无差异曲线上点的切线斜率称为边际替代率。

边际替代率(marginal rate of substitution)是消费者在两种商品的消费选择时,为了保持相同的效用水平,用一种商品替代另一种商品的比率。我们把增加一单位商品 X 可以减少的商品 Y 的数量,称为商品 X 对商品 Y 的边际替代率,用公式可以表示为:

$$MRS_{XY} = \frac{Y 的减少量}{X 的增加量} = \frac{-\Delta Y}{+\Delta X} \tag{3-10}$$

无差异曲线上总效用不改变,增加商品 X 带来的增加的效用等于减少商品 Y 而失去的效用:

$$\Delta X \times MU_X = -\Delta Y \cdot MU_Y \quad 即 \quad -\frac{\Delta Y}{\Delta X} = \frac{MU_X}{MU_Y} \tag{3-11}$$

因此：

$$MRS_{XY} = \frac{\Delta Y}{\Delta X} = \frac{MU_X}{MU_Y} \tag{3-12}$$

边际替代率是负的，我们一般取其绝对值，注重的是另一种商品的消费的减少量。则公式为：

$$MRS_{XY} = -\frac{\Delta Y}{\Delta X} = \lim_{\Delta X \to 0} -\frac{\Delta Y}{\Delta X} = -\frac{dY}{dX} \tag{3-13}$$

如果表示 Y 对 X 的边际替代率，则公式为：

$$MRS_{YX} = -\frac{\Delta X}{\Delta Y} = \lim_{\Delta X \to 0} -\frac{\Delta X}{\Delta Y} = -\frac{dX}{dY} \tag{3-14}$$

根据边际效用递减规律，随着商品 X 的增加，MU_X 递减，同时减少的商品 Y 的边际效用 MU_Y 递增，由此可以得出边际替代率（绝对值）递减的结论。

三、消费者均衡

根据消费者均衡的定义，显然它表现为既定的预算线与尽可能高的无差异曲线相切。如图 3-9 所示，点 C 是预算线为 A_1B_1 的收入下能够实现最大效用的商品组合，点 D 和点 C 的效用水平相同，但所花费的支出比点 C 要大，这意味着消费者可以以更小的支出获得点 D 的效用水平，或者花费与点 D 同样的支出水平可以获得更高的效用（我们可以试着画出一条介于 U_1 和 U_2 之间的无差异曲线与预算线 A_2B_2 相切）。点 E 超出了预算线 A_1B_1 和 A_2B_2 的消费能力。因此，切点 C 所代表的商品组合是在既定收入条件下能给消费者带来最高效用水平的商品组合，切点处无差异曲线的斜率（边际替代率）等于预算线的斜率，即：

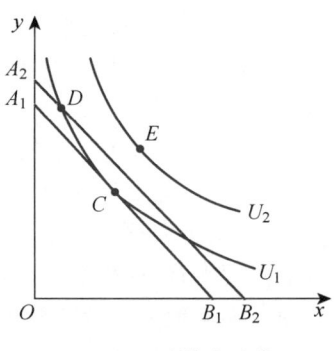

图 3-9 消费者均衡

$$MRS_{XY} = \frac{MU_X}{MU_Y} = \frac{P_X}{P_Y} \tag{3-15}$$

这与采用基数效用分析的消费者均衡的条件是一致的。这一条件同样可以推广到多种消费商品消费的场合。对于消费者均衡的条件，还可以给出更严格的数学证明，有兴趣的读者可以自己证明。

四、消费者均衡的变动

当影响消费者消费选择的经济变量发生变动后，原有的消费者均衡不再是消费者合理的选择,消费者需要调整消费行为以实现效用的最大化。假定消费者偏好不变,如果消费者的收入或者商品的价格发生变动,都会使消费者面临新的预算约束,调整自己的消费行为。

1. 替代效应和收入效应

假设消费者的偏好给定,即消费者的无差异曲线图既定不变,而两种商品的相对价格发生了变化,例如,一种商品的价格 P_Y 不变,另一种商品的价格 P_X 发生变化。在这种情况下预算线发生变动,则新的均衡点将是按照新的价格画出的预算线与新的无差异曲线的切点。

这种价格的相对变化导致消费者作出新的消费选择,消费者消费 X 这种商品的数量会发生变化。一方面商品 X 的价格下跌,会使消费者愿意增加对 X 的消费以替代对商品 Y 的消费;另一方面,商品 X 的价格下降导致消费者的实际收入水平上升,收入上升后对商品 X 的消费量可能增加,也可能下降,这取决于商品 X 的质量好坏或者消费者对 X 的主观评价和偏好程度。由此,某种商品的价格下跌后消费者对其购买量是增加或减少,取决于上述两种影响的大小。

我们把这种商品的相对价格发生变化时,消费者可以减少支出而获得相同效用,因此增加跌价商品的购买量以代替价格相对上涨商品的这种消费选择改变,称为替代效应(substitution effect)。把商品的相对价格未发生变动,由于实际收入变化而导致的商品购买量变化的现象,称为收入效应(income effect)。

在理解替代效应和收入效应时,我们需要对价格和收入之间的关系做进一步的梳理。在经济学中,收入有名义收入和实际收入的区别,生活中所说的收入,通常是指以货币表示的名义收入。而经济学中一般情况下所讨论的收入,往往是和实际购买力相联系的实际收入,有时候也可以是和能带来自己满足程度相联系的收入。如在中国,2017 的货币收入 10 万元,与 1987 年的货币收入 1 万元相比,名义收入虽然增加了很多,但从购买力这个角度来看可能实际收入下降了。如果从货币收入能给自己带来的满足程度来看,这种对比可能更加明显。当货币收入不变的时候,某种商品的价格发生变动会影响到消费者的购买力,因此,我们可理解为这种商品的价格变化使得消费者的实际收入也发生了变化,只不过不同商品价格变化引起的这种感受的程度不同。假设住房租金价格下降 30% 和蔬菜价格下降 30%,显然前一种情况下会让人明显觉得实际收入上升,而后一种则感受不强烈。

因此,当某种商品价格下降时,对消费者消费选择的影响是双重的:一方面,自然希望用降价商品替代价格不变的商品,以更低的支出获得和原来相同的效用;另一方面,商品价格下降使得消费者感受到自己实际收入的上升,因而对降价商品的需求发生变化,这种变化趋势取决于降价商品的类型。

2. 正常商品、劣等商品与吉芬商品

前面我们已接触过正常商品、劣等商品和吉芬商品的概念,现在我们利用收入效应和替代效应对这几个概念进行分析和比较。假设消费者在货币支出 M 既定的情况下消费两种商品 X_1、X_2,商品 X_2 的价格保持不变。

如图 3-10(a)所示,X_1 的价格下跌,消费者如果增加商品 X_1 的消费以代替其他

价格未变的商品 X_2,可以获得和以前相同的效用,因而对商品 X_1 的需求量增加,即替代效应是正数。另一方面,X_1 价格下跌引起消费者的实际收入提高,从而增加对 X_1 的需求,即收入效应也为正数。我们把类似图 3-10(a)中 X_1 这种特点的商品称为正常商品,或正常品。这同第二章中所讨论过的正常品的收入弹性大于零是相一致的。

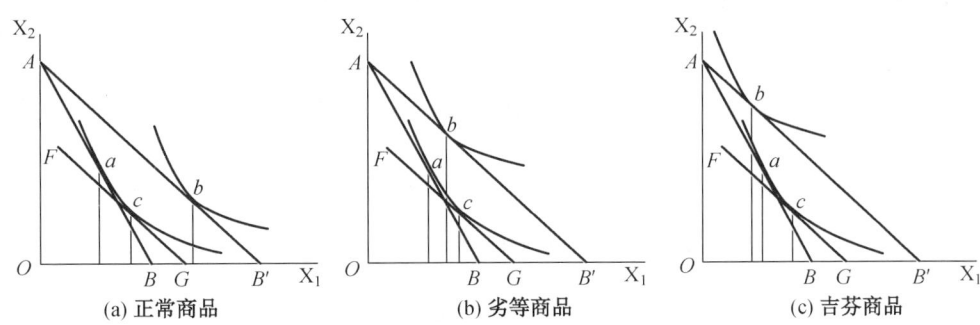

图 3-10 不同商品的替代效应、收入效应和总效应

对于一般劣等商品或低档商品,其他条件不变时其价格下降使得消费者的实际收入提高,从而消费者有能力也有意愿购买和消费其他质量更好的商品。例如,如果某些商品价格下降导致消费者的实际收入提高,消费者会减少甚至停止在街头地摊上购买劣质鞋袜而到品牌商店购买。如图 3-10(b)所示,商品 X_1 价格下跌后,一方面其替代效应仍为正数;另一方面其收入效应虽为负数,但替代效应的绝对值大于收入效应的绝对值。也就是,X_1 价格下跌后,替代效应引起的对其需求量的增加,超过了收入效应引起的对其需求量的减少,在实际中表现为消费者最终购买了更多的 X_1。我们把类似于图 3-10(b)中 X_1 这种特点的商品称为劣等品。

而对于特殊的劣等商品——吉芬商品而言,其价格下跌后,尽管替代效应为正,但由于消费者对其主观评价极差,价格下降使得消费者有能力去消费质量更高的其它商品,收入效应的力度大于替代效应,最终结果是消费者对其购买量下降。如图 3-10(c)所示,商品 X_1 价格下跌后,一方面其替代效应仍为正数,另一方面其收入效应为负数。与图 3-9(b)中不同的是,这时替代效应的绝对值小于收入效应的绝对值。也就是说,X_1 价格下跌后,收入效应引起的对其需求量的减少,超过了替代效应引起的对其需求量的增加,最终结果是需求量减少。我们把类似于图 3-10(c)中 X_1 这种特点的商品称为吉芬商品。

吉芬商品本质上是特殊的低档商品或劣等品。经济学中所说的劣等品通常是指除吉芬商品以外的一般低档商品,我们要注意劣等品与吉芬商品定义上的区别。劣等品是根据收入变动引起需求量变动的趋势来定义的,如果某种商品的需求量和消费者的收入是反向变动的,则这种商品是劣等品。实际生活中,劣等品并不鲜见。而吉芬商品是根据价格变动引起需求量变动的趋势来定义的,如果某种商品的需求量和商品本身的价格正向变动,则这种商品是吉芬商品。吉芬商品是需求规律的例外,相对而言,实际生活中这种商品比较少见。劣等品的需求的收入弹性<0,收入增加时消费者对这种

商品的需求量反而减少,但由于劣等品的价格下降引起的替代效应,最终消费者对它的需求量仍然增加,如街头地摊上的鞋袜就是如此。根据劣等品的定义(需求量与收入反向变动的商品),吉芬商品一定是劣等品。而根据吉芬商品是需求规律的例外这一性质,劣等品不一定是吉芬商品。只有当价格变动后收入效应的绝对值大于替代效应的绝对值的劣等商品才是吉芬商品。

如果把某商品价格下跌后消费者对其购买量的变化称为总效应,则:

$$总效应 = 收入效应 + 替代效应$$

正常品、劣等品和吉芬商品的总效应、收入效应、替代效应之间的关系可用如下公式表示。

正常品:

$$总效应(+) = 替代效应(+) + 收入效应(+)$$

劣等品:

$$总效应(+) = 替代效应(+) + 收入效应(-)$$

吉芬商品:

$$总效应(-) = 替代效应(+) + 收入效应(-)$$

其区别如图 3-10 所示。

反之,当某种商品价格上升后,总效应、收入效应、替代效应则会呈反方向的变化。

3. 恩格尔曲线和恩格尔系数

设消费者的收入和 Y 商品的价格不变,X 商品的价格不断下降,预算线不断地向外旋转。

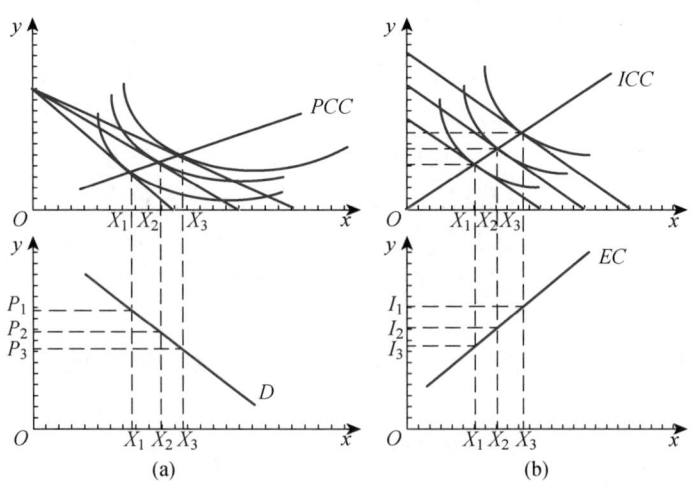

图 3-11 价格消费曲线和恩格尔曲线

当 X 的价格水平发生变化后,预算线的位置也会相应变动。不同价格下的预算线与不同效用的无差异曲线相切,这些切点是不同价格下的消费者均衡点。将这些消费者均衡点连接起来得到的曲线,我们称之为价格消费曲线(PCC)。因此,价格消费曲线是某一商品不同价格下的消费者均衡点的轨迹。由价格—消费曲线,可以推导出某种商品的需求曲线,如图 3-11(a)所示。

如图 3-11(b)所示,设商品 X 价格不变,消费者的收入不断增加,预算线不断向右上方平行移动,消费者对 X 需求量也持续增加……将不同收入水平上的消费者均衡点连接起来的曲线便称为收入—消费曲线,以 ICC 表示。

由收入—消费曲线可以推导出恩格尔曲线(Engel Curve),如图 3-11(b)所示。恩格尔曲线因 19 世纪德国统计学家恩格尔的相关研究而得名。它表示的是消费者的收入与某一商品的需求量之间的函数关系。

恩格尔根据对统计资料的研究得出如下结论:无论个人、家庭,还是整个国家,随着收入的增加,收入中用于食物支出的比重将趋于下降,这就是著名的恩格尔定律(Engle's Law)。收入中用于食物支出的比重可以用恩格尔系数来表示为:

$$\text{恩格尔系数} = \frac{\text{用于食物的支出}}{\text{总收入(总支出)}}$$

根据恩格尔系数的计算公式,恩格尔系数越低,表示居民生活水平、社会发展水平越高。按照联合国粮农组织的标准,恩格尔系数在 0.59 以上为贫困型;0.59~0.5 为温饱型;0.5~0.4 为小康型;0.4~0.3 为富裕型;0.3 以下为特别富裕型。

改革开放以来,我国城乡居民食品消费比重逐年下降,消费结构持续优化。与改革开放初期相比,恩格尔系数明显下降,说明人民生活水平显著提高。但另一方面我们要注意到,近年的恩格尔系数降低主要是由于教育、医疗、住房等方面的费用不合理、超常规的上涨引发的,恩格尔系数的现实意义值得思考。在恩格尔所处的年代,社会生活水平较低,恩格尔系数基本能反映一个经济社会的生活状况。但今天由于国家、地区在收入、消费、生活习惯、社会福利等方面特点不同,使用这个系数做国家、地区间的对比并不可靠。如果教育、医疗、交通、通讯、住房等费用持续大幅度提升,则恩格尔系数的下降到底能在多大程度上反映经济发展的水平?看来,经济指标的真实意义需要我们作历史的、现实的分析。也许,把恩格尔系数理解为生活必要支出占总支出的比例,联合国对恩格尔系数的划分区间才更具有现实意义。在以后的学习中,我们还会不断接触到各种经济指标,如宏观经济学中的 GDP 等,我们都应从社会发展的阶段,用历史的眼光去辩证地认识每一个经济指标的现实意义。

第五节 不确定条件下的消费者选择

上述几节是在确定的条件下讨论消费者的消费行为,消费者面临的预算约束中要求消费者可以确切地知道商品价格、可用来购买或消费的支出等。而现实经济中消费者的消费选择面临着许多不确定性。例如,商品的价格会提高或者降低,消费者自身的偏好会发生何种变化、政府的政策是否会维持或改变等。本节简单讨论在影响消费决策要素不确定的条件下,消费者是如何进行各种选择的。

一、预期效用与期望值效用

由于市场变化或者信息不完全时,经济活动的后果不能确定或准确预知,就会产生不确定性。我们把收益或者代价的不确定性,称为风险。风险产生的结果可能带来损失、获利或是无损失也无获利。

在面临不确定因素时,消费者的消费原则仍然是效用的最大化。在各种影响消费选择的因素既定的情况下,消费者的理性选择能使自己获得确定的最大化效用。而在影响消费的各种因素不确定的情况下,消费者则会根据各种信息、自身经验等,判断获得不同效用值的可能性,并和自己能获得的确定性效用做比较,做出自己的选择。借助数学中的期望概念,我们用预期效用和期望值效用来分析消费者面临风险时的消费选择。

假定某消费者身上仅剩下100元,接下来的一周生活比较拮据。于是,他考虑是否用100元去购买彩票。购买彩票的中奖概率是1%,奖金为10 000元;未中奖的概率是99%,则此消费者身无分文。数学上可以计算出,消费者购买彩票的预期收入为 $E(M) = 0.01 \times 10\,000 + 0.99 \times 0 = 100$ 元,与消费者现在拥有的确定性货币收入相等。由于消费者的性格、所处环境、偏好等因素,确定性的100元货币给消费者带来的效用可能大于、等于或小于不确定情况下的期望收入100元给消费者带来的效用。如果确定性的100元货币给消费者带来的效用大于不确定情况下的期望收入100元给消费者带来的效用,此消费者则不会购买彩票;反之,此消费者则会做出购买彩票的选择。为了说明这一点,我们把不确定性下期望收入给消费者带来的效用称为预期效用(expected utility),记为 $E(U)$,其一般表达式为:

$$E\{U[p、(1-p), W_1、W_2]\} = PU(W_1) + (1-P)U(W_2) \qquad (3-16)$$

式(3-16)中:P 表示获得收入为 W_1 的概率;$(1-P)$ 则为获得收入 W_2 的概率。预期效用与期望值效用不同,期望值效用的一般表达式为:

$$U\{E[p、(1-p), W_1、W_2]\} = U[PW_1 + (1-P)(W_2)] \qquad (3-17)$$

我们再用一个例子说明预期效用与期望值效用的区别。假设甲从事一项新的工作,可能会使他的日收入达100美元,也可能使他的收入降至50美元,收入为100美元的概率是0.1,收入为50美元的概率是0.9,在此情况下消费者的期望收入为55美元,设甲的效用函数为 $U = W^2$,则其预期效用为:

$$E\{U[p、(1-p), W_1、W_2]\} = 0.1 \times 100^2 + 0.9 \times 50^2 = 3\,250$$

而其期望值效用为:

$$U\{E[p、(1-p), W_1、W_2]\} = (0.1 \times 100 + 0.9 \times 50)^2 = 3\,025$$

人们在不确定条件下进行选择决策时,一般总是会在预期效用与期望收入能给他带来的期望值效用的比较中追求效用的最大化。

二、不同的风险偏好

不同的人风险偏好也可能不同，因此当面临一定的风险时也会做出不同的选择。比如，有的人会比较热衷于买彩票，而有的人则因为中奖率低而完全没有兴趣。我们可以根据不同的风险偏好将人们分为三类：风险规避者（risk-averse individual）、风险中性者（risk-neutral individual）和风险偏好者（risk-loving individual）。

在消费者的确定性收入和不确定性下的期望收入相等的情况下，不同风险偏好的消费者会做出不同的选择。对于风险规避者而言，他宁愿选择确定性收入而不愿承担风险；如果消费者偏好有风险条件下的期望收入，则该消费者属于风险偏好者；如果消费者对两者没有明显偏好，则该消费者属于风险中性者。

不同的风险偏好者，其效用函数不同。如果用货币收入的效用函数来区分这三类人，我们还是借助于预期效用和期望值效用来分析这三类人及其相应的选择行为。

（一）风险规避者

对于风险规避者来说，货币收入所提供的总效用以递减的速率增加，即货币收入的边际效用递减。当确定性的收入与不确定的期望收入相等时，预期效用小于期望值效用，即公式为：

$$U[PW_1+(1-P)(W_2)] > PU(W_1)+(1-P)U(W_2) \tag{3-18}$$

这是因为，风险与收入是相对应的，一般收入越高，风险也越高。而风险规避者又不愿承担太多的风险。比如，某个人的收入可以保证他维持还不错的生活，如果收入下降，则生活质量下降会比较厉害，而收入上升并不会显著地改善他的生活水平。在这种情况下，此人可能倾向于规避风险。通俗地说，对风险规避者而言，不确定的100元的收入给他带来的效用，小于确定的50元给他带来效用的2倍，风险规避者的效用函数是凹函数，其二阶导数小于零，因此其效用曲线如图3-12(a)所示。

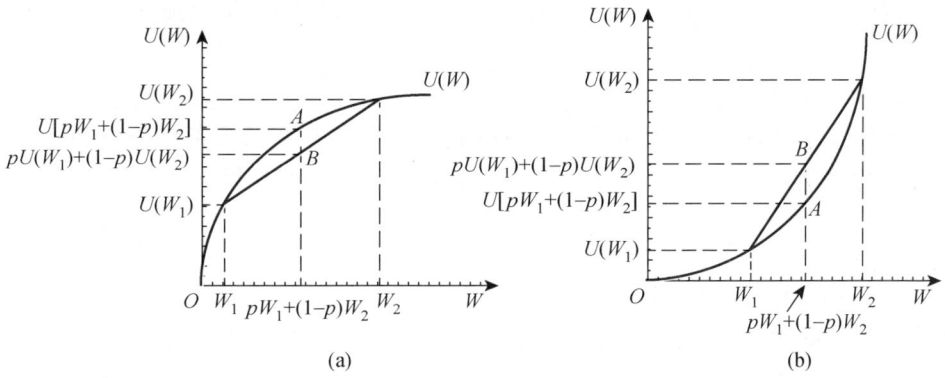

(a)　　　　　　　　　　　(b)

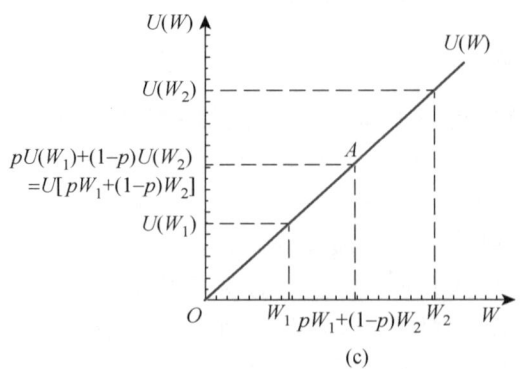

图 3-12　不同风险类型的效用曲线

(二) 风险爱好者

风险爱好者的效用曲线与风险规避者的效用曲线的形状截然不同。由于在风险条件下的期望收入与确定性收入相等的条件下，风险爱好者偏爱有风险条件的期望收入，因而风险爱好者的效用以递增的速率增加，即对于风险爱好者来说，货币收入的边际效用是递增的，预期效用等于期望值效用，即公式为：

$$U[PW_1 + (1-P)(W_2)] < PU(W_1) + (1-P)U(W_2) \tag{3-19}$$

这是因为，风险爱好者不甘现状，愿意不断地挑战和进取，渴望得到更高的收入，更高收入水平上的收入增长带给他们的刺激感与满足感会越大，预期效用大于期望值效用。对风险爱好者而言，不确定的 100 元的收入给他带来的效用，要远大于确定的 50 元给他带来效用的 2 倍。风险爱好者效用函数是凸函数，其二阶导数大于零。一般来说，随着货币收入的增加，货币的边际效用是递减的。但现实生活中，当某些人不满足于自己的现状而迫切希望改变时，在一定的时间或收入范围内会出现货币收入的边际效用递增的情况。现实中有些情况下，当人们收入下降时并不比现状糟糕很多，而小概率的收入大幅度提高则生活质量会明显提升时，人们倾向于冒风险，所谓"在此一搏"，就是这种情况。图 3-12(b) 中的效用曲线只是对某一阶段或某一局部状况的描述。

(三) 风险中性者

对于风险中性者来说，无风险条件下的确定性收入与有风险条件下的等值的期望收入提供的效用是相同的，风险中性者对于它们两者的偏好是相同，即公式为：

$$U[PW_1 + (1-P)(W_2)] = PU(W_1) + (1-P)U(W_2) \tag{3-20}$$

因此，风险中性者的效用曲线是一条从原点出发的射线，如图 3-12(c) 所示。该效用曲线的斜率即边际效用是既定不变的。因为就风险中性者而言，不同收入水平上新增的单位收入所提供的效用增量都是相同的。对风险中性者而言，不确定的 100 元的收入给他带来的效用，恰好等于确定的 50 元给他带来效用的 2 倍。由于该效用曲线是斜率不变的射线，因而连接曲线上任意两点的弦不会像前述的风险规避者和风险喜好者那样与效用曲线发生分离,而是与效用曲线本身相重叠。

现实生活中,大多数人在大多数时间都是风险规避者,但是也总有一些风险喜好者存在;一个人在某些场合可能是风险规避者,在另外一些场合则可能是风险喜好者。绝对的风险中性者并不多见,生存状态、性格等都会使不同的人对风险有着不同的态度。

近年来,国家彩票业的增长表明,在消费者的风险决策中,风险爱好型的行为有上升的趋势。但是从广泛的意义上而言,消费者大多还是风险规避型的。大家可以根据我们的生活经验,分析一下不同收入区间的人的风险偏好类型。

专栏3-2 行为经济学

瑞典皇家科学院于北京时间2017年10月9日宣布,将2017年诺贝尔经济学奖授予芝加哥大学教授理查德·塞勒(Richard Thaler),以表彰他在行为经济学领域做出的贡献。

理性经济人是经济学的基本假定,但有时人们的选择似乎并不理性。过去的经验、满足的假想、不精确的参照系等因素的影响,时常会使人们做出并非"效用最大化、利益最大化"的非理性选择。作为实用的经济学,行为经济学的许多预测偏离常规的理性消费者经济模型的分析理论,将行为分析理论与经济运行规律、心理学与经济科学有机结合起来,以发现现今经济学模型中的错误或遗漏,进而修正主流经济学关于人的理性、自利、完全信息、效用最大化及偏好一致基本假设的不足。行为经济学产生了四个重要的理论:前景理论(或视野理论)(prospect theory)、后悔理论(regret theory)、过度反应理论(overreaction theory)及过度自信理论(over confidence theory)。

1. 前景理论

前景理论试图解释风险或者不确定性条件下的个人行为,认为人们通常不是从财富的角度考虑问题,而是从输赢的角度考虑,关心收益和损失的多少。卡尼曼的前景理论有两大定律。

(1) 人们在面临获得时,往往小心翼翼,不愿冒风险;而在面对损失时,人人都变成了冒险家。

(2) 人们对损失和获得的敏感程度是不同的,损失的痛苦要远远大于获得的快乐。

2. 后悔理论

贝尔(Bell,1982)将遗憾描述为将一件给定事件的结果或状态与将要选择的状态进行比较所产生的情绪。例如,当在熟悉和不熟悉品牌之间进行选择时,消费者可能考虑选择不熟悉品牌造成效果不佳时的遗憾要比选择熟悉品牌的遗憾要大,因而,消费者很少选择不熟悉品牌。

当所作选择未能达到预期结果或结果劣于其他选择时,做出错误决策的遗憾心理伴随而生。因此,即使决策结果相同,如果某种决策方式可以减少遗憾,对于投资者来说,这种决策方式依然优于其他决策方式。

3. 过度反应理论

人们由于一系列的情绪与认知等心理因素,会在投资过程中表现出加强的投资心理,从而导致市场的过度反应。投资者通常是对于最近的经验考虑过多,并从中推导出最近的趋势,而很少考虑其与长期平均数的偏离程度,从而导致市场总是会出现过度反应。

4. 过度自信理论

大量的认知心理学的文献认为,人是过度自信的,尤其对其自身知识的准确性过度自信。过度自信的人在做决策时,会过度估计突出而能引人注意的信息,尤其会过度估计与其已经存在的信念一致的信息,并倾向于搜集那些支持其信念的信息,而忽略那些不支持其信念的信息。在一系列的研究中,研究者发现过度自信的投资者更喜欢冒风险,同时也容易忽略交易成本。这也是其投资收益低于正常水平的两大原因。

三、风险防范

风险(不确定性)带来的后果可能让消费者难以承受,消费者可以采取积极的措施降低和控制风险,除了获取尽可能多的信息之外,多样化选择和购买保险是防控风险的常见措施。

假设你计划从事一项佣金制的兼职工作,是销售电器的。你可以决定只销售空调或只销售加热器,或一半的时间销售空调,一半时间销售加热器。当然,你无法知道明年的天气情况会如何,为使你的销售工作的风险降至最低,你将如何支配你的时间呢?你可以通过多样化来降低风险——把你的时间分配在两样或更多的产品销售上(不同商品之间的销售不能密切相关),而不是只销售一种产品。假定,明年可能有半年的气候会较热,半年的气候可能会较冷。如果你只销售空调器或加热器,你的可能收入或为 30 000 美元,或为 12 000 美元,期望收入将为 21 000 美元。但假设你各用一半时间销售空调和加热器,那不管气候如何,你的收入将固定为 21 000 美元。俗话说,"不要将所有的鸡蛋放在一个篮子里",表明的就是通过多样化降低风险的道理。

当存在不确定性时,消费者是基于有限的信息进行决策的。如果他能拥有更多的信息,那一定能进行更好的预计,风险也因而可以降低。因为信息是有价值的商品,人们也必须进行支付才能享用它。完全信息的价值便是信息完全时进行选择的期望收益与信息不完全时进行选择的期望收益的差额。

我们已经知道,风险规避者为规避风险愿放弃一部分收入。事实上,如果保险的价格正好等于期望损失,风险规避者将会购买足够的保险,以使他们从任何可能遭受的损失中得到全额的补偿。其理由隐含在我们关于风险规避的讨论中。保险的购买使得无论有无风险损失,投保人的收入总是固定的。因为保险的支出等于期望损失,因此,固定收入总是等于风险存在时的期望收入。对于一个风险规避者而言,确定收入给他带来的效用要高于存在无损失时高收入但有损失时低收入这种不稳定情况带来的效用。

风险贴水(risk premium)也称风险溢价,指的是风险规避者为规避风险而愿意付出的货币数额。

例如,若某人为自己房屋投保,受灾概率为 0.05,损失为 80 000 元,房子价值 90 000 元,消费者从房子中获得的效用是 $U = W^{0.5}$,那么,消费者愿意交纳的保费是多少?

我们可以计算得到期望效用 $E(U) = 0.05(10\ 000)^{0.5} + 0.95(90\ 000)^{0.5} = 290$,设保费为 R,则 $(90\ 000 - R)^{0.5} = 290$,$R = 5\ 900$ 元即为风险贴水。

风险贴水的大小取决于风险状况,风险越大,表现为提供同等效用的确定性收入与有风险条件下的期望收入之间的差额越大,则风险贴水越高,反之亦然。

本章小结

本章用效用理论来分析消费者的消费选择。消费者的理性选择是既定支出下的效用最大化或既定效用下的支出最小化,我们把这种状况称为消费者均衡。边际效用递减规律是重要的心理规律,可以用来解释需求规律。

基数效用论和序数效用论是分析消费者行为的两种不同分析方法,前者认为效用可以用数字度量因而采用计算的方法,后者认为效用只能比较优劣而不能精确计量因而采用画图的方法,消费者均衡应该是无差异曲线与预算线的切点。两种方法都得出消费者均衡的条件:边际效用之比等于商品价格之比。当某种商品的价格变动时,消费者对这种商品消费数量的调整受收入效应和替代效应的影响,根据这两种效应的不同影响可以进一步区分正常商品、劣等商品和吉芬商品。

关键术语

效用　边际效用　边际效用递减规律　消费者均衡　预算线　无差异曲线　消费者剩余　收入效应　风险偏好　恩格尔系数

练习题

一、案例分析

你会买迪士尼季票吗?

迪士尼一直以来都是孩子们梦想的乐园,2016 年 10 月 31 日,上海迪士尼度假区发布消息,上海迪士尼乐园限时推出全新专享"畅游季卡"。2016 年 11 月 11 日当天,游客将可购买上海迪士尼乐园"畅游季卡",同一游客凭卡可于 2016 年 11 月 12 日至 2017 年 3 月 31 日期间多次入园游玩。"畅游季卡"将提供三种价格类别——适用于周一至周五,不包括周一至周五国定节假日的"平日卡";适用于除 2017 年 1 月 28 日至 2 月 2 日以外的所有日期的"无限卡";以及适用于除 2017 年 1 月 29 日以外的所有周日的"周日卡"。迪士尼成人门票 370 元起,两日套票 670 元起,而此次全新的秋冬"畅游季卡"包括三个类型:"周日卡"为 1 235 元(仅限周日使用,不适用日期除外),"平日卡"为 1 235 元(只限周一至周五使用,不可用于国家法定节假日),"无限卡"为 1 545 元(有效期前所有日期除不适用日期外的每天),不适用日期为 2017 年 10 月 1 日至 2017 年 10 月 8 日。我们可以看到,无限卡的价格也只有成人门票的 4 倍左右。

不同的消费者,对迪士尼季卡的态度不一样。有人可能会很开心地买,有人可能无所谓,也有的人可能觉得根本没必要买。现实中,有上述几种选择的人都并不鲜见,他们都基于自身实际情况追求在既定支出下的效用最大化,做出合理的选择。类似于迪士尼季票的例子在生活中还有很多,不同的人做出不同的选择和边际效用递减规律有关。由于不同人在消费不同商品的边际效用递减的趋势不一样,会导致他们做出不一样的选择。比如,人们通常不会买两件同样的外套,因为第二件外套的边际效用急剧下降,因此,人们只愿意支付极低的价格买第二件外套。但人们可能会花差不多的价格去购买两双一样的袜子,因为袜子的边际效用下降并不明显。

一般情况下,人们可能并不会花差不多的价格买两件一样的 T 恤,但脸书(facebook)的创始人扎克伯格却买了很多件同样的 T 恤。

问题:
1. 价格是与效用还是边际效用有关?
2. 你周围的人去迪士尼多次吗?买季票的人都是什么样的群体?
3. 你如何看待扎克伯格的行为?

我国的公务用车制度改革

我国政府长期以来为一定级别的领导干部和部门负责人配备公车。实际使用效果是,国家花费的成本较高,但实际效用却较低。如果节约公车支出用于增加其他消费,取消公车,对原来享受公车待遇的干部给予定量交通补贴,则这些干部可以通过合理的选择提高自己的满足程度。如果考虑到节约司机的开始、公款支出的浪费和对行政风气的转变,公车改革的效果会更明显。

1994 年,中共中央办公厅、国务院办公厅联合发布《关于中央党政机关汽车配备和使用管理的规定》。

2003 年,全国政协委员关于公车改革的提案引发热议,由此出现了 2004 年前后的全国性公车改革高峰,北京、广东等地试点公车货币化改革。2004 年,我国印发了《中央国家机关公务用车编制和配备标准的规定》。2005 年,杭州、北京等地公车改革相继搁浅。

2009 年,经过近 7 年的酝酿和试点,浙江杭州正式启动市级机关公车改革,市局(副厅)级以下干部一律取消专车,并向公务员发放公车改革补贴,补贴根据级别分 9

档,最低每月300元,局级干部每月2 600元。

2010年3月,针对公车改革遭遇的难题,民革中央提交《如何破解公车改革之困局》的提案,建议厅级以下官员全部取消专车,再次引发热议。

2014年7月16日,我国发布《关于全面推进公务用车制度改革的指导意见》和《中央和国家机关公务用车制度改革方案》,规定取消一般公务用车,普通公务出行社会化,适度发放公务交通补贴,司局级每月补贴1 300元、处级800元、科级及以下500元。截至2015年1月,中央层面公车封存和补贴发放工作已基本完成,公务交通补贴已从2014年12月开始发放。补贴标准按照2014年7月发布改革方案中的标准执行。

2015年12月,中央和国家机关本级车改已全面完成,进入后续监督阶段。

问题:

1. 画图说明为什么公车改革可以提高干部的满足程度?
2. 我国也曾经历过福利分房制度向货币化补贴的改革,请对这一变革进行评价。

二、思考题

(一)判断题

1. 在无差异曲线图上存在无数条无差异曲线是因为消费者收入水平时高时低。
2. 总效用最大时,边际效用一定最大。
3. 一般情况下货币的边际效用也随着货币数量的增加而递减。
4. 消费者剩余是指消费者从商品的消费中得到的满足程度。
5. 价格下降时,任何商品的替代效应都是正数。
6. 价格下降时,低档商品的收入效应都是负数。
7. 在新的消费者均衡状态下,各商品的边际效用低于原均衡状态,说明消费者生活状况恶化了。
8. 富人的消费者剩余比穷人的消费者剩余小。
9. 消费者行为准则就是边际效用最大化。
10. 对于风险爱好者而言,货币收入的边际效用递增。

(二)计算题

1. 某人收入120元用于消费商品A和B,他的效用函数$U=X^2Y$,且$P_X=2$元,$P_Y=4$元,问:为获得最大效用,他会购买多少X和Y?货币的总效用多少?此时货币的边际效用是多少?
2. 某消费者的效用函数为$U=2X^{1/2}Y^{1/3}$,则他应该将收入的多少用于购买X?
3. 已知消费者效用函数是$U=X^{1/2}Y^{1/4}$,若该消费者的收入$M=300$元,求他对商品X的需求曲线。
4. 某人的收入中有120元花费在A和B商品上,她的效用是$U=XY$,X的价格为2,Y的价格为3,为了获得最大效用,消费者应该购买X、Y分别多少?此时总效用是多少?如果X的价格提高44%,Y的价格不变,为了保持原有的效用,收入必须增加多少?

(三)问答题

1. 钻石用处极小却价格昂贵,生命必不可少的水却非常便宜,用边际效用的概念加以解释。

2. 有人花了 1 000 元钱买了两双耐克牌运动鞋,有一天他逛商店时发现同样款式的鞋现在仅卖 200 元一双,他觉得太便宜了,很痛快地又花了 1 000 元钱买了 5 双准备自己穿。你觉得他的行为合理吗?为什么?

第四章 生产理论

学习目的与要求

本章从生产角度分析厂商的供给,讨论在不同生产周期里厂商在要素价格既定和投入既定的情况下,如何合理进行要素投入和规模选择,使自己的生产行为最优化,实现既定投入下产出最大或既定产出下投入最小。

通过本章学习,要了解经济学中短期和长期的分类;掌握短期生产和长期生产的特点,掌握规模经济、范围经济等概念和理论;会运用边际生产力递减规律和规模报酬理论分析生产问题。

微课:马尔萨斯幽灵

导 读

上一章我们通过效用这个概念探讨了消费者如何根据效用的变化及价格做出自己的消费选择，明白了边际效用递减这一心理规律是需求曲线向右下方倾斜的理论前提。在分析了作为需求曲线基础的消费者行为之后，我们将分析作为供给曲线基础的生产者行为。在消费者选择理论中，研究的是消费者如何在既定的收入下达到效用极大化；而在生产者选择理论中，将讨论生产者（厂商）如何在达到既定产量的同时使成本最小化。

依据这样的思路，本章首先考察在一定的技术条件下，各种不同要素投入量的变动与产量变动之间的联系，然后在此基础上考察厂商在产量约束条件下成本最小化的问题。在讨论厂商长期生产安排时，其逻辑上与讨论消费者均衡时采用无差异曲线与预算线的分析方法类似，在学习时，参照上述内容可以更方便理解。

第一节　厂商及生产周期

一、厂商

在第一章中，我们强调了产品市场上价格机制对经济资源的配置作用。但在另外一个层面上，大量经济资源是在各种经济组织中配置并生产的。据此可知，除价格之外，显然还存在协调生产和配置资源的其他方法，企业组织便是其中之一。也就是说，企业与市场一样，是组织劳动分工、协调资源配置的一种方式。在此意义上，企业的出现其实是对市场的部分替代，是用企业家的指挥替代价格机制，实现生产协调功能。在现实中，个人企业、合伙制企业和公司制企业是企业的三种主要组织形式。作为生产主体的企业本身的许多基本问题，如企业为何产生、企业行为因何决定、企业的本质等是微观经济学所不应回避的。现代企业理论正是致力于企业本身的研究，该理论在近二三十年得到了迅猛的发展，并成为微观经济学新的重要组成部分。企业的本质实际上是关于企业为何会产生、存在和发展的问题，著名经济学家罗纳德·哈里·科斯（Ronald H. Coase）在20世纪30年代末率先提出并研究了这一问题，并形成有关交易费用、企业的规模和边界等相关理论。对企业理论感兴趣的读者可阅读相关文献，本章并不就相关理论展开。

在西方经济学中，厂商的外延比企业大，可以是个体生产者，也可以是大公司。为分析方便，本章中所讨论的厂商，主要是指在市场经济中从事生产的企业。厂商即生产者或企业，泛指能够进行生产决策、提供商品或服务的单个经济单位。更广泛地，我们可以把从事农产品生产的农民及类似从事生产经营的个体都称为厂商。同样为分析简单,本章所指厂商包含企业,但并不与企业做严格的区分,小到街头地摊,大到跨国集团都是不同类型的厂商。

二、厂商的目标

在现实中,厂商的目标可能多样化,绝大多数厂商组织生产的目标是利润最大化。但如果说利润最大化是厂商唯一的动机和目的,显然也有争议。在现实中,有的厂商可能以销售收入最大化为目标,有的追求企业市场份额的最大化。在所有权与经营权分离的情况下,由于信息不对称,厂商的目标可能是经理阶层的效用最大化。个别情况下,有的厂商可能是追求个人价值目标的实现。为了分析问题更简单,我们假定厂商的目标是追求利润最大化,即追求既定投入下的收入最大化或既定收入下的支出最小化,这一基本假定是理性经济人的假定在生产理论中的具体化。给定商品的价格,这一目标也可描述为既定投入下的产出最大化或既定产出下的支出最小化。

三、短期和长期

分析厂商如何合理组织生产,还要区分长期与短期,因为厂商的生产安排是否合理,可能要着眼于短期和长期来判断。这里的"短期"(short-run)、"长期"(long-run),不是指一个具体的时间跨度,而是指能否使厂商来得及调整生产规模(固定的生产要素和生产能力)所需要的时间长度。"长期"是指时间长度长到可以使厂商改变所有要素投入,调整生产规模来达到调整产量的目的;"短期"则指时间短到厂商来不及调整生产规模,而只能通过改变某些要素投入来达到调整产量的目的,如在原有厂房、机器、设备条件下依靠多用或少用一些人工和原材料等来调整产量。例如,某产品市场需求量由于某种原因暂时扩大时,厂商可通过充分利用原有设备,开足马力,加班加点来增加产量以满足需求。这就是短期调整产量水平的问题。相反,如果市场对该产品的需求是由于人们对这种产品偏好普遍增强而长期地增加,则厂商要增加设备扩大生产规模来满足增长了的市场需求。这就是长期调整生产的问题。

可见,在长期中,一切生产要素都是可以变动的,不仅劳动投入量、原材料使用量可变,而且资本设备量也可变,因此厂商的产量变动可能较大。而在短期中,只有一部分要素如劳动投入量及原材料数量是可变的,而另一些生产要素不随产量的变动而变动,如机器、设备、厂房、高级管理人才等,厂商虽然可调整产量,但产量的变化不会太大。"短期"和"长期"的区分是相对的。在有些生产部门中,如在钢铁工业、机器制造业等部门中,所需资本设备数量多,技术要求高,变动生产规模不容易,几年也许算是"短期";反之,有些行业如普通服务业、食品加工业,所需资本设备数量少,技术要求低,变动生产规模比较容易,也许几个月就算是长期。对于一家餐饮企业而言,两个月都可能是长期,因为在两个月的时间内企业就可能扩张店面,多雇佣员工,所有的投入都可以改变;而对于一家重型造船企业来说,两年可能是短期。

与短期、长期相对应的一个概念是"市场期",在"市场期"内,厂商来不及对市场变化作出任何生产要素或产量方面的反应,只能就价格或存货作出调整。

在生产中,两种最重要的投入是劳动与资本,因此,在经济分析中为方便通常假定企业只使用这两种要素。在短期内,假设资本数量不变,只有劳动可随产量变化,则生产函数可表示为 $Q = f(L)$,这种生产函数可称为短期生产函数。在长期,资本和劳动都可变,则生产函数可表示为 $Q = f(L, K)$,这种生产函数可称为长期生产函数。

现实经济中,短期内,厂房、设备等投入都是固定不变的,或者说,是难以改变的,厂商更容易通过改变投入的劳动量来调整其产量。因而,一种投入变动或单一投入变动的生产函数便称为短期生产函数。

第二节 短期生产函数

一、生产函数的定义

生产是厂商(firm)投入各种生产要素生产出一定数量产品的行为。生产要素一般包括劳动、资本、土地与企业家才能。这里的资本一般指用金融资本(资产)购买以形成生产能力的一切资本品,如机器设备、厂房等。在生产技术既定的情况下,对应于一定的生产要素投入,会生产出相应产量的某种(些)产品。生产函数是用来表示要素投入和产量之间对应关系的数学函数,假定只生产一种产品,其产量用 Q 表示,则生产函数可以表示为:

$$Q = f(X_1, X_2, \cdots, X_n) \tag{4-1}$$

式(4-1)中:$X_1, X_2, \cdots, X_n$ 表示投入生产的不同生产要素;Q 表示在生产技术既定的情况下各种生产要素的组合投入下所能生产出的最大产出量。

为了分析方便,我们假定只生产一种产品,只有两种生产要素劳动(L)和资本(K),这样,生产函数便可记为:$Q = f(L, K)$。

在短期,假设只有两种生产要素资本和劳动,因为劳动这种要素的投入相对比较灵活,我们一般假设资本的投入量固定不变,这样短期生产函数可表示为:

$$Q = f(\bar{K}, L) \tag{4-2}$$

二、总产量、平均产量与边际产量

总产量(total product)是指投入一定量的生产要素后,所得到的产出量总和。平均产量(average product)是指平均每单位生产要素投入的产出量,$AP = TP/X$,这里 X 指生产要素的数量,P 表示产量。

边际产量(marginal product)则是指增加或减少 1 单位生产要素投入量所带来的产出量的变化,$MP = \Delta TP/\Delta X$,假定总产量函数连续可导,则 $MP = \mathrm{d}TP/\mathrm{d}X$。

设某短期生产函数为:$Q = f(L) = 27L + 12L^2 - L^3$,则相应的劳动($L$)的总产量、平均产量与边际产量关系用如下公式表示：

$$Q = f(L) = 27L + 12L^2 - L^3 \tag{4-3}$$

$$APL = Q/L = 27 + 12L - L^2 \tag{4-4}$$

$$MPL = \lim_{\Delta L \to 0} \Delta Q / \Delta L = \mathrm{d}Q/\mathrm{d}L = 27 + 24L - 3L^2 \tag{4-5}$$

表 4-1 对应的各种产量表

L	$TPL(Q)$	$APL(Q/L)$	$MPL(\mathrm{d}Q/\mathrm{d}L)$
0	0	0	0
1	38	38	48
2	94	47	63
3	162	54	72
4	236	59	75
5	310	62	72
6	378	63	63
7	434	62	48
8	472	59	27
9	486	54	0
10	470	47	−33

根据式(4-3)～式(4-5)，可以得出如表 4-1 所示的数据，并在此基础上描绘总产量曲线、平均产量曲线和边际产量曲线，如图 4-1 所示。三条曲线之间存在着的几何意义上的对应关系，是由背后隐藏着的经济规律所决定的。

1. 总产量与边际产量

边际产量在几何意义上可以用总产量曲线上任一点切线的斜率表示，如图 4-1 所示，总产量曲线会有两个拐点 A、C，其所对应的经济意义是边际产量随着要素投入的不断增加会经历先递增、后递减直至等于零，甚至小于零的情况。在 A 点以前，总产量曲线上切线的斜率大于零且递增，这与要素刚开始投入时边际产量递增相对应，总产量以递增的速度增加。从 A 点到 C 点，斜率仍大于零但逐渐递减，这与要素的边际产量递减对应，总产量以递减的速度增加。在 C 点，总产量最大，总产量曲线在此点的切线的斜率为零，这与边际产量等于零对应。而过了 C 点后，要素投入的增加由于受到既定规模的限制，其边际产量甚至为负，因此，总产量开始下降。

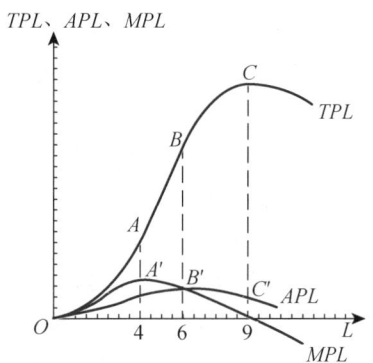

图 4-1 短期各种产量曲线

2. 总产量与平均产量

在边际产量递增的过程中,增加要素投入使得总产量增加越来越快,追加要素的投入使得所有要素的平均产量递增。从 A 点到 B 点,虽然总产量增加的速度开始下降,但单位要素带来的边际产量仍然大于此前所有投入要素的平均产量,因此平均产量仍然增加;而过了 B 点后,单位要素带来的边际产量小于此前所有投入要素的平均产量,平均产量递减。

3. 边际产量与平均产量

如图 4-1 所示,边际产量等于平均产量时,平均产量最大。当边际产量递增时,平均产量自然也递增;当边际产量开始下降时,只要边际产量还大于平均产量,要素的投入增加仍然使平均产量递增;一旦边际产量小于平均产量时,要素投入的增加会带来平均产量的下降。

三、边际生产力递减规律

为什么总产量曲线、边际产量曲线及平均产量曲线会呈现上述的变化规律呢?这是因为短期生产过程中存在的边际生产力递减规律。

边际生产力递减规律(law of diminishing marginal productivity)也称边际产量递减规律或边际要素报酬递减规律。它是指生产技术不变的条件下,若其他投入不变(通常指短期规模不能改变)而只是不断增加某一种投入,则这一种投入的边际产出量最终会逐渐减少。

我们可以从生产实践来认识这一短期规律:当其他投入不变时,如果没有可变要素的投入,则原有的固定投入无从发挥作用;而如果可变要素投入过少,则固定投入的效率则会比较低下。例如,没有人的操作(可变要素劳动的投入)有些机器设备根本无法运转,而人数太少(劳动这种可变要素的不足),则设备的运转效率不高。这时增加劳动人数,就可使更多的机器设备有效运转;再比如,一家酒店如果服务员太少,则可能会导致酒店运转效率太低使得固定投入没有最大限度发挥作用。这时,最初可变要素的增加投入,一方面会使固定投入的效率提高;另一方面还会使投入的可变要素的整体效率提高。试想一下,一个餐馆如果只有一个员工,他可能无所适从而不能专注于某一方面的工作。如果有好几个员工,则可以实现分工合作,所有人的工作效率都得到提高。因此,某一可变投入的边际产量一开始是递增的,原因在于可变要素的投入会使得要素搭配更合理,生产结构得到改善,从而使所有投入要素的生产效率都提高。

但这并不意味着可变要素的投入越多越好。在其他投入不变和生产技术不变的条件下,可变投入的增加超过某一限度,必定使得相对于其他投入或固定投入而言,可变投入过多,后面增加的要素投入的效率开始下降,从而可变投入的边际产出递减,甚至出现负增长。大家可以设想一下,如果一家餐饮店在经营方式和店面规模不变的情况下,员工数量不断增长会出现什么情况。在人浮于事的情况下,总产量甚至比劳动人数较少时提供的总产量还要少。又比如,给一块地里的庄稼施肥,开始随着肥料的增加,土壤结构得到改善,产量会以递增的比率上升。若不断增加施肥到一定程度,则产量又会以递减的比率增加。当肥力过大超过庄稼的需要时,产量不仅不能增加,反而还会下降。

关于边际生产力递减规律,在理解并运用时应该注意以下几点。

(1) 这一规律与边际产出递增现象不矛盾。在可变要素刚开始投入时,其投入量的增加会使得固定要素的效率得以更好地发挥出来,边际产量是递增的。只有当可变要素投入超过某一点受到规模的约束时,边际产量开始递减,这一规律才会发挥作用。

(2) 它以其他投入不变为前提,如果其他投入与所说的某一种投入同步增减,就不会出现边际产出递减了。但各种投入一般是难以同步增加的。

(3) 它以生产技术不变为前提,如果生产技术在要素投入变动的同时也发生了变化,这一规律并不适用。而在一个较短的时期,生产技术并不会频繁改变。比如,水稻种植技术的提高,可能在种植土地不变的情况下,增加劳动投入并不会导致边际产量递减。再比如,如果一家餐饮店的经营方式改变,实现网上预约或提供外卖服务,则在店面规模不变的情况下增加员工可能又会带来边际产量的递增。但在短期,生产技术的改变是有限的,这只能在一定程度上延缓边际生产力递减规律发挥作用。

(4) 这一规律假定所有投入的可变要素是同质的。例如,一个单位里,如果后面所雇佣的员工的技能超过前期雇佣的员工,则劳动的边际产量可能不会递减反而递增。

这一规律在生产、生活中经常会发挥作用。比如,在学习上,如果某科课程的知识点不变,总分不变,那么我们投入到每门课程上的学习时间(即劳动是可变要素)不断增加的过程中,我们的分数会有什么样的变化?

专栏4-1　马尔萨斯幽灵再现

2007年以后,在海地、埃及、喀麦隆、科特迪瓦、毛里塔尼亚、莫桑比克和塞内加尔等国出现因粮价上涨和供应短缺造成骚乱活动后,世界粮食危机的窘迫逐渐摆在了世人的眼前,世界范围内的粮食价格也成了"芝麻开花节节高"。根据联合国粮农组织统计,全球食品价格较2000年的低位上涨了75%以上,仅2007年1年的升幅就超过20%。很多新闻报道把这种情况称为"马尔萨斯幽灵再现"。

马尔萨斯,英国教士、经济学家。以其人口理论闻名于世。在《人口论》(1798年)中指出:人口按几何级数增长而生活资料只能按算术级数增长,所以不可避免地要导致饥馑、战争和疾病;呼吁采取果断措施,遏制人口出生率。

马尔萨斯的"人口—食物论"对经济社会发展持悲观的态度。在他所处的年代,一方面人口增长迅速,另一方面由于耕地稀缺、粮食增长缓慢,因此粮食生产不能满足快速增长的人口需求。而粮食不仅是人们的直接食品,还是很多工业生产的重要原料,因此他对经济增长不乐观。粮食增长缓慢和边际要素报酬递减规律有关。

边际要素报酬递减规律(law of diminishing marginal productivity)也称边际产量递减规律或边际生产力递减规律。它是指生产技术不变的条件下,若其他投入不变只是不断增加某一种投入,则这种可变要素投入的边际产出量最终会逐渐减少。

比如,农民种西瓜时如果投入很少的劳动,把土地耕作好后撒下种子就不再投入,最终可能颗粒无收,因为后续的间苗、除草、洒水等劳动投入对西瓜的生长都很重要。如果这时继续投入劳动用于间苗、除草等,每一部分劳动的投入都会使得前面的劳动投入更有意义,带来西瓜的边际产量上升。但投入劳动到一定点后,由于受土地规模限制,在种植技术没有突破的情况下,持续劳动的投入其边际产量会下降甚至为负值。所以,精耕细作可能带来既定土地上的产出增加,但效率可能并不高。

现实中,一方面种植技术的进步使得粮食产量突破了边际产量递减规律的限制,另一方面由于观念的变化人口并没有呈几何级数持续增长下去,有些发达国家或地区人口甚至出现负增长,所以马尔萨斯悲观的预期并没有实现。

四、生产三阶段

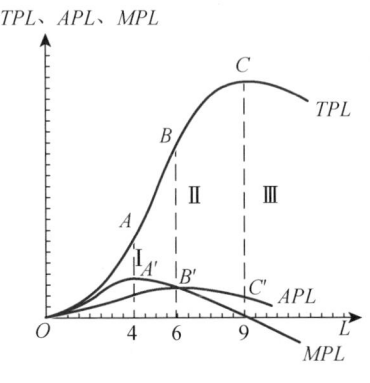

图 4-2 生产三阶段

在短期内,根据可变生产要素投入过程中边际产量的变动情况,可把生产分为三个阶段,如图 4-2 所示。

第一阶段,劳动投入在 6 之前,即要素的平均产量一直递增到最大值之前。在这一阶段,边际产量大于平均产量,所有劳动投入的利用效率一直在提高,因此,厂商会一直增加投入劳动。

第二阶段,劳动投入从 6~9,此时总产量一直递增到最大,边际产量>0。在这一阶段,因为边际产量小于平均产量,所以平均产量递减,但可变要素利用效率的下降可以由不变要素利用效率的提高所弥补。

第三阶段,劳动投入超过 9 之后,此时总产量、平均产量、边际产量都递减,原因是边际产量递减且<0。

理性的厂商会选择在哪个生产阶段从事生产呢?在第一阶段,增加劳动投入能使平均产量增加,厂商必定会增加劳动投入,从而进入生产第二阶段。在第三阶段,增加劳动投入反而减少产量,理性的厂商不会接受投入增加产出减少的结果。厂商会选择第二阶段的哪一个产量或者说投入多少劳动从而带来最大的利润呢?这不仅取决于生产函数,还取决于成本函数,与厂商的成本结构有关,我们将在后面进一步分析。

第三节 长期生产函数

在长期,厂商可以改变所有生产要素的投入,生产规模也有条件(从时间和技术上等)进行调整。为了简化分析,我们仍然以两种可变生产要素的生产函数来考察长期生产问题。假定生产者使用劳动和资本两种可变生产要素来生产一种产品,则两种可变生产要素的长期生产函数可以写为:

$$Q = f(L, K) \tag{4-6}$$

如果两种生产要素(即 L 和 K)的投入都可以改变,并且从生产技术的角度劳动和资本可以相互替代,厂商在长期又该如何合理选择生产要素的组合以安排生产?

一、等产量线

生产理论中的等产量线类似于效用理论中的无差异曲线,只不过无差异曲线与消费者的主观评价有关,而等产量线则由某一时期内社会中客观存在的纯技术关系决定。等产量线(isoquant curve)是表示生产技术不变条件下能生产相同产量某种产品的两种生产要素投入组合的曲线。在这等产量线上的任何一点所代表的两种要素投入组合,都能够生产出相同的产量。从数学上看,一定生产技术条件下的生产函数决定了不同产量下的等产量线。例如,假设设要生产 100 件某种产品,其生产要素 L 与 K 的组合如表 4-2 所示,则相应的可画出等产量线如图 4-3 所示。

表 4-2 相同产量的不同要素投入组合

组合方式	生产要素的各种组合		
	L	K	Q
A	10	80	100
B	20	40	100
C	40	20	100
D	60	13.33	100
E	80	10	100

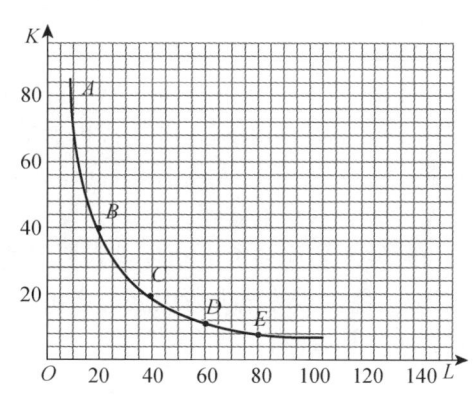

图 4-3 等产量曲线

与无差异曲线类似,等产量线有以下一些特点。

(1)等产量线理论上有无数条,每一条等产量线对应着某一产量,距离原点越远的等产量线所代表的产量越高。如图 4-4 所示,$Q_3 > Q_2 > Q_1$。

(2)一个等产量图上的任何两条等产量线不能相交,否则这两条曲线上的任何一点都代表同一产量,则本来就是同一条等产量线。

（3）等产量线向右下方倾斜且凸向原点。这也就是说在等产量线上增加（或减少）L的数量就必须减少（或增加）K的数量，而且这种要素之间替代的比例逐渐减小，即增加单位L可以替代的K的数量越来越少。

等产量线向右下方倾斜是因为既然生产相同的产量，在生产要素可以替代的情况下增加一种生产要素就可以减少另一种生产要素。等产量线凸向原点，也和无差异曲线凸向原点的原因类似，是因为边际技术替代率（绝对值）递减。边际技术替代率（Marginal rate of technical substitution）是指生产者在保持产量不变时增加单位某种要素投入的数量而必须减少的另一种投入的数量。用公式表示为：

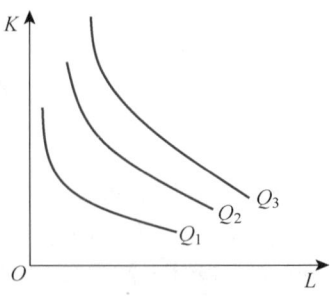

图4-4 不同产量的等产量曲线

$$MRTS_{LK} = \frac{\Delta K}{\Delta L} = \frac{MP_L（劳动的边际产量）}{MP_K（资本的边际产量）} \qquad (4-7)$$

对应有：

$$MRTS_{KL} = \frac{\Delta L}{\Delta K} \qquad (4-8)$$

从生产角度来看，不同的要素组合代表一定的生产技术，因此，我们把这一替代的比率称为边际技术替代率。数学上，边际技术替代率也就是等产量线的斜率。由于两种要素投入量的变动方向相反，所以等产量线的斜率为负值，为方便起见，我们所说的边际技术替代率一般取其绝对值。

边际技术替代率的绝对值是递减的，这意味着，为增加L的投入所需减少的K的投入量是递减的。也就是说，当K减少时，要以相对更多的L替代它才能保持产出水平不变。这是因为，使用的劳动（或其他任何一种投入）越来越多时，它的边际产出递减，而另一方面，资本的投入却还在减少，使得劳动的边际产出递减更快。我们可以设想一下，在生产过程中如果用人来替代机器的作用，随着替代的进行，替代的难度越来越大；反过来，若以机器替代人的劳动，同样如此，人工智能的出现不可能完全替代人的劳动，何况人工智能本身也需要人员来开发和维护。

边际技术替代率等于两种投入要素的边际产量之比，这是因为，为了保持产出量不变，其中一种投入的减少所引起的产出的减少必须为另一种投入的增加所引起的产出的增加所弥补，即有：

$$MP_L \times \Delta L = MP_K \times \Delta K \qquad (4-9)$$

将上式变形即得：

$$MRTS_{LK} = \Delta K/\Delta L = MP_L/MP_K \qquad (4-10)$$

上面所讨论的一般情况下的等产量曲线，前提是生产要素可以互相替代。现实中，有的情况下，要素之间可能完全缺乏替代性。比如，假设一个人只能开一辆公交车，公交车和驾驶员的比例是固定不变的，此时等产量线就如图4-5所示的L形。如果不按照固定的比例增加两种投入,而是只增加一种投入,则产量不变,新增投入的边际产量为零。另一种特殊情况是两种要素是可以完全替代的,则其边际技术替代率为一常数,其等产量线如图4-6所示。

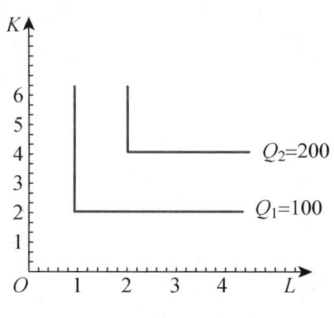
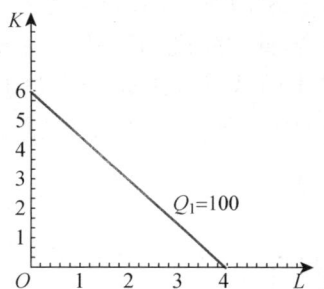

图4-5　拐折的等产量曲线　　　　图4-6　斜率不变的等产量曲线

二、等成本线

当不同要素投入组合都能够生产出相同的产量时,厂商该选择等产量线上哪一点所代表的要素组合进行生产呢？显然,当产量一定时,出于利润最大化的考虑,如果投入的要素组合所花费的成本越低,则这种投入越合理。因此,产量既定情况下该如何投入要素安排生产,取决于厂商的资源约束,取决于生产的成本。这类似于消费者选择无差异曲线上哪一点所代表的商品组合来消费,受消费者的收入预算约束。与预算线相似的一个概念是等成本线。

等成本线(isocost line)是指用等量的成本所购买的各种投入组合所形成的曲线。其位置和斜率取决于厂商愿意支出的成本和投入要素的价格。

等成本线可以表示为：

$$C = P_L \times L + P_K \times K \quad (4\text{-}11)$$

式(4-11)中：C代表厂商的计划成本；P_L、P_K分别代表劳动(L)和资本(K)的价格；L、K分别代表劳动和资本的数量。等成本线斜率为P_L/P_K。如果C、P_L、P_K既定,则可画出等成本线,如图4-7所示。

如果两种投入的价格不变,总成本(C)的增加,会使等成本线向上平行移动,反之,等成本线向下平行移动。如果生产要素价格变动,则等成本线的变动类似于消费者理论中预算线的变动。

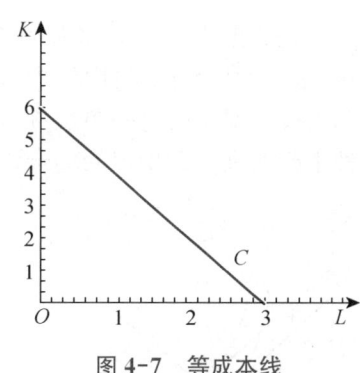

图4-7　等成本线

三、生产者均衡

所谓生产者均衡,也即厂商做出了合理的生产安排,不需要对要素的投入组合再进行调整,或者说厂商的要素投入组合已经是最优了。如何评判厂商的要素投入是否最优呢？假定厂商的生产目标是利润最大化,那这一判断标准可以表示为：成本既定的条件下生产要素投入生产最高的产量；或者在既定的产量目标下，生产要素投入组合使生产成本最低。由等产量线和等成本线的性质，等成本线与等产量线的切点符合生产要素投入最优的这一要求。

如图 4-8(a)所示，E 点为等产量线与等成本线的切点，OL_E 与 OK_E 的组合为投入的最优组合，此时实现的产量 Q_2 是既定成本下能够实现的最大产量，达到生产者均衡。图 4-8(a)中的 A 点也花费了同样的成本，但只能得到 Q_1 的产量，而图 4-8(b)中的 A 点虽然花费的成本比点 E 要高，产量却和点 E 相同。

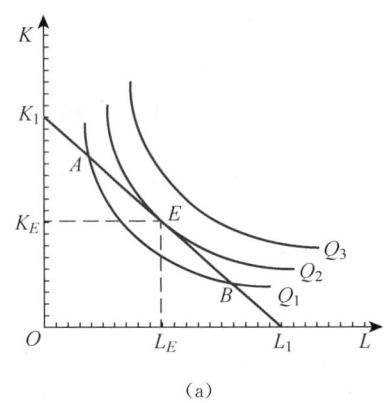 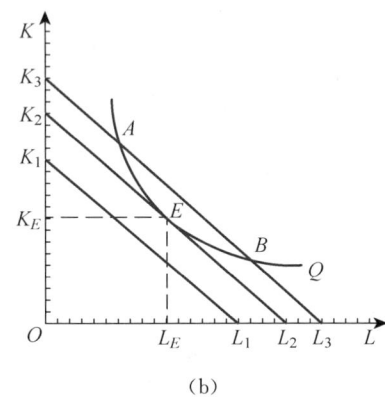

图 4-8　生产者均衡点

在等产量线与等成本线的切点，两条曲线的斜率必然相等。即有：

$$\frac{MP_L}{MP_K} = \frac{P_L}{P_K}$$

或者：

$$\frac{MP_L}{P_L} = \frac{MP_K}{P_K} \tag{4-12}$$

我们把式(4-12)称为生产者均衡或者说投入最优组合的条件。如果用文字来表达，生产者均衡的条件是：投入要素的边际产量之比，等于它们价格之比。或者说，厂商购买投入要素的每一单位货币所带来的边际产量都相等。这一条件可以推广到采用多种生产要素进行生产的场合。

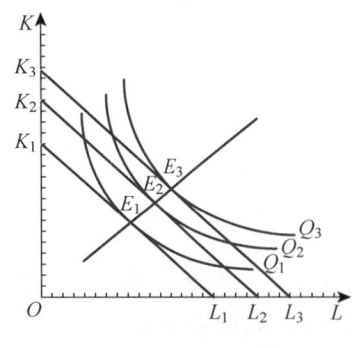

图 4-9　生产扩展线

要素价格的变化会引起等成本线的变化，从而引起生产者均衡点的变化。这如同消费商品价格的变化会引起预算线的变化，从而引起消费者均衡点的变化一样。当生产技术和要素价格不变，成本的增加导致成本线向上平行移动，从而不同水平的等成本线与不同水平的等产量线相切，将这些切点连接起来的曲线称为生产扩展线。生产扩展线表示生产技术和要素价格不变的条件在不同的生产规模上所能采用的最佳投入组合的轨迹。图 4-9 过 E_1 点、E_2 点、E_3 点的线即为生产扩展线。

第四节　规模报酬与范围经济

一、生产的规模报酬

从前面的分析我们知道,在短期内由于其他一些要素投入无法改变,某一种可变要素投入的增加到一定点后必然带来边际生产力递减现象。而在长期,所有要素投入都可以改变,在保持产量不变的前提下,增加某一种要素投入以替代其他要素,在替代的过程中边际技术替代率递减。接下来我们分析,在长期内当所有要素投入和产量都能改变时,投入变化与产量变化存在什么关系？在规模扩张过程中,生产规模的扩大对厂商安排生产会带来怎样影响呢？我们借助规模报酬理论来分析上述问题。

在实际生产中,企业规模的扩大表现在各种生产要素投入的增加上,并不要求各种要素增加的比例相同。而生产理论中通常以所有生产要素变化相同的比例来定义企业生产规模的变化。规模报酬(returns to scale)也称规模收益,它是指在一定时期内(生产技术水平和要素价格等其他条件不变的情况下)当所有要素都按同一比例变动时,产量(收益)变动的状态。假设用 a 表示要素投入增加后与原来的比例,当 $a>1$ 时,通常规模报酬存在如下三种情形。

(1) 产量增加的比例大于生产要素的增加比例,$f(aL, aK)>af(L, K)$,这种情况称为规模报酬递增(increasing returns to scale)。

(2) 产量增加的比例等于生产要素的增加比例,$f(aL, aK)=af(L, K)$,这种情况称为规模报酬不变(constant returns to scale)。

(3) 产量增加的比例小于生产要素的增加比例,$f(aL, aK)<af(L, K)$,这种情况称为规模报酬递减(decreasing returns to scale)。

著名的科布-道格拉斯生产函数由美国经济学家科布和道格拉斯于 20 世纪 30 年代初根据 1899—1922 年的资料研究后提出。其数学表达式为：

$$Q = f(L, K) = AL^{\alpha}K^{\beta} \tag{4-13}$$

式(4-13)中：A、α、β 均为常数,且都大于零。科布和道格拉斯根据当时的材料得出：$A=1.01$, $\alpha=0.75$, $\beta=0.25$。从数学上不难证明在这种情况下的科布-道格拉斯生产函数处于规模报酬不变阶段。如果 $\alpha+\beta<1$,则此时处于规模报酬递减阶段。

规模报酬与边际产量一样,一般都存在着递增、不变和递减三个阶段。当企业从规模很小的阶段开始扩大的时候,一般会经历规模报酬递增的阶段。随后当规模扩大的好处基本实现以后,会保持一段时间的规模报酬不变阶段,如果企业继续扩大规模,一些不利的要素可能会使企业进入规模报酬递减阶段。边际产量的变动是短期生产规模不变条件下可变要素投入的改变引起的,而规模报酬的变动则体现在长期规模变化过程中。

现实中,厂商对各种生产要素的投入不一定同比例变动,规模报酬这个概念的提出,主要是出于便于比较要素效率的考虑。与规模报酬相关的一个概念是规模经济。规模报酬递增,一个很重要的原因是规模经济得以实现。所谓规模经济(economies of scale),是指由于产出水平的扩大,或者说生产规模的扩大而引起的产品平均成本的降低。而平均成本得以降低,又是由于生产规模扩张过程中劳动的专业化分工、生产要素的不可分割性、财务管理或者物理几何等自然属性因素的变动。例如,大规模生产中,工人们可以进行更有效的分工协作,每个人专业从事某项具体工作的效率要大大高于每个人从头到尾完成每一项工序;在规模扩大的过程中可以采用更先进的生产技术,例如,相对于传统中国农业精耕细作的农户生产模式,大规模农场生产可以利用更先进的现代化机械和技术,因此,很多农产品如大豆和玉米的进口价格比国内低;厂商活动的大规模化会给它带来筹措资金、购买原材料和半成品、销售等方面的好处;在汽车制造等行业,流水线作业的成本优势就十分明显等。以上这些因素就是所谓的规模经济或者批量生产的优势。但是,带来规模经济的各种因素都是有一定极限的,当生产规模达到一定程度后,分工太细可能带来副作用,规模过大可能导致成本的急剧提高,管理、协调上的困难加大,资源条件、产品销路受到市场限制,这些因素可能反而导致产品平均成本的提高,这种现象称为规模不经济(diseconomies of scale)。

由于不同阶段规模经济和规模不经济的作用,规模报酬会出现以下三种情形。

(1)规模报酬递增。一般而言,在生产初期随着规模扩大,规模报酬是递增的。因为大规模生产下规模经济可以降低产品的平均成本,从而导致规模报酬递增。

(2)规模报酬不变。规模报酬递增的最后,大规模生产的优越性已充分发挥,规模经济已经用完,收益难以进一步提高,这时继续扩大生产规模,可能出现规模报酬不变。

(3)规模报酬递减。当生产扩大到一定规模以后,迟早会出现规模报酬递减阶段。这是由于规模过大,层次过多,厂商组织内部难以协调,决策不容易顺利贯彻等等,这都将导致生产效率降低,产品的长期平均本提高。

当规模不经济超过规模经济时,就会发生规模报酬递减现象。这说明生产规模或企业规模也不能无限制地扩大,过分求大也是有害的。不同的行业之间,规模经济效应存在着很大差别,如制造业因需要大量的资本设备投资,规模经济所要求的资产规模和企业规模一般比服务行业要大得多。例如,汽车行业是对规模经济要求较高的行业。我国众多省市都把汽车产业当作地方经济发展的支柱产业,目前的轿车生产厂家遍地开花,多达几十家。由于经济发展水平和各种其他因素的制约,居民对同一家企业汽车的需求量并不是很高,导致各汽车厂产量并不大限制了规模的扩大。而产量远高于我国的美国,轿车生产厂家并不多。这说明我国的轿车生产严重缺乏规模经济效应,在国际竞争中处于相当不利的地位。国内外市场上一再掀起的企业兼并浪潮,虽然其动机是多种多样的,但企业追求规模经济效应是其生产十分重要的动机。在我国电信行业发展过程中,由于规模经济的实现,通讯服务价格也得以逐渐下降。

二、范围经济

上面分析了单一产品生产条件下的投入最优组合问题。如果厂商生产的产品不止一种,在多种产品生产的条件下,厂商又会如何安排生产呢?厂商从事多种产品的生产,有可能会产生范围经济。

范围经济(economies of scope)是指同一个企业生产两种或两种以上产品时,每种产品的平均成本低于只生产某一种产品的平均成本的情况。范围经济是与规模经济概念接近的一种现象,但又有区别。规模经济一般是指厂商生产一种产品的情况下,而范围经济指同一个企业生产两种或两种以上产品时。产生范围经济的前提条件是:厂商拥有的技术、投入的要素能够满足两种或更多种产品的生产要求。例如,锦江集团既提供旅游中介服务,还提供交通、酒店等其他服务,这些服务在生产、销售、开发市场等众多环节有很大的共通性。不同的产品可能在性质上有某种联系,可以分享技术、品牌、销售渠道等,节约费用,有时产品之间还具有互补性等,都可能是范围经济产生的原因。比如,现在很多大型购物中心兼具购物、休闲、娱乐、餐饮等功能,共享客户资源、广告、公共服务(如保安、厕所)等,与传统商店相比更有优势。

上述情形下的多种产品的生产,其成本往往低于由多家厂商分别单独生产时的总成本,因为在联合生产多种产品的过程中,生产资源在相当大的程度上被共享。在此条件下,利用现存的资源去生产另一种产品,其成本一般较低,尤其是大大低于专门、单独地生产另一种产品的成本。可见,范围经济指的是厂商利用其基本的投入资源,从事生产经营要求具有一定共通性的多种产品的生产而带来平均成本的下降。

除了生产成本方面的优势,范围经济在市场竞争中可能还有其他一些优势。

(1) 差异化优势。差异化可以满足顾客多样化、个性化的需求。

(2) 市场营销优势。例如银行可以利用其现有的经营网点同时办理保险、证券等业务,提高要素的利用效率。

(3) 技术创新优势。可以使厂商大规模投入的研发成本得到更广泛的运用,提高研发的回报率。

(4) 抵御市场危机的优势。类似于消费者通过多样化预防不确定情况下的风险。

专栏 4-2　金融业的分业经营和混业经营

大致在20世纪80年代前的相当长时期内,金融分业经营模式占统治地位。所谓金融分业经营,是指银行只经营传统的存贷款等业务,证券商只经营股票、债券等有价证券的买卖经纪等业务。分业经营有三个层次:第一个层次是指金融业与非金融业的分离;第二个层次是指金融业中银行、证券和保险三个子行业的分离;第三个层次是指银行、证券和保险各子行业内部有关业务的进一步分离。进入80年代后,金融分业经营的篱笆开始被逐渐拆除。1984年,美联储裁定9 800家注册商业银行可进入证券行业。1986年,英国政府宣布银行业可直接从事证券交易。1995年5月,美众议院银行委员会通过一项改革法案,废除了30年代颁布的银行业不能经营证券业的禁令。1999年11月4日,美国参众两院分别以压倒多数通过了《金融服务现代化法案》,在根本上摒弃了《格拉斯·斯蒂格尔法》和其所代表的金融分业管理的教条。日本在1948年《证券交易法》中,复制了美国的银行、证券分离制度,韩国等国家后来也实行了类似的分业经营。中国在1995年开始实施分业经营改革时,美国的分业经营体制也是参照对象。

分业经营的优点有:①有利于培养两种业务的专业技术和专业管理水平,一般证券业务要根据客户的不同要求,不断提高其专业技能和服务,而商业银行业务则更注重于与客户保持长期稳定的关系;②分业经营为两种业务发展创造了一个稳定而封闭的环境,避免了竞争摩擦和合业经营可能出现的综合性银行集团内的竞争和内部协调困难问题;③分业经营有利于保证商业银行自身及客户的安全,阻止商业银行将过多的资金用在高风险的活动上;④分业经营有利于抑制金融危机的产生,为国家和世界经济的稳定发展创造了条件。

分业经营也有其不足之处:①以法律形式所构造的两种业务相分离的运行系统,使得两类业务难以开展必要的业务竞争,具有明显的竞争抑制性;②分业经营使商业银行和证券公司缺乏优势互补,证券业难以利用、依托商业银行的资金优势和网络优势,商业银行也不能借助证券公司的业务来推动其本源业务的发展;③分业经营也不利于银行进行公平的国际竞争,尤其是面对规模宏大,业务齐全的欧洲大型全能银行,单一型商业银行很难在国际竞争中占据有利地位。

近些年来,金融行业并购"狼烟四起",一些集商业银行、证券和保险业务等于一身的金融机构(也被形象地称为金融百货店或金融超市)不断地诞生。这种现象常被称之为金融混业经营。

金融混业经营可以使金融机构充分地发挥金融业务的互补性,实现范围经济。如证券交易业务量小时,人员、场地、设备等可以用来从事存贷款等业务;通过对企业还贷情况的充分掌握可以降低与该企业相关的投资银行业务的风险;通过投资银行业务对企业的深度介入充分了解企业的资产质量、经营状况等并凭此降低贷款的坏账率。

我国目前还是实行金融分业经营模式,适时地由分业经营模式向混业经营模式转换是我国金融业面临的一个重大课题。

本章小结

根据所有要素投入是否都能调整,生产规模是否变动我们把生产周期分为短期和长期。在短期,厂商要注意边际生产力递减规律的影响,把可变要素投入控制在合理的区间。而在长期,受规模经济等因素的影响,规模报酬会出现递增、不变、递减等情况,厂商要根据产量选择合适的规模,投入合理的要素组合。

在长期,生产者均衡时生产既定产量下成本最低或既定成本下产量最高。图形上,生产者均衡点是等产量线和等成本线的切点,等产量线的性质类似于无差异曲线,与无差异曲线的主观性不同的是,等产量线是由客观的生产技术水平决定的。生产者均衡的分析类似于消费者均衡。

在长期,范围经济也是厂商需要注意的现象,多种产品的生产、实现多样化经营有助于厂商降低在某一种产品生产上的平均成本,规避风险。但盲目多元化也有一定的风险。

关键术语

短期 长期 边际生产力递减规律 等产量线 等成本线 边际技术替代率 规模收益 规模经济 范围经济

练习题

一、案例分析

我国土地流转改革

全国政协2017年3月6日15:00时在人民大会堂新闻发布厅召开十二届五次会议记者会。全国政协常委、经济委员会副主任、中央农村工作领导小组原副组长兼办公室主任、中央财经领导小组办公室原副主任陈锡文答问时表示:农业科技创新和经营体系创新推动农业结构调整。

陈锡文(答记者)时说,农业供给侧结构性改革从2015年已经开始,经过一年多时间的推进,取得了比较明显的成效。农业供给侧结构性改革,很多人都在问,和我们原来讲的结构性改革有什么区别?

怎么推进这个改革?最重要的就是两方面的创新。第一,推进农业科技的创新。从良种的培育到栽培养殖技术的创新,一直到后续的加工储运等等,都要采取一些新科技,让它产生更高的效益;第二,要去推进农业经营体系方面的创新。我们的农业规模由于人多地少的原因,整体农业规模是偏小的,特别是在土地密集型产品方面,比如,粮棉油这些产品,和一些国家相比,中国农业显得规模偏小、效益不太强,这是一个基本事实,在短期内是没有办法改变的。但是通过农业经营体系的创新,实际上是可以在一定程度上弥补的。我们过去说家庭经营规模小,很多人怀疑它还有没有潜力?从现在情况来看,通过城镇化的推进,农业人口的减少,农村土地的经营权正在流转集中,实行土地规模经营。但是更多的地方可以看到,土地的经营权虽然没有流转,但是农民通过对土地进行托管、代耕以及购买服务等方式,也在它的小块土地上能够享受到现代农业装备技术带来的效益。从这个角度讲,农业供给侧结构性改革跟以往一般讲的结构调整不同的地方:第一,目的是不同的,目的就是要提高农业的综合效益和提高农产品的国际竞争力;第二,途径也有很大的差别,就是要推进两个创新:科技创新、经营体系创新。

20世纪80年代初我国改革开放后,农村土地承包到户激发了农民的生产积极性,使得农业有了较快的发展。但由于我国耕地资源有限,大部分地区人均耕地面积少,使得粮食生产多采用精耕细作的生产方式,现代化的农业机械不能利用,粮食作物的平均成本较高。而国外一些国家如美国、加拿大等国由于农业人口少,农业生产采取大规模农场方式,利用现代化的生产机械及技术,因此农产品平均成本低,导致国内一些粮食加工企业从国外进口粮食的价格比国内市场价格还要低。而由于没有规模经济,国内粮食平均成本高,农民从事农业生产也只能获得微薄的收入。

新的时期,土地流转制度有利于解放剩余劳动力,发展农业,提高农民收入。土地流转是指土地使用权流转,土地使用权流转的含义,是指拥有土地承包经营权的农户将土地经营权(使用权)转让给其他农户或经济组织,即保留承包权,转让使用权。

可以通过转包、转让、入股、合作、租赁、互换等方式出让经营权,鼓励农民将承包地向专业大户、合作社等流转,发展农业规模经营。

问题:
1. 我国传统土地承包到户有什么局限性?
2. 怎样从供给侧推进我国农业经营体系创新?

二、判断题

1. 总产量最大时,边际产量也一定最高。
2. 边际技术替代率是负的,并且其绝对值呈现递减趋势。
3. 在短期内,所有的生产要素都不能调整。
4. 生产扩张(展)线上的任意一点都是生产者均衡点。
5. 规模报酬递减的原因主要是规模过大造成管理费用的增加和管理效率的降低等。
6. 等产量曲线斜率为负表明在要素合理投入区应是一种要素在生产中可以替代另一种要素。
7. 规模经济理论说明企业只有采取很大的生产规模才可能具有成本优势。
8. 范围经济理论说明企业必须集团化运作,生产足够多种产品。

三、计算题

1. 已知某厂商的生产函数:$Q = -L^3 + 24L^2 + 240L$,其中,Q 为日产量,L 为日劳动小时数。
   (1) 求出下列函数:$AP(L)$;$MP(L)$。
   (2) 求出劳动的合理雇佣区间。
2. 已知某厂商的生产函数为 $Q = L^{3/8} \times K^{5/8}$,又设 $P_l = 3$ 元,$P_k = 5$ 元。
   (1) 求产量 $Q = 10$ 时的最低成本支出和使用的 L 和 K 的数量。
   (2) 求成本 $Q = 240$ 时的最大产量和使用的 L 和 K 的数量。

四、问答题

1. 生产的三个阶段是如何划分的,为什么厂商只会在第二阶段生产?
2. 规模报酬的递增、不变和递减这三种情况与可变比例生产函数的报酬递增、不变和递减的三种情况的区别何在?"规模报酬递增的厂商不可能也会面临要素报酬递减的现象"这个命题是否正确?为什么?
3. 如何理解边际报酬递减规律?试用该规律简要说明我国企业剩余劳动力转移的必要性。

第五章 成本和利润理论

◎ 学习目的与要求

本章主要分析在短期和长期不同的生产规律约束下,产量变化所导致的成本变动特点;其次,还比较了经济成本和会计成本的不同及不同的利润概念。

通过本章学习,要掌握各种成本的定义及分类;熟悉短期生产成本和长期生产成本的不同变动特点;理解并掌握各种收益和利润的含义。

微课:套餐贵吗

导 读

第四章我们分析了厂商为了追求利润最大化,在技术既定的条件下短期和长期如何合理地投入生产要素、选择合适的生产规模。厂商能否实现利润最大化的目标,除了使生产更有效率之外,还取决于如何控制成本。但是经济学中的成本与我们日常生活中的成本有什么不同?如果成本不同,那么我们平常生活中所说的利润又有怎样的区别?比如,为什么同样的经营结果,有的人感觉赚了,有人却感觉亏了?在短期和长期,成本的变动又有怎样的规律?本章对各种成本的定义和分类、成本的变动特点进行了分析,并在此基础上探讨利润最大化目标的实现条件。

第一节　成本的定义及分类

厂商如何合理地投入各种要素安排生产,除了出于生产技术上的考虑,还要考虑到各种投入选择下的代价即成本,这会最终影响到厂商的利润。这种生产决策所考虑的成本,和一般会计活动中的成本并不一致,要讨论厂商的生产,首先要对成本的定义和分类有充分的了解。

一、成本的性质

成本是经济学最基本的概念之一。从最一般的意义上说,成本是一种生产经营活动的代价,是为了达成某种目的或获得某种商品所付出的代价。提到成本,人们通常想到生产经营活动中各种以货币形式发生的支出,作为对已发生的经济活动的统计,这里的成本实际上是会计成本。而经济学中的成本,是用于对尚未开始的经济活动的决策或选择,从这个意义上来说,经济成本是一种机会成本。经济分析中所使用的经济成本(economic cost)概念,比财务分析中所使用会计成本(accounting cost)概念,有着更广泛的含义。

严格意义上,经济成本通常并不是实际发生的成本,而是在做出某项经济决策时所投入的所有资源的机会成本总和,我们经常把某种产品生产中的机会成本作为该产品的经济成本。不同的人做出相同的决策,其经济成本不一定相同。因此,同样的选择,即便收益相同,但这一选择对有些人可能是合适的,对另一些人可能并不合理。

生活中人们所说的成本很多时候是指会计成本即我们后面要讨论的显性成本。会计成本在了解、监测企业的经营状态方面有很重要的意义,但在做经济决策的时候,我们更应该重视的是经济成本。在经济分析中,经济成本是显性成本和隐性成本的总和。

二、显性成本与隐性成本

显性成本(explicit cost)是指在形式上必须由厂商付给生产要素所有者的报酬所构成的成本。它是厂商的会计账目中作为成本项目列出的费用,包括工人的工资、借入资本的利息、原材料等的支付费用。显性成本即会计成本,因为在生产经营活动中容易被厂商注意到,所以我们称其为"显性"成本。

与显性成本对应的是隐性成本(implicit cost),指生产过程中厂商投入的本身所拥有的生产要素如果用在其他用途上本来应该获得的报酬。例如,厂商自己投入资金应该获得的利息,自己劳动应该获得的报酬,自己的房子投入生产而失去的本可以获得的租金都属于隐性成本。隐性成本容易被厂商忽略或者不能被厂商准确地估算,往往可能导致厂商决策失误。因为在生产经营活动中并没有以货币支出的形式发生,容易被厂商忽视,所以我们称这部分成本为"隐性"成本。

对许多小规模工商企业来说,隐性成本所占比重相当高,因为厂商自己投入要素的比例大。而对现代大型企业来说,厂商自己拥有的生产要素比例较低,相应地隐性成本所占比重较低。

三、固定成本和可变成本

可变成本(variable cost)是指随着产量的变动而变动的成本。这类成本包括购买原材料、燃料等的费用,以及电力费、短期借款的利息等。

固定成本(fixed cost)是指不随产量的变动而变动的成本。这类成本往往包括兴建厂房、购买设备等的投入。

工人的工资可能是固定成本,也可能是可变成本。比如,如果一位工人的工资构成由底薪和奖金组成,底薪部分与产量变动无关,则底薪是固定成本;而奖金则与工人生产的产品数量相关,则奖金部分是可变成本。再比如,如果企业临时雇佣的工人工资是计件工资,每生产一件产品给予相应的报酬,则此临时工的工资全部是可变成本。

固定成本与可变成本的区分往往是在短期。在长期,所有生产投入都可以改变,厂房、设备投入的调整也和企业的产量有关,所以在长期,所有成本都是可变成本,就没有固定成本与可变成本这一分类的必要。

此外,有一类成本虽然并不与产量的变动呈一一对应关系,在一定范围内不随产量的变化而变化。但只要厂商生产一定单位的产量,就必须支付这种成本,我们把这类成本称为准固定成本,如企业对员工的培训成本、福利津贴等。在短期,我们并不对固定成本和准固定成本做严格区分,而是把准固定成本处理为固定成本。

四、沉没成本

有一类与固定成本有一定联系但也有区别的成本我们称为沉没成本。从字面意义上我们可以这样理解:沉没成本(sunk cost)是指已经发生并且无法收回的成本。现实中沉没成本往往与固定成本相关,但这两个概念的含义并不相同。例如,某厂商原本决定投资生产出口服装,投入 5 000 万元建好厂房后市场形势发生很大变化,出口形势很不利,可以预见在未来的很长时间没有改善的可能。如果继续购买设备安排生产,厂商的亏损会特别大,远远超过 5 000 万元,因此,厂商理性的选择是停止继续投资。这时已经投入的固定成本是 5 000 万元,但这 5 000 万元并不一定是沉没成本,比如,厂商可以通过转卖、租借等方式处置厂房。如果最终以 3 000 万元转让,则实际发生并无法挽回的损失只有 2 000 万元,这 2 000 万元才是沉没成本。如果厂商能以高于 5 000 万元的价格转卖,则所有成本都收回,并没有沉没成本。

广义上,我们可以把已经发生不可收回的支出,如时间、金钱、精力等都称为沉没成本,这一概念的意义是厂商在做经济决策时不要受沉没成本的影响,否则可能会使作出的选择不合理。比如,当你准备在某处开一家咖啡店之前,支付 2 万元委托一家公司对市场需求进行调查和咨询,以便决定是否投资。但这家公司最终给你的建议是并不适合在此处开立咖啡店,否则会亏损严重。在这种情况下,厂商理性的选择应该是停止投资,而不能因为先期支付了 2 万元而坚持开咖啡店。这里支付的 2 万元就是沉没成本。所谓着眼未来,不要纠结于既往,就包含着沉没成本的思想。

五、私人成本与社会成本

成本是一种生产经营活动的代价,而这一代价有时候并非全部由从事这一生产经营活动的厂商承担。例如,一家造纸企业排放的废水污染了周围的环境,损害了当地居民的身体健康,周围居民因此而付出了代价,但不一定能要求厂商承担这一后果。在这种情况下,厂商从事生产的成本,不仅仅包括厂商自己付出的生产成本,还包括其本人没有承担而由社会上其他主体承担的代价。我们把由厂商承担的生产某种产品的成本称为私人成本(private cost),而把社会上其他主体付出的代价称为外部成本(external cost)。社会成本(social cost)就是生产某种产品的全部成本,所以有:

$$社会成本 = 私人成本 + 外部成本$$

由于外部成本不由厂商承担,因此厂商决策时并不会考虑外部成本,其基于个体利益作出的决策从社会这个角度而言可能并不是合理的决策,这一问题将在第九章中讨论。

六、短期成本与长期成本

在短期内,厂商无法改变其固定设备所限定的规模,而在长期内,厂商可以调整所有的生产要素,厂商可以扩大或缩小其厂房设备规模,一切成本项目都是可以变动的。所以在考察厂商短期和长期的生产决策时,相应地使用短期成本(short-run cost)和长期成本(long-run cost)这两个概念。

短期成本指的是生产的短期内的成本,由于在短期有些要素投入可以改变,而有些要素投入不能改变,所以厂商的短期成本包括固定成本和可变成本。在长期内,所有要素投入都可以改变,因此,长期成本不区分为固定成本和可变成本。在短期和长期,由于生产安排有不同的特点,受不同规律的影响,厂商的成本支出随产量变动呈现出不同的特点。

专栏 5-1　交易成本与供给侧改革

交易成本(transaction costs)理论最早由诺贝尔经济学奖得主科斯(Coase, 1937年)所提出,以对企业的本质加以解释,后来泛指所有为促成交易发生而形成的成本,与一般的生产成本概念对应。现实中不同的交易涉及不同种类的交易成本,很难进行明确的界定,威廉姆斯(Williamson,1975年)将交易成本区分为搜寻成本、信息成本、议价成本、决策成本、监督交易进行的成本、违约成本,并区分为事前与事后两大类。威廉姆斯认为,有限理性、投机主义、不确定性与复杂性、少数交易、信息不对称、气氛等是交易成本发生的可能原因。

近年来,我国企业经营过程中的交易成本过高一直是制约实体经济的一个重要问题。"十三五"以来,为了为企业营造健康的生产和发展环境,着眼供给侧改革降低企业成本,国务院推行一系列以简政放权"降成本"为内容的改革,2016年再次修订政府核准的投资项目目录,同样要做"减法"的还有行政审批部分,通过改革不断降低制度性成本,切实为企业经营"降成本""减负担"。在此背景下,多部委加快推进供给侧结构性改革加码"去产能"。

国务院印发了《2016年推进简政放权放管结合优化服务改革工作要点》的通知,明确"今年要再取消50项以上国务院部门行政审批事项和中央指定地方实施的行政审批事项,再取消一批国务院部门行政审批中介服务事项,削减一批生产许可证、经营许可证"。通知还指出,要再取消一批职业资格许可和认定事项,国务院部门设置的职业资格削减比例达到原总量的70%以上;同时,持续推进商事制度改革,再削减1/3的工商登记前置审批事项,同步取消后置审批事项50项以上。作为落实简政放权政策的重要部门之一,国家发改委也积极推进清理规范投资项目报建审批事项的工作。2016年5月13日,国家发改委等19部门联合发文推动投资项目在线审批监管平台加快应用。国家发改委副秘书长许昆林在2016年5月13日举行的国务院政策例行吹风会上称,清理投资项目审批事项既是着力推进供给侧结构性改革,减轻企业投资经营成本的重要内容;也是打通项目开工前"最后一公里",促投资、稳增长的重要举措。

第二节　短期成本函数和长期成本函数

成本函数通常表示为产量的函数。在生产技术水平和要素价格不变条件下,厂商要实现一定的产量,需要投入相应的生产要素。我们把一定时期内成本与产量之间的对应关系称为成本函数。厂商的生产决策,不仅与生产函数有关,在很大程度上也要受成本函数的制约。因为厂商利润最大化目标的实现,取决于收益和成本的比较。

一、短期成本函数

总成本(total cost,TC)是厂商在一定时期内生产一定数量产品的所有成本,是关于产量的函数。在短期,有些成本不受产量变动的影响,有一些成本则与产量变动有关,因此从成本与产量的关系角度,总成本分为固定成本(FC)与可变成本(VC)。与总成本相对应,有下列一组成本概念。

总成本＝固定成本＋可变成本,用公式表示为：

$$TC = FC + VC \tag{5-1}$$

平均固定成本(average fixed cost,AFC)计算公式为：

$$AFC = FC/Q \tag{5-2}$$

平均可变成本(average variable cost,AVC)计算公式为：

$$AVC = VC/Q \tag{5-3}$$

平均成本(average cost,AC)计算公式为：

$$AC = TC/Q = AFC + AVC \tag{5-4}$$

边际成本(marginal cost,MC)计算公式为：

$$MC = \Delta TC/\Delta Q = dTC/dQ \tag{5-5}$$

边际成本是增加单位产量所引起的总成本的增量。由于固定成本不变,边际成本不受固定成本的影响,所以边际成本也是每增加单位产量所引起的可变成本的增量,即：

$$MC = \Delta VC/\Delta Q = dVC/dQ = dTC/dQ \tag{5-6}$$

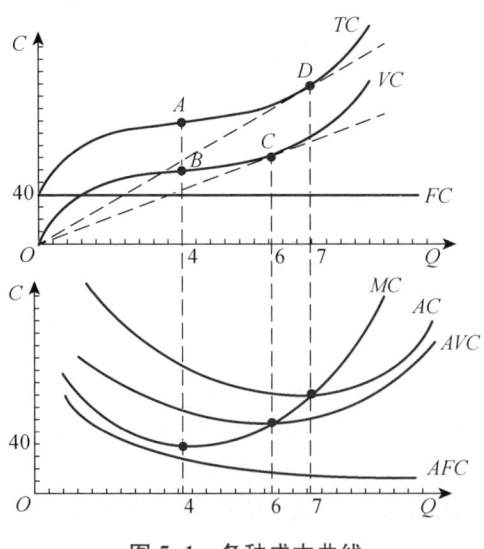

图 5-1　各种成本曲线

假设某时期厂商的总成本函数 $TC = Q^3 - 12Q^2 + 60Q + 40$,则对应的各成本函数如下: $VC = Q^3 - 12Q^2 + 60Q$, $FC = 40$, $AVC = Q^2 - 12Q + 60$, $AFC = 40/Q$, $AC = Q^2 - 12Q + 60 + 40/Q$, $MC = 3Q^2 - 24Q + 60$。

固定成本在短期保持不变,不随产量的变动而变动,在图形上固定成本曲线是平行于横轴的一条水平线,在图 5-1 上部分中的它到横轴的距离 40 即为固定成本。平均固定成本曲线(AFC)则随产量的增加而不断降低,趋近于零(但不会等于零),是一条随产量增加而趋近于横轴的渐近线。这是因为,一定数量的固定成本分摊到越来越大的产量上,AFC 必然越来越小。整条 AFC 曲线具有负的斜率。

边际成本是总成本(或可变成本)曲线的斜率。边际成本曲线呈 U 形,先下降,后上升。这是由边际生产力递减规律引起的。在短期,由于边际生产力递减规律,可变要素的边际产量先是递增,到了一定点后开始递减。与边际产量递增部分相对应的是边际成本曲线递减,与边际产量递减部分相对应的是边际成本曲线递增。因为增加一单位的投入(成本)所带来的边际产量多,意味着增加生产单位产量需要追加的成本即边际成本下降,反之亦然,其对应关系见图 5-2。

我们可以结合短期生产函数来讨论边际成本 MC 的变动特点。假定短期生产函数为:

$$Q = f(L, \bar{K}) \tag{5-7}$$

短期成本函数为:

$$TC = FC + VC \tag{5-8}$$

假定可变要素劳动 L 的价格即工资率 W 不变,则:

$$TC = FC + W \times L(Q) \tag{5-9}$$

由式(5-9)可得:

$$MC = dTC/dQ = W \times dL/dQ \tag{5-10}$$

即:

$$MC = W/MP_L \tag{5-11}$$

由式(5-11)可以看出,边际成本的变化对应着边际产量的变化。当边际产量递增时,边际成本递减;而边际产量递减时,边际成本递增。

可变成本随产量增加而增加,而且递增的速度先慢后快,这是因为我们上面讨论过的边际成本变动趋势所导致的。TC、VC、AC、AVC、AFC 曲线的变动如图 5-1 所示。在理解各种短期成本变化的趋势时,我们要联系短期生产时的边际生产力递减规律。假定要素价格和生产技术不变,由于边际生产力递减规律,使得要素投入增加导致的产量和成本的变化存在着对立的增减趋势,如图 5-2 所示。

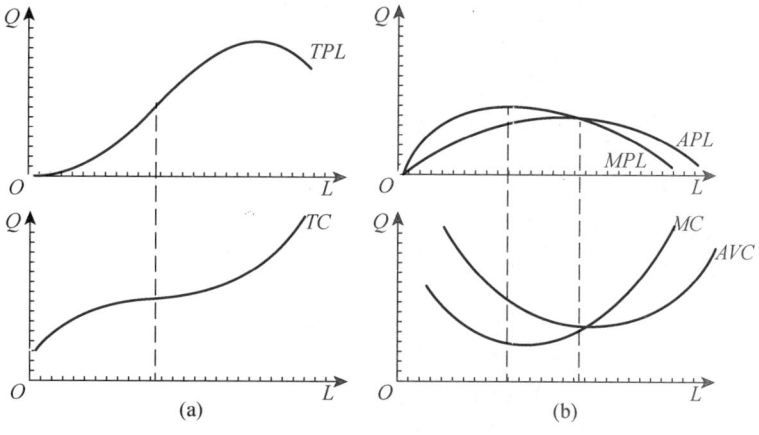

图 5-2 成本曲线与产量曲线的对应关系

平均可变成本也是先下降,后上升。这是因为,产量很小时,固定成本不能充分发挥作用,这时增加可变成本(即提高产量)会提高生产效率,平均产量上升,从而平均可变成本下降。但产量的增加超过一定点后,由于边际收益递减规律的作用,终究会使得平均可变成本上升。平均成本与总成本的关系类似平均可变成本与可变成本的关系。

二、各短期成本变量的关系

1. AC 曲线与 AVC 曲线

因为 $AC = AVC + AFC$,所以 AC 曲线始终位于 AVC 的上方,AC 曲线与 AVC 曲线之间的垂直距离等于该产量水平上的 AFC 之值。随着产量增加 AFC 不断下降,AC 曲线与 AVC 曲线之间的距离越来越小,但两者不会相交。AC 的最低点高于 AVC 的最低点。当 AVC 达到极小并转为递增时,由于 AFC 仍趋于下降,所以 AC 仍有一定区间处于递减阶段。当 AVC 增加的幅度大于 AFC 下降的幅度时,AC 也开始上升,所以 AC 的最低点处于 AVC 最低点的右上方。

2. MC 曲线与 AC 曲线的关系

刚开始随着产量增加,因为要素的边际产量递增,所以单位产品的 MC 下降。数学上可以理解,在初期 MC 曲线位于 AC 曲线下面,对应着 MP 曲线位于 AP 曲线上方,这时 $MC < AC$,MC 下降导致 AC 也下降,AC 曲线处于递减阶段。

与上述第一种情况对应的是,当产量增加到一定阶段,MC 开始上升(此时要素的 MP 开始下降),当 MC 超过 AC 时,MC 的上升导致 AC 也开始上升,所以当 MC 曲线位于 AC 曲线上面时,AC 曲线处于递增阶段。即若 $MC > AC$,则 AC 递增。

通过上面两种情况的讨论,当边际成本小于平均成本时,增加单位产品,因为增加的成本小于平均成本,所以平均成本是下降的;反之,当边际成本大于平均成本时,增加单位产品,因为增加的成本大于平均成本,所以平均成本上升。当边际成本等于平均成本时,平均成本最小。从图形上来看,MC 曲线在 AC 曲线的最低点与 AC 曲线相交,这时 $MC = AC$,AC 为极小。

MC 与 AC 之间的关系也可从数学上证明:

$$\frac{dAC}{dQ} = \frac{d(TC \div Q)}{dQ} = \frac{\frac{dTC}{dQ} \times Q - TC}{Q^2} = \frac{MC - AC}{Q} \tag{5-12}$$

当 $MC < AC$ 时,$\frac{dAC}{dQ} < 0$,AC 递减;当 $MC > AC$ 时,$\frac{dAC}{dQ} > 0$,AC 递增;当 $MC = AC$ 时,AC 为极小。

3. MC 曲线与 AVC 曲线的关系

因为在考虑产量变动过程中引起的成本变化时,固定成本是不变的,所以 MC 曲线与 AVC 曲线的关系类似于 MC 曲线与 AC 曲线的关系。从另外一个角度,MC 曲线与 AVC 曲线的关系,是与 MP 曲线与 AP 曲线的关系对应的。当 $MC < AVC$ 时,产量增加会导致 AVC 递减;当 $MC > AVC$ 时,产量增加会导致 AVC 递增。

AVC 曲线与 MC 曲线相交于 AVC 曲线的最低点,此时 $MC = AVC$,其原因与 $MC = AC$

时 AC 为极小的原因是一样,也可以类似于 MC 于 AC 的关系进行数学上的证明。

三、长期成本函数

在长期中,厂商可以改变所有要素投入,生产规模也可以重新进行选择,此时的总成本不再区分为固定成本和可变成本。我们在长期成本中的各种成本前都加上 L,在短期成本中的各种成本前加上 S,以区别短期成本与长期成本,如 LAC 表示长期平均成本,LMC 表示长期边际成本,STC 表示短期总成本,SAC 表示短期平均成本。

短期成本函数考察的是:在固定要素投入不变的情况下,通常在规模既定情况下只改变某些要素投入导致产量的变化,此时产量与相应的总成本、平均成本和边际成本等的变化之间的关系。而长期成本函数考察的是:厂商从计划提供的产量出发,调整一切投入,建立一个相应规模的工厂。理论上对应于每一个产量,厂商都可以选择一个最优的规模——特定规模工厂生产的最适度产量。在长期中,厂商都是以最优工厂生产最优产量,其成本是最低的。当然,实际中考虑到规模调整要相应付出很多其他成本,厂商并不会总是随着产量调整而调整其生产规模。

1. 长期总成本曲线

在短期中,厂商只能利用现有的工厂规模生产它所需要的最优产量,这个工厂规模就不一定是最优的。除非对这个最优产量来说,现有工厂规模恰好是最优工厂,短期成本才能等于长期成本,否则,短期成本都会高于长期成本。

根据上面的论述,可以理解,长期总成本曲线(LTC)是各种产量的最低成本点的轨迹。对应地,长期平均成本曲线(LAC)则是各种产量的最低平均成本点的轨迹。

见图 5-3,假设在计划期间有 3 个可能的工厂规模可供选择,如果厂商根据需求预测计划产量为 Q_1,它会选择以 STC_1 代表的工厂规模,因为 Q_1 产量水平上的 STC_1 低于其他两种生产规模;如果厂商计划产量为 Q_2,则厂商选择 STC_2 所代表的工厂规模,这时的平均成本又低于第一和第三种规模;当厂商计划的产量是 Q_3 时,选择 STC_3 所代表的规模。当然,STC_1、STC_2 所代表的规模也能够生产出 Q_3 的产量,但其平均成本均要高于 STC_3 所代表的规模下的平均成本。依此类推,厂商对应于不同的产量选择相应的最佳规模。

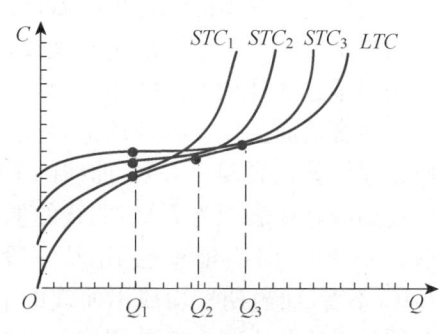

图 5-3 不同产量下的最优规模

实际上,各种可能的工厂规模远不止这 3 个。在理论上这 3 个工厂规模之间可以出现许多其他不同的工厂规模。由于每个工厂规模只有一个最优产量,短期总成本曲线与长期总成本曲线只切于对应的最优产量那一点,当工厂规模在理论上可以无限细分,成为一个连续函数时,长期总成本曲线表现为一条顺滑曲线,见图 5-4 上部。这条长期总成本曲线在几何学上也称之为短期总成本曲线(STC)的包络线(包络线位于所有曲线的同一侧,且与每条曲线相切)。它是每一产量下由对应的最优工厂规模生产出来时所需耗费的最低成本点的轨迹。LTC 曲线与每一 STC 曲线相切但不相交。

2. 长期平均成本曲线

在长期成本中,更具有实质性意义的是长期平均成本曲线(LAC),它能更准确地反映规模变动过程中规模收益、规模经济的影响。一般在产量较低时,规模报酬递增,随着产量增加会导致规模经济,长期平均成本下降;当产量增加到一定时候,可能出现规模不经济、规模报酬递减等现象,长期平均成本上升;而在这两段之间,会有一段时间的规模报酬不变,此时长期平均成本不变。

假设产量、规模都可以细分,类似于前面的分析,长期平均成本曲线也表现为一条顺滑曲线,如图 5-5 所示。在这条长期平均成本曲线的最低点,长期平均成本曲线相切于某一个规模所对应的短期平均成本曲线的最低点;在这条长期平均成本曲线最低点的左边,长期平均成本曲线相切于各短期平均成本曲线最低点的左边;在这条长期平均曲线最低点的右边,长期平均成本曲线相切于各短期平均成本曲线的右边。

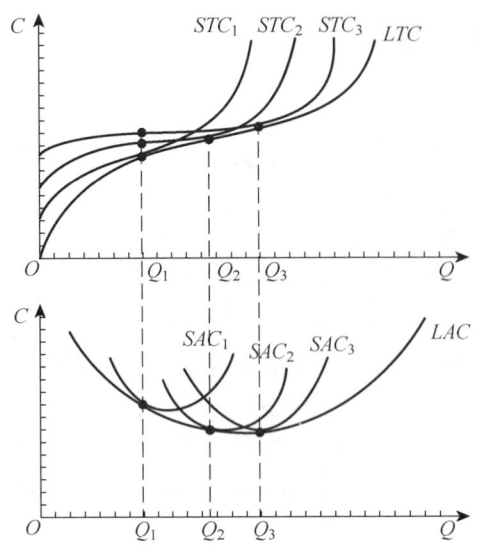

图 5-4　长期总成本曲线和长期平均成本曲线的推导

可以证明,为什么 LAC 与 SAC_1 相切之点不是 SAC_1 的最低点,而是切于最低点的左边。

长期平均成本曲线也可叫做计划曲线,因为长期而言,厂商总是计划在平均成本最低的产量上生产。不同的生产规模,厂商的计划产量和计划成本也不同,LAC 曲线正是表明了这些计划点的轨迹。

结合前面的规模收益理论,可以说,规模收益递增就是表现为 LAC 曲线的下降,规模收益递减就是表现为 LAC 曲线的上升,规模收益不变时相应地就会出现一段区间的 LAC 不变。而短期平均成本曲线的下降或上升则是受边际生产力递减规律的影响。LTC、LAC、LMC 与 STC、SAC、SMC 之间的关系见图 5-5。

3. 长期边际成本曲线

长期边际成本 表示增加单位产量时长期总成本的变化,$LMC = \Delta TC/\Delta Q$。假定产量可以无限细分,总成本函数连续可导,则 $LMC = dTC/dQ$。根据前面的分析,LMC 曲线也是先下降后上升,但 LMC 曲线并不是 SMC 曲线的包络线。当 LTC 曲线与 STC 曲

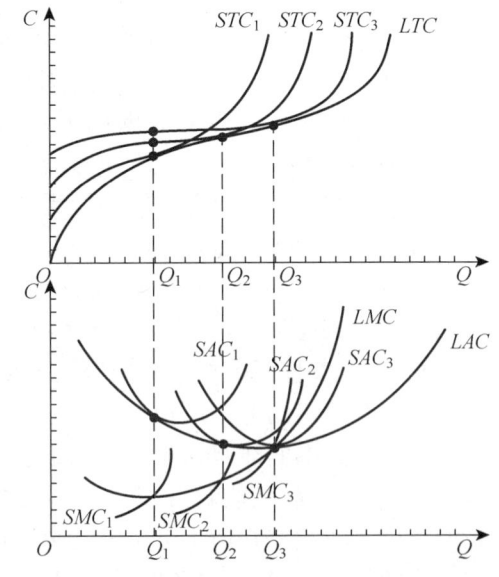

图 5-5　各种长期成本曲线和短期成本曲线之间的对应关系

线相切、LAC 曲线与 SAC 曲线相切时，对应产量上 LMC 曲线与 SMC 曲线相交而不是相切。

4. 影响成本的其他因素

前面我们从短期、长期分别分析了产量或生产规模的变化、调整所导致的成本的变化。除此之外，在长期生产过程中，经营者或生产人员对于生产经验、管理经验的掌握和累积也会对成本的变化产生影响，而生产经验的累积及其对成本的影响体现为一个动态的过程。一方面，在此过程中，生产人员通过不断地积累经验和"学习"，生产效率得以提高，单位产出所耗费的劳动时间和成本支出递减，生产成本也就会降低；另一方面，管理人员对生产的全面组织，对生产各环节的协调等会越来越有效率，管理工作不断改进，制度和管理水平的提高也会导致平均成本降低；工程设计人员也在摸索中不断改进和完善工艺设备，在产品功能、质量上不断提高，同时也使生产人员的工作更有效率。我们可以把上述原因导致的产品累计批量和各批产品平均成本之间反向变化的关系用一条"学习曲线"表示，横轴表示企业生产产品的累计批量，纵轴表示各批产品的平均成本，则"学习曲线"是一条向右下方倾斜的曲线。例如，一个刚学习投篮的人在投篮的过程中不断总结经验，练习一段时间后每投中 10 次所耗费的时间会逐渐减少。

此外，与企业规模变动过程中规模经济和规模不经济（也称为企业的内在经济和内在不经济）对应的是：行业发展乃至社会发展中制度、环境的变化都可能使企业的发展从中受益或受损，我们称之为外在经济或外在不经济。例如，某一企业发展过程中行业协会的成立可以更好地服务于企业从而帮助企业节省一些支出，这是外在经济；企业发展过程中由于竞争导致生产要素价格上升从而提高了企业的生产成本，这是外在不经济的情况。外在经济和外在不经济是企业以外的因素导致的，从图形上看，这种影响体现在 LAC 曲线位置的移动。

第三节 收益和利润

在既定的生产技术条件和要素价格下，厂商如何实现其利润最大化的目标？当面临不同的市场需求时，厂商该如何决策？接下来我们借助于一组概念来讨论这一问题。

一、总收益、平均收益和边际收益

总收益（total revenue，TR）是指厂商生产一定数量的商品并在市场上销售后所能获得的全部收益，是关于产量 Q 的函数。假定厂商的销售价格为 P，销售数量（假定所有产品在这一价格下全部出清）Q，则总收益的计算公式为：

$$TR = PQ \tag{5-13}$$

平均收益（average revenue，AR）是单位产品获得的收益，其计算公式为：

$$AR = TR/Q \tag{5-14}$$

边际收益(marginal revenue,MR)是厂商增加单位商品生产(销售)引起的总收益的变动,在商品可以无限细分,总收益曲线为平滑曲线的情况下,边际收益的计算公式为:

$$MR = \Delta TR/\Delta Q = \mathrm{d}TR/\mathrm{d}Q \tag{5-15}$$

边际收益 MR 与价格 P 之间的关系,见图 5-6 中两种情况。在图 5-6(a)中,当商品销售价格与销售数量反向变动时,边际收益会低于价格,边际收益曲线位于需求曲线的下方;在图 5-6(b)中,当商品销售价格保持不变时,边际收益也等于价格 P 保持不变,这种情况下边际收益曲线与需求曲线重合。例如,如果在某一时期内厂商生产的产品无论数量多少都能按照单价 $P = 10$ 卖出,则厂商每多生产或销售一单位产品都能使总收益增加 10,边际收益 $MR = 10$ 保持不变;但若厂商每多销售一单位产品价格要有一定的折扣,则边际收益将会低于价格,如表 5-1 所示。

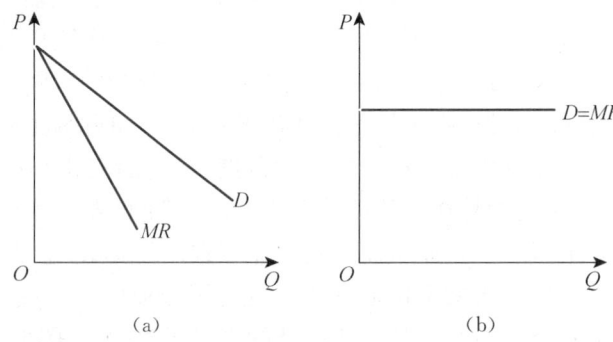

图 5-6 边际收益和价格

表 5-1 边际收益和价格

Q	1	2	3	4	5	6
P	10	9.5	9	8.5	8	7.5
TR	10	19	27	34	40	45
MR	10	9	8	7	6	5

我们可以从数学上推导边际收益 MR 和价格 P 之间有以下关系:

$$\begin{aligned}
MR &= \frac{\mathrm{d}TR}{\mathrm{d}Q} = \frac{\mathrm{d}P(Q) \times Q}{\mathrm{d}Q} = \frac{\mathrm{d}P(Q)}{\mathrm{d}Q} \times Q + P \times \frac{\mathrm{d}Q}{\mathrm{d}Q} \\
&= \frac{\mathrm{d}P}{\mathrm{d}Q} \times Q + P = P \times \left(\frac{\mathrm{d}P}{\mathrm{d}Q} \times \frac{Q}{P} + 1\right) = P \times \left(\frac{1}{E_d} + 1\right) \\
&= P \times \left(1 - \frac{1}{|E_d|}\right)
\end{aligned} \tag{5-16}$$

式(5-16)中:当价格 P 保持不变即需求曲线为水平直线时,需求弹性为无穷大,所以 $MR = P$;而当需求曲线为向右下方倾斜的曲线(价格与需求量反向变动)时,$MR < P$。

根据第二章的讨论,假设价格 P 是关于商品数量 Q 的函数,并进一步假设:

$$P = P(Q) = a - bQ$$

则总收益的计算公式为:

$$TR = P(Q) \times Q = (a - bQ) \times Q = aQ - bQ^2 \tag{5-17}$$

边际收益的计算公式为:

$$MR = dTR/dQ = a - 2bQ \tag{5-18}$$

对应上述假设,当 $b = 0$ 时,价格 P 保持不变,$P = MR = a$;当 $b > 0$ 时,$MR < P$,且边际收益曲线斜率为需求曲线斜率的 2 倍,如图 5-6 所示。

二、经济利润、会计利润和正常利润

在讨论了成本和收益后,我们就可以讨论相关的利润概念。利润是收益与成本之差,一般来讲,厂商的利润等于厂商的收益减去成本。收益总是等于销售量与价格的乘积,而由于成本概念不同,在使用不同的成本概念时,相应地得到的不同利润概念其含义也不同。在实际生活中,由于利润的含义不同,导致人们的理解出现差异。比如,我们在购买一件衣服的时候,一件衣服的进货价格是 200 元,销售价格是 280 元,但卖主却觉得亏了,而我们觉得他是在撒谎。之所以会这样,是因为各方所说的利润不同。日常经济活动中,我们所说的利润可能有正常利润、会计利润、经济利润这三种。

正常利润其实就相当于隐性成本,是要使一个厂商继续留在原产业从事生产经营所必需的最低报酬。如果他得不到这笔报酬(或者说,产品的卖价仅能补偿工人工资、原材料和固定资本的折旧费),他会将资本转移到其他产业。所以"正常利润"是该企业的产品得以生产出来的必要条件和必须支付的代价。很多时候我们可以把经济成本超过会计成本的部分即隐性成本称为正常利润。正常利润和经济利润、会计利润无关,也和厂商生产经营的结果无关,是厂商对自己生产经营提出的一个利润要求。而会计利润、经济利润则与最终的经营结果有关。

在经济学分析中,有时候正常利润还用来指社会通行的投资回报率,或者资金的平均收益率,这种平均收益率就是厂商使用资金的机会成本,也就是厂商如果将资金投资于其他领域所得到的正常收益。因此,正常利润包括在经济成本之中,因为它是机会成本的组成部分。当厂商的会计利润恰好等于正常利润的时候,其经济利润等于零,厂商正好补偿投入要素的全部机会成本,包括投入资金的正常回报率。因此,如果我们说厂商的利润为零,并不是说该厂商没有赢利,而是指它处在一种正常的经营状况之中。而当厂商的会计利润超过正常利润,其经济利润为正时,我们就说厂商获得了超额利润;当厂商的会计利润低于正常利润时,这一厂商在经济学意义上就是亏损的。

从前面的分析我们知道,经济学中对成本的考虑比一般会计活动中所涉及的范围更广。在厂商的生产经营当中,或多或少总会有一部分隐性成本。而经济成本不仅包括显性成本,而且也包括隐性成本,因此,通常经济成本总会比会计成本要大(因为通常的会计成本仅仅考虑显性成本),所以经济利润就会比会计利润要小。其计算公式为:

$$会计利润 = 收益 - 会计成本$$
$$经济利润 = 收益 - 经济成本$$

会计利润是厂商进行生产活动实际盈亏在账面上的反映,只有经济利润大于零,才表示这项选择比其他任何选择获利更大,这项选择才是合理的。如果经济利润小于零,意味着厂商有更可行的选择。我们再用一个例子来体会一下正常利润、经济利润、会计利润这三者之间的区别。假设某人原本有一份年薪 10 万元的工作,他辞职后又投入个人资金 100 万元从事某商品买卖,最终收益为 115 万元,如果将 100 万元资金用于投资理财,可以无风险地获得 6% 的回报。此例中,会计成本为 100 万元,隐性成本为个人的年薪 10 万元加上自己资金 100 万元本来可获得的回报 6 万元,经济成本为 116 万元。所以,会计利润为 15 万元,经济利润为 -1 万元,正常利润为 16 万元。这样的经营结果,使得此人根本没有赚钱的感觉。如果考虑到自己经营可能比原本的工作要辛苦得多,那么可能更后悔。当销售收益至少要超过 116 万元时,此人才会有赚钱的感觉。

在经济生活中,不同的场合,不同人所说的利润,可能是不同含义的利润。在前面那个例子中,我们去买一件衣服的时候,如果一件进价 200 元的衣服,商家以 280 元的价格卖给我们却声称亏损的时候,我们往往认为他在骗人。这种场合下,我们说的是会计利润,而厂商说的是经济利润。

从机会成本的角度看正常利润实际上是成本,当厂商的利润为零时,厂商刚好获得正常利润。在本教材以下各章节中,如果不是特别指出,我们提到的利润都是指经济利润。

三、利润最大化与厂商短期决策

厂商的目标是利润最大化,用 $π$ 表示厂商利润,TR 表示收益,TC 表示成本,则有:

$$π = TR - TC \tag{5-19}$$

要实现利润最大化,从数学上可以推导,利润函数一阶导数为零,即:

$$π' = (TR - TC)' = MR - MC = 0 \tag{5-20}$$
$$MR = MC$$

因此,$MR = MC$ 是厂商利润最大化的实现条件。当 $MR > MC$ 时,增加单位产品生产给厂商带来的增加收益超过厂商多投入的成本,利润继续增加;当 $MR < MC$ 时,增加单位产品生产给厂商带来的增加收益不能弥补厂商多投入的成本,利润会下降。因此,理论上当 $MR = MC$ 时,厂商的利润最大。

需要注意的是,在 $MR = MC$ 时,我们说厂商利润最大,这里利润最大有两种含义:最大的利润和最小的亏损。也就是说此时只是厂商获得了在既定环境下最理想的结果,但不能保证厂商一定能获得经济利润。比如当市场不景气、经济形势极为糟糕时,无论厂商怎样决策,都难逃最终亏损的结果,此时厂商唯一能做的是让自己的亏损最小。

根据 $π = TR - TC$,当 $TR > TC$ 时,经济利润 $π > 0$;当 $TR = TC$ 时,经济利润

π＝0；当 $TR < TC$ 时，经济利润 π＜0。

在实际中用平均成本 AC 与价格 P 的比较来判断厂商的利润状况更直观。我们做以下的变形：

$$\pi = TR - TC = PQ - Q \times AC = (P - AC)Q \tag{5-21}$$

由此可以得出：当 $P > AC$ 时，π＞0，盈利；当 $P = AC$ 时，π＝0，利润为零；当 $P < AC$ 时，π＜0，亏损。

当厂商亏损后，厂商该如何决策呢？在现实中，有些企业短期亏损，但企业能正常经营，员工还能有较高的工资收入和福利水平，经过一段时期有可能扭亏为盈。但也有一些企业，亏损后无法维持正常的生产经营，企业亏损日趋严重，最终只能破产倒闭。所以对企业而言，亏损后其实有两种情况：继续生产能减少亏损，则企业继续生产是合理的选择；继续生产亏损越来越严重，企业的理性选择是暂时停止营业并调整生产规模或经营方向，如果情况得不到改善则只能破产倒闭。

我们用成本结构来分析企业亏损后的不同选择。有的企业对规模经济要求较高，在企业生产初期就选择了比较大的规模，期初投入的固定成本比较高，而由于市场需求在短期没有培育起来，规模经济无法实现，平均成本较高，因此企业在短期往往亏损。这类企业成本的另一个特点是一次性固定投入大，但可变成本相对于固定成本较低，随着产量的增加，边际成本下降。如果亏损后停止生产，则固定成本损失很大，而如果继续生产，收益不仅能弥补可变成本投入，而且还能回收部分固定成本，因此继续生产能使亏损变小。等到市场需求扩大，规模经济得以实现，企业就可能逐渐扭亏为盈。航空、电信行业的发展就属于这种情况，这些企业在发展初期往往由于规模经济无法实现，会经历较长时期的亏损，随着社会经济的发展，市场规模逐步扩大，规模经济得以实现，这类企业有可能扭亏为盈。因此，在我国航空、电信行业发展初期，企业往往会亏损，但员工却能够有较高的工资收入水平。另一种情况下，有些企业在生产过程中，可变成本投入会持续比较高，而由于市场环境或者企业自身原因，销售收益不但不能收回部分固定成本，甚至不能弥补追加投入的可变成本，现实中甚至有可能表现为拖欠员工工资和债务，企业生产经营无法维持，长此以往，企业就可能会破产倒闭。

如果用价格 P、平均可变成本 AVC、平均成本 AC 来分析，企业亏损后的情况有下列两种：

当收益 TR 小于总成本 TC 但高于可变成本 VC 时，也就是 $AVC < P < AC$ 时，企业虽然亏损但会继续生产，因可回收全部 VC 及部分 FC，这样可以使亏损最小化。如果长期企业有扭亏为盈的可能，则继续生产更有必要。

当收益 TR 不但低于总成本 TC 甚至还低于可变成本 VC 时，也就是 $P < AVC$ 时，企业亏损，而且总收益不足以弥补追加投入的可变成本，企业理性的选择是暂时停止生产避免损失进一步扩大。如果长期情况没有改善的可能，则企业应该破产清算。

例如，某企业一次性投入固定成本 $FC = 2\,000$ 万元，假设生产设备等折旧期按简单的会计折旧法，按 20 年提取折旧，每年追加可变成本 500 万元，实现销售收益 550 万元,则企业亏损但仍可以继续生产经营。如果只能实现销售收益450万元,则企业选择短期停业可能更加合理。

本章小结

经济成本不仅包含显性(会计)成本,还包括隐性成本。由于厂商在投入自己拥有的生产要素时不用支付给自己报酬,因此隐性成本可能会被忽视。厂商生产决策时应该依据经济成本,因为经济成本才能反映企业生产活动的真正代价。

短期边际成本与长期边际成本、短期平均成本与长期平均成本的变动有着相似的先下降后上升的趋势,但原因不同,短期成本变动规律主要是受边际生产力递减规律的影响,而长期成本变动则与规模报酬的变动有关。

对应于不同的成本概念,有不同的利润概念:会计利润、正常利润、经济利润。经济学中一般所说的利润是指经济利润(超额利润),如果利润等于零意味着厂商已经获得了正常利润。厂商利润最大化的条件是边际收益等于边际成本。在短期,厂商利润可能大于、等于、小于零,平均成本与价格的比较方便我们直观地做出判断。在短期,厂商亏损后是否继续生产,取决于收益是否能弥补可变成本,或者价格是否高于平均可变成本。

关键术语

经济成本　显性成本　隐性成本　可变成本　固定成本　沉没成本　总收益　平均收益　边际收益　会计利润　正常利润　经济利润

练习题

一、案例分析

白领跳槽换工作的"隐性成本"

小夏大学毕业之后进入一家中型广告公司工作,2年之后有了一定的积累,在业务方面已经能够独当一面,而且在业界也积累了一定的人脉关系,领导也器重她的工作能力。但她感到有些不满意的是,由于公司刻意控制成本,在这2年时间内,她的工资水平虽然十分稳定,但也从没有增长。而她的同学,有些职位虽然比她低一点,但是工资却要高她不少。

如果继续留在公司,工资水平在短时间内不会有变化。经过一番考虑,小夏决定跳槽,工资水平当然也如她所愿,只要能够完成任务,与原来相比收入增加不少。办理辞职手续时,由于与原公司签订的劳动合同并未到期,提前结束合同需要支付1万元的违约金,小夏想到新工作能够挣得更多的工资,为了尽早获得自由身,于是咬牙自掏腰包做了了断。

在新的工作环境,小夏所面对的一切都是新的,因此她要花费精力来适应,毫无经验可谈,所以只好加班加点地干,希望通过自己的勤奋来弥补经验上的不足。除此之外,由于新公司距离自己的住址更远,她花费在上下班方面的时间、金钱也多出不少;为了尽快与新同事建立良好的关系,她还"破费"请过几次客。但是3个月的时间过去之后,工作上没有起色,收入根本就没有达到原来预想的水平。

事后,小夏估算了一下,她为跳槽直接付出了将近8万元的代价,其中,包括违约金、放弃年终奖等。然而,在半年时间内,她的收入锐减,这也是间接损失。当然,以前人脉积累的流失等损失无法以金钱来确定。

作为一个成熟的职场人士,在跳槽的过程中,新职位高薪的诱惑固然是一个重要的方面,而各项跳槽成本也是不容忽视的。一般情况下,跳槽所产生的成本包括两大部分,即显性成本和隐性成本。显性成本是指那些可以明确预见的成本,如违约金、培训费等。

而形形色色的隐性成本更是许多跳槽者不容易发现的。比如说,新公司离家较远,就可能会租住离公司较近的房子或购置车辆等交通工具;初到新公司,对人员不熟悉,要与新同事搞好关系需要花费人际交往费;接触新的工作,对各种规定不熟悉,加班加点、牺牲休息时间以便跟上同事的步伐等;或者放弃了原有的专业,自己需掏钱"充电"适应新工作。这些都是需要花大量时间、精力、金钱。因此,跳槽也许在工资上能够带来进一步的提高,但是由于不断更换环境而有着更大的花费。

所以在跳槽之前,一定要对显性成本和隐性成本进行通盘考虑,分析这两种成本会对自己形成多大的影响,然后做出综合测评,确定自己的应对方式。

问题:
1. 跳槽的显性成本有哪些?
2. 跳槽的隐性成本可能有哪些?
3. 综合案例,新工作和原来工作相比符合什么条件跳槽才是明智的选择?

二、计算题

1. 假定某企业的短期成本函数是 $TC(Q) = Q^3 - 10Q^2 + 17Q + 66$。

(1) 指出该短期成本函数中的可变成本部分和不变成本部分。

(2) 写出下列相应的函数:$AC(Q)$、$AVC(Q)$、$MC(Q)$。

2. IBM公司是世界上电子计算机的主要制造商,根据公司的一项资料,公司生产某种型号计算机的长期总成本与产量之间的关系为 $C = 28\,303\,800 + 460\,800Q$,式中:$C$为总成本;$Q$为产量。问题:

(1) 长期边际成本为多少?

(2) 是否存在规模经济?

3. 某人拥有资源为:大学毕业学历,可找到年薪为8万元的工作,临街门面房1间,每年出租可得6万元租金,资金100万元,每年可获确定性的理财收益6万元。若该人以这些资源开一商店,年纯利为18万元。他这样做是否合理?

4. 已知某厂商的长期生产函数 $Q = K^{1/2}L^{1/2}$,$P_L = 4$,$P_K = 9$,试求该厂商的长

期成本函数、平均成本函数和边际成本函数。

三、问答题
1. 在做经济决策的时候应该考虑什么成本?
2. 短期成本和长期成本曲线为什么都呈 U 形?
3. 正常利润一定大于会计利润吗? 为什么?

第六章 完全竞争市场理论

学习目的与要求

本章主要分析厂商在完全竞争市场上的行为,即厂商在既定的市场价格下,如何通过产量或规模的调整来实现利润最大化。

通过本章学习,要了解市场结构类型;掌握完全竞争市场形成的条件和特点,以及厂商所面临的需求曲线和收益曲线;能分析完全竞争市场上的短期均衡和长期均衡的条件,理解厂商的最优决策,推导出完全竞争条件下厂商及行业的短期和长期的供给曲线。

微课:完全竞争市场与垄断竞争市场

导 读

通过第四、第五章生产者理论和成本理论的分析,我们知道,厂商的生产目标是追求利润最大化。然而,厂商遵循利润最大化的目标进行生产决策,最终利润状况到底如何,在很大程度上受所处市场结构的影响,这种影响尤其体现在长期。不同市场结构下,厂商在价格和产量的选择上受不同因素的制约。其中,厂商的成本取决于厂商生产技术方面的因素,而厂商的收益则取决于市场对其产品的需求情况,受到市场竞争程度的影响。所以,在分析厂商的利润最大化决策时,需要区分不同的市场结构。

第一节 市场结构概述

市场是指从事某一种商品买卖的有形或无形的交易场所。任何一种商品都有一个市场,有多少种商品,就有多少个市场。例如,有石油市场,农产品市场,汽车市场,房地产市场等。按市场的竞争程度,市场结构可分为完全竞争市场和不完全竞争市场。完全竞争市场又称纯粹竞争市场,信息完全、竞争非常充分。不完全市场按竞争的不完全程度可分为垄断竞争、寡头垄断、完全垄断。因此,市场结构可以依次分为:完全竞争、垄断竞争、寡头垄断和完全垄断市场。这四种市场结构的垄断程度是依次增强的,其划分的主要依据如下:第一,市场上厂商的数目。厂商数目越多,市场竞争就越充分。如在完全竞争市场上,有无数的厂商,而在完全垄断市场上,仅只有一家生产厂商。第二,产品的差异度和对市场价格的控制程度。产品之间的差异越小,则产品的替代性越强,厂商对价格的影响力则越弱;反之,则越强。第三,厂商进出某一行业的难易程度。竞争性强的行业,厂商的进出相对比较容易,而垄断性的行业则进入壁垒较高,厂商不容易进出。第四,信息是否充分完全。市场上每一个买者和卖者是否都掌握与自己的经济决策有关的一切信息。在完全竞争市场上,厂商和消费者对市场价格、产品质量等信息都完全掌握。而在其他的市场结构中,信息的掌握是不完全的。这四种市场结构的主要特征如表6-1所示,这只是一个简单的介绍,在以后对每一类型市场进行考察时,将会对每一市场的特征作出详细的分析。

表6-1 四种市场结构的基本特征

市场结构	厂商数目	产品差异程度	厂商控制价格的程度	行业进入壁垒	现实中接近的行业
完全竞争市场	很多	完全没差别	没有	无	一些农产品
垄断竞争市场	很多	有一定差别	有一些	低	轻工业产品、零售业

续表

市场结构	厂商数目	产品差异程度	厂商控制价格的程度	行业进入壁垒	现实中接近的行业
寡头垄断市场	几个	有差别或无差别	相当程度	高	飞机、汽车、钢铁等
完全垄断市场	一个	唯一产品,且无替代品	很大程度,但受到管制	极高	公用事业,如水、电等

第二节 完全竞争厂商的需求与收益

一、完全竞争市场的特点

完全竞争市场(perfectly competitive market)又称纯粹市场,它具备以下四个特征。

1. 市场上有大量的买者和卖者

在这种市场上,为数众多的买者或卖者规模很小,他们各自的购买和生产分别在该产品的总需求和总供给中所占的份额特别小,任何单一买者和卖者的行动对市场价格的影响都可以忽略不计。卖者与买者的这种行为就好像大海中的一滴水,任何一个卖者卖与不卖,或者是任何一个买者买与不买,都不会对市场的价格产生任何影响。因此,市场上每个参与主体都只是价格的接受者,而不是价格的决定者。在这种情况下,如果单个厂商单独提价,那么,它的产品就完全卖不出去。例如,在每单位4元的市场价格下,厂商不能将产品以高于4元的价格出售,否则,它的产品在市场上一件也不能售出。当然,完全竞争厂商完全能够以4元的价格出售它想要出售的产品数量,因此,它无需降价售卖自己的产品。

2. 产品具有同质性,不存在任何差别

厂商生产的某种商品不仅是同质的,而且在质量、功能、外形、包装等方面没有任何差异,毫无自身的特点。同质的商品之间具有完全替代性,消费者不会对任何一家厂商的产品存在特殊的偏好。任何厂商就没有必要为其产品做广告。可见,产品的同质性进一步强化了完全竞争市场上每一个买者和卖者都是既定市场价格被动接受者的特点。

3. 所有资源具有完全的流动性

厂商既可以自由进入某个市场,也可以自由退出某个市场。所有资源可以在各厂商之间和各行业之间完全自由地流动,不存在任何障碍。这样,厂商可以自由地进入赢利的行业,也可以从亏损的行业自由地退出来,资源可以实现最优的配置。

4. 市场信息充分、完全

市场上每一个买者和卖者都掌握与自己的经济决策有关的一切信息,因而消费者不会以高于市场的价格进行购买,厂商不会以低于市场通行的价格进行销售。这就排除了由于信息不畅通而可能导致的一个市场按照不同价格进行交易的情况。

只有同时具备上述四个条件,才能构成完全竞争市场。完全竞争市场是一种非个性化的市场。因为市场中的每一个卖者和买者都是市场价格的被动接受者；每个厂商生产的产品都是完全相同的，所有资源都是可以自由流动的，市场上的信息是完全充分的，任何一个交易者不存在信息优势。

显然，完全竞争市场是一种理论上假设出来的市场类型，在现实中很难具备这四个条件。一般认为，只有一些农产品比较接近该市场，如大米市场、小麦市场、大豆市场等。完全竞争市场尽管作为一种抽象出来的理论模式，在现实中很难存在，但它在理论分析上具有重要的意义，为分析垄断竞争、寡头垄断、完全垄断等市场结构提供了一个参照标准。首先，完全竞争市场作为资源利用最充分，经济效率最高的市场，也为其他市场结构的经济效率的分析和评价提供了一个参照对比。其次，完全竞争市场能够实现社会福利最大化，即实现生产者剩余和消费者剩余之和最大化。因此，我们学习完全竞争市场的意义更多在于了解一般的市场分析过程。

二、完全竞争厂商面临的需求曲线和边际收益曲线

1. 单个厂商的需求曲线

市场上对某一厂商产品的需求情况，可以用该厂商所面临的需求曲线来表示，该曲线也被简称为厂商的需求曲线。在完全竞争市场上，单个厂商只占有微小的市场份额，不能影响和改变价格，只能作为市场价格的接受者，所以，单个厂商所面临的需求曲线是一条由既定的市场价格水平所决定的水平线，如图 6-1(a) 所示。在图 6-1(a) 中，市场的供给曲线和需求曲线共同决定市场价格 P_0。相应地，在图 6-1(b) 中，由给定的市场价格 P_0 出发的水平线就是单个厂商的需求曲线 d。它表明：厂商只能被动地接受给定的市场价格，其需求价格弹性是无穷大的，厂商能够按照市场价格 P_0 出售他所想出售的产品。

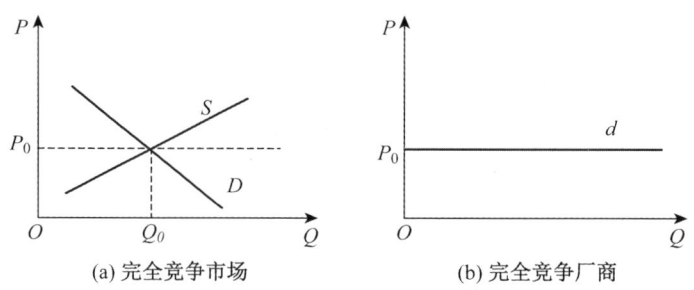

(a) 完全竞争市场　　　　　　(b) 完全竞争厂商

图 6-1　完全竞争厂商的需求曲线

需要注意的是，在完全竞争市场中，单个厂商不能影响市场价格，但并不意味着市场价格是固定不变的。如果在一些其他因素的影响下，如技术的进步、消费者收入的提高等引起市场供给曲线和需求曲线变动时，就会形成新的市场均衡价格。在这种情况下，单个厂商面临的需求曲线将是由新的均衡价格水平决定的一条水平线。见图 6-2，开始时市场需求曲线和供给曲线分别为 D_0、S_0，市场均衡价格为 P_0，相应的，单个厂商的需求曲线为 d_0。当市场供给曲线和市场需求曲线分别移到 S_1 和 D_1 时，新的市场均衡价格为 P_1，此时，单个厂商面临的需求曲线则由新的均衡价格决定的一条水平线 d_1。

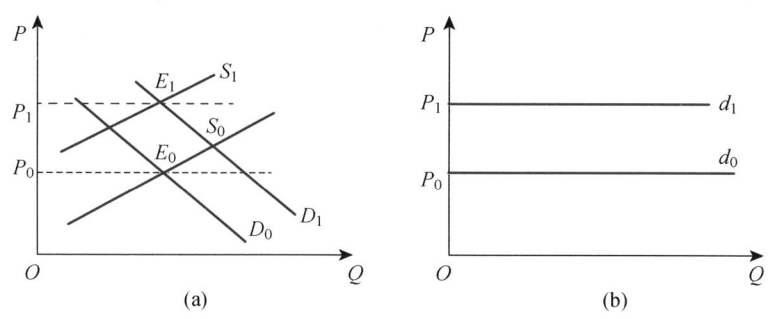

图 6-2　完全竞争市场价格变动与厂商的需求曲线

2. 单个厂商的边际收益曲线

在完全竞争条件下,厂商的销售价格是固定不变的,因而,每一单位产品的平均收益等于既定价格。用公式表示为:

$$AR = TR \div Q = (P \times Q) \div Q = P \tag{6-1}$$

不管销量怎样增加,单位产品的市场价格不变,因而每一单位产品的边际收益始终等于产品的销售价格。用公式表示为:

$$MR = \Delta TR(Q) \div \Delta Q = d(P \times Q) \div dQ = Pd(Q) \div dQ = P \tag{6-2}$$

以上表明,完全竞争厂商的平均收益等于市场价格,边际收益也等于市场价格,可得出:$P = AR = MR$。这一点可以利用表 6-2 来具体说明。由表 6-2 中可见,在所有的销量中,产品的市场价格是固定不变的,均为 $P = 2$。因此,厂商销售每一单位的平均收益是不变的,它等于市场价格 $P = 2$。厂商每增加一单位产品销售所增加的收益即边际收益也是不变的,也均为 2,于是可以得到:$P = AR = MR = 2$。此外,厂商的总收益则为销量乘以产品的市场价格,在表 6-2 中,随着销售量的增加,由于产品的价格保持不变,所以,总收益是以不变的价格水平增加的。

表 6-2　某完全竞争厂商的收益

销售量 Q	价格 P	总收益 TR	平均收益 AR	边际收益 MR
1	2	2	2	2
2	2	4	2	2
3	2	6	2	2
4	2	8	2	2
5	2	10	2	2
6	2	12	2	2
7	2	14	2	2

根据表 6-2,可以绘制图 6-3 的收益曲线图,该图体现了完全竞争厂商的收益曲线特征。如图 6-3(a)所示,完全竞争厂商的平均收益 AR 曲线、边际收益 MR 曲线和需求曲线 d 是重合的,它们都是同一条由既定市场价格水平决定的水平线。此外,完全

竞争厂商的总收益 TR 曲线是一条由原点出发的斜率不变的直线,其斜率为 MR,且 MR 等于固定不变的价格水平,如图 6-3(b)所示。

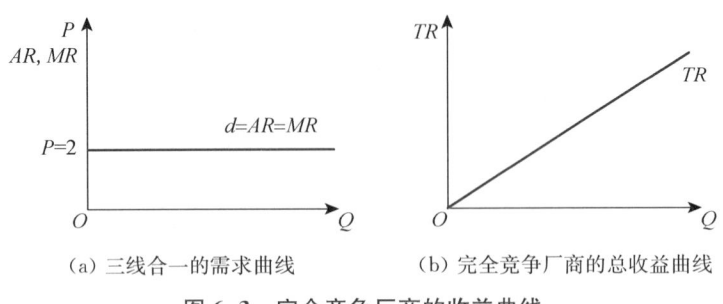

(a) 三线合一的需求曲线　　(b) 完全竞争厂商的总收益曲线

图 6-3　完全竞争厂商的收益曲线

第三节　完全竞争市场的短期均衡

短期内,厂商的生产规模不变,它可以调整可变要素的使用量来改变其产量。在完全竞争市场上,厂商是既定价格的接受者,只能按照既定的市场价格出售其产品。由此,在规模给定的情况下,厂商面对的决策是选择生产多少产量实现利润最大化。当厂商选择的产量能够实现利润最大化或亏损最小化时,厂商将会保持这一最优产量不变,并维持短期均衡的状态。当完全竞争市场上每个厂商都达到自己的均衡状态时,整个行业或部门也就达到均衡状态。

一、厂商实现利润最大化的条件

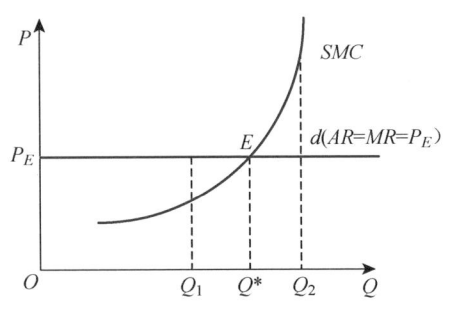

图 6-4　利润最大化的均衡产量

厂商进行生产的目的是为了追求利润最大化,第五章我们讨论过,$MR=MC$ 是厂商实现利润最大化的实现条件。本节我们结合完全竞争厂商继续讨论这一条件。

如图 6-4 所示,某完全竞争厂商的短期边际成本曲线 SMC 曲线和水平的需求曲线 d 相交于 E 点,E 点就是厂商实现利润最大化的生产均衡点,相应的 Q^* 就是厂商实现利润最大化的均衡产量。

当产量小于 Q^* 时,厂商的边际收益大于边际成本,即有 $MR>MC$,这表明厂商此时增加一单位产量所带来总收益的增加量大于所付出的总成本增加量,厂商继续扩大产量可使利润总额增加。反之,当产量大于 Q^* 时,厂商的边际收益小于边际成本,即有 $MR<MC$,这表明厂商每增加一单位的产量反而带来损失,从而引起利润的减少,这时,减少产量可以使利润增加。因此,厂商达到利润最大化的条件是:将它的产量调整到一定数量,这个数量的最后一单位的产品所带来的边际收益 MR 恰好等于它的边际成本 MC,即 $MR=MC$。

需要指出的是，$MR = MC$ 这一均衡条件，对于完全竞争市场条件和不完全竞争条件下的厂商短期生产和长期生产的分析都是适用的。因此，$MR = MC$ 是厂商实现利润最大化的均衡条件。

二、完全竞争产商短期均衡的四种情况

在完全竞争条件下的短期生产，市场价格是给定的，而且厂商不能改变自己的生产规模。厂商只能在规模既定的情况下，根据 $MR=MC$ 的均衡条件选择最优的产量使得其利润最大化或亏损最小化。因此，对于规模既定的厂商来说，不同的市场价格水平将直接影响厂商的短期均衡的盈亏状态。厂商短期均衡情况可以分为以下四种情况。

1. 获得利润的短期均衡

当市场价格为 P_1 时，厂商面临的需求曲线为 d_1，根据 $MR = MC$ 利润最大化的原则，厂商利润最大化的均衡点为 MR 曲线与 SMC 曲线的交点 E，相应的均衡产量为 Q_1。在 Q_1 的产量上，厂商的平均收益为 EQ_1，平均成本为 FQ_1，平均收益大于平均成本，即 $P > SAC$，厂商获得经济利润。在单位产品上获得的经济利润为 EF，总利润为 $EFKP_1$，见图 6-5 中的阴影面积。

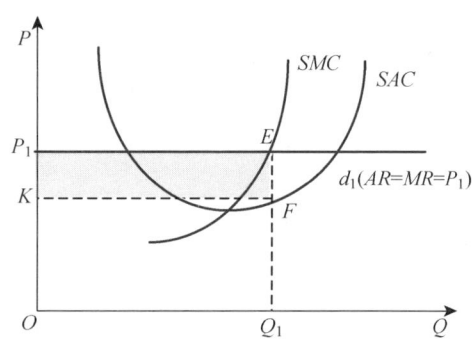

图 6-5　厂商获得超额利润的短期均衡

2. 利润为零的短期均衡

当市场价格下降到 P_2 时，厂商面临的需求曲线为 d_2，短期平均成本曲线 SAC 曲线相切于 E 点，该点也是 $MR = MC$ 的利润最大化均衡点。在均衡产量 Q_2 上，对应的平均收益等于平均成本，即 $AR = SAC = P_2$，此时，厂商的经济利润为零，厂商只能获得正常利润。在均衡点 E 上，厂商既无利润，也无亏损，因此，该均衡点被称之为厂商的收支相抵点，或收支平衡点，如图 6-6 所示。

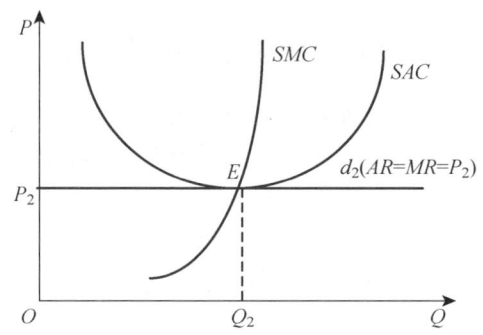

图 6-6　厂商利润为零的短期均衡

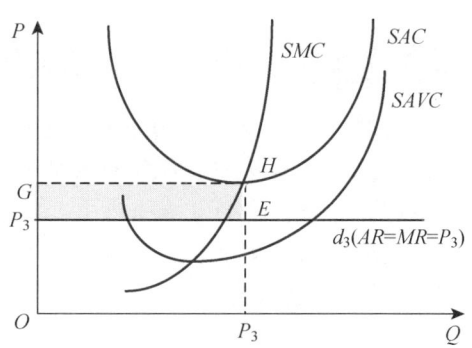

图 6-7　厂商亏损的短期均衡

3. 亏损最小时的短期均衡

当市场价格继续下降为 P_3 时，相应的厂商的需求曲线为 d_3，SMC 曲线与 MR 曲线

相交于 E 点。在均衡产量 Q_3 上,厂商的平均收益小于平均成本但大于平均可变成本,即 $AVC < AR < SAC$,厂商是亏损的,亏损总量见图 6-7 中的阴影面积 HEP_3G。此时,尽管厂商是亏损的,但仍继续生产。这主要是因为当厂商选择继续生产时,所获得的总收益在弥补全部可变成本之后,还可以弥补部分的固定成本。所以,在这种情况下,厂商选择生产,能够使亏损最小化。

4. 停止营业点的短期均衡

当市场价格进一步下降到 P_4 时,如图 6-8 所示,厂商的需求曲线相切于 AVC 曲线的最低点 E 点,这一点是 AVC 曲线与 SMC 曲线的交点,同时也是 $MR = SMC$ 的利润最大化均衡点。此时的均衡产量为 Q_4,其对应的平均收益等于平均可变成本,即 $AR = P_4 = AVC$。在这种均衡情况下,厂商生产或不生产的结果都是一样的。当生产时,厂商获得的收入刚好可以弥补发生的可变成本,固定成本得不到任何的补偿;当不生产时,厂商不需支付任何可变成本,但固定成本仍然存在。因此,

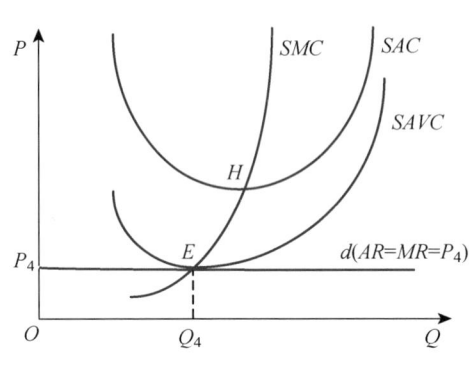

图 6-8 完全竞争厂商停止营业点

这一均衡点,被称为停止营业点,厂商处在关闭的临界点。若市场价格进一步降低,厂商便选择停止营业,如果继续生产,厂商则全部收益都不能弥补可变成本,就更谈不上弥补固定成本了。

因此,可以推出厂商的停业原则:厂商在收入刚好弥补它的可变成本或者损失刚好等于固定成本时,停业点就会出现。当价格低于该水平,致使收入无法抵补它的可变成本时,厂商就停止营业使其损失最小化。

综上所述,完全竞争厂商短期均衡的条件为:$MR = SMC$,式中,$MR = AR = P$。在短期均衡中,厂商的利润可能大于零,也可能等于零,甚至可能亏损。

专栏 6-1 五星酒店收益不乐观且短期内亏损,为什么还要继续营业

2015 年,记者从中国旅游饭店业协会和陕西省旅游局最新公布的星级酒店名录了解到,目前陕西省挂牌的五星级酒店一共 9 家。尚未挂牌但被公认为国际五星级的,包括在建的也有十来家。可以说西安的五星级酒店竞争将越来越激烈。

据透露,其实很多五星级酒店在短时间内并不盈利。记者曾经与某国际酒店集团中国区总裁有过这样的对话,"您能容忍让自己在西安酒店亏损几年?"回答是"3 年"。其实有的酒店亏损远远超过 3 年。西安一家开业很早的五星级酒店,营业情况还算不错。但当记者问及业主方代表收益时,回答是"不指望酒店能给集团挣钱"。陕西省饭店协会常务理事陈长永表示,五星级酒店收回成本一般需要 15~20 年。

既然五星级酒店收益并不乐观,甚至还出现了亏损,那酒店为什么不停止营业呢?一般来说,五星级酒店的前期投入较大,拥有较高的固定成本,对这些酒店来说,在短期内,如果酒店不营业,它也得支付固定成本,如银行利息、租金等。因此,只要酒店的亏损小于固定成本,或者说只要在短期内的总收益大于总变动成本,平均收益大于平均变动成本的话,酒店的收益不仅弥补了全部变动成本的支出,同时还抵消了一部分固定成本的支出,此时,继续营业要比停止营业造成的亏损更小。相反,如果酒店在短期内的销售收入即总收益小于总变动成本,或者平均收益小于平均变动成本的话,由于酒店的收益连变动成本的支出都无法得到全部的补偿,因而也就不会对固定成本做出任何贡献,这时,停止营业就要比继续营业造成的亏损更小。

三、完全竞争的短期供给曲线与生产者剩余

1. 完全竞争产生的短期供给曲线

对于完全竞争厂商来说,其价格等于边际效益($P=MR$)。所以完全竞争厂商的短期均衡条件 $MR=MC$ 又可以写成 $P=MC$。即在每一个给定的价格水平 P,厂商应该选择最优的产量,使得 $P=MC$,实现利润最大化。这意味着在价格 P 和厂商的最优产量之间存在一一对应的关系,而这些一一对应的点恰好落在厂商的 SMC 曲线上,因此,SMC 曲线表明了商品价格和厂商短期供给量之间的关系。

根据短期均衡条件($MR=MC=P$),在不同价格水平下厂商会选择不同的最优产量。只有当 P 大于 AVC,厂商才会去生产,P 小于 AVC 的时候,厂商停止生产。所以厂商的短期供给曲线就是平均可变成本最低点以上的边际成本曲线,即 SMC 曲线大于和等于停止营业点的部分。

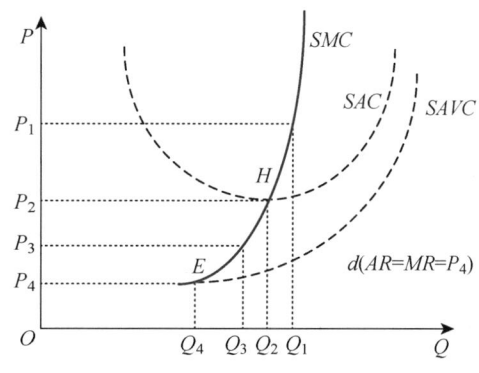

图 6-9 完全竞争厂商的短期供给曲线

如图 6-9 所示,完全竞争厂商的短期供给曲线是向右上方倾斜的,它表示了产品的价格和厂商的供给量之间同方向变化的关系。更为重要的是,完全竞争厂商的短期供给曲线表示厂商在每一个价格水平上的供给量都是能够给他带来最大利润或亏损最小的最优产量。

2. 完全竞争行业的短期供给曲线

在任何价格水平上,一个行业的供给量等于行业内所有厂商的供给量的总和。因此,假定生产要素价格不变,则一个行业的短期供给曲线则由该行业内所有厂商的短期供给曲线的水平加总而得到。假定大豆市场上,有 200 个相同的厂商,每个厂商具有相同的短期成本曲线和相应的短期供给曲线,将这 200 个相同的厂商的短期供给曲线水

平相加,便得到行业的短期供给曲线。我们可以将厂商的短期供给函数和行业的短期供给函数之间的关系用公式表示为:

$$S(P) = n \times S_i(P) \tag{6-3}$$

显然,完全竞争行业的短期供给曲线保持了完全竞争厂商的短期供给曲线的基本特征。也就是说,行业的短期供给曲线是向上倾斜的,它表示市场的产品价格和市场的短期供给量同方向的变动。而且,行业的短期供给曲线上每一价格水平相对应的供给量都是可以使全体厂商在该价格水平实现利润最大化或亏损最小化。

3. 生产者剩余

第三章介绍过,生产者剩余是厂商在提供一定数量的某种商品时实际接受的总支付和愿意接受的最小支付之间的差额。我们现在继续讨论这一概念。只要每一单位产品的市场价格大于该产品的边际成本,厂商进行生产总是有利的。因此,把厂商生产一定数量产品时每一单位产品上的价格大于边际成本的部分进行加总,就可以得到厂商总的生产者剩余。它通常用图形表示就是在市场价格曲线以下、厂商供给曲线之上的面积。如图 6-10 所示,在 0 到 Q_0 的产量范围内,生产者剩余为扇形 P_0EG 的阴影面积。

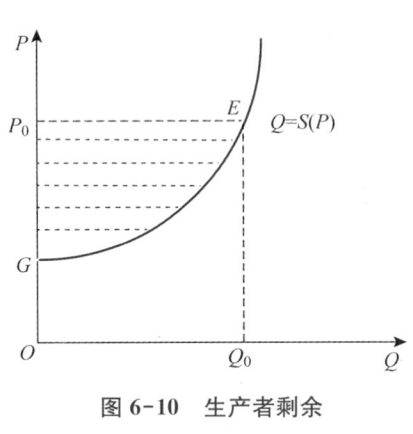

图 6-10　生产者剩余

此外,生产者剩余也可以用数学公式来定义。令厂商的反供给函数为:$p^s = f(Q)$,且市场价格为 P_0 时厂商的供给量为 Q_0,则生产者剩余为:

$$PS = P_0 Q_0 - \int_0^{Q_0} f(Q) \mathrm{d}Q \tag{6-4}$$

在式(6-4)中:PS 是生产者剩余(producer surplus)英文的简写;式中的第一项表示厂商实际获得的总收益;第二项则表示厂商边际成本的总支出,或者说是厂商愿意接受的最小总支付。一般来说,在其他因素不变时,市场价格的提高会增加生产者剩余,边际成本的降低也会增加生产者剩余。

第四节　完全竞争市场的长期均衡

在完全竞争厂商的长期生产中,所有的要素投入都是可变的,厂商可以根据其产量对厂房设备等全部要素投入进行调整,从而实现 $MR = LMC$ 的利润最大化均衡条件。在长期生产中,对全部生产要素的调整可以表现为两个方面:一方面表现在对最优的生产规模的选择;另一方面表现为进入或退出一个行业的决策。

一、厂商对最优生产规模的选择

假定完全竞争市场价格为 P_1,短期内因为生产规模给定,厂商只能在既定的 SAC_1 和 SMC_1 下,根据短期利润最大化的均衡条件 $MR=SMC$,厂商选择最优产量 Q_1。厂商获得的利润为矩形 E_1FGP_1。而在长期生产中,厂商可以根据产量选择最优的生产规模。如图 6-11 所示,厂商根据 $MR=LMC$ 的原则选择 SAC_2 曲线和 SMC_2 曲线所代表的最优规模进行生产,相应的均衡产量为 Q_2,所得的利润为图中较大的矩形面积 E_2HIP_1。显然,在长期生产中,厂商可以通过对生产规模的调整降低生产成本,从而使自己获得比短期更大的利润。

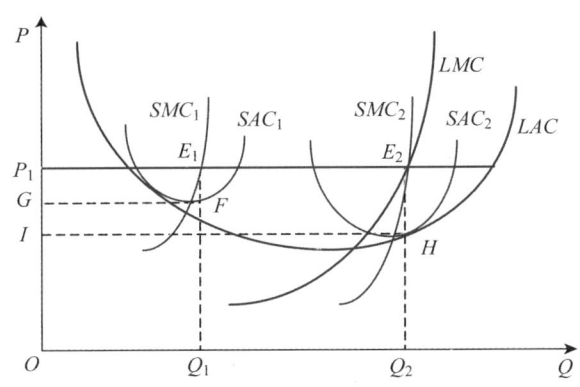

图 6-11 完全竞争厂商对最优生产规模的调整

二、厂商在长期生产中进入或退出一个行业

生产要素在各个行业之间的调整,生产要素总会流向能获得最大利润的行业,也总会从亏损的行业流出,使得完全竞争厂商长期均衡时的利润为零。如图 6-12 所示,当均衡价格为 P_1 时,以 SAC_1 为代表的厂商可以获得经济利润。在完全竞争条件下,厂商进出行业是完全自由的,这时,受经济利润的吸引,其他厂商会进入到该行业中来,随着行业厂商的数目逐步增加,产品的供给也不断增加,市场供给曲线由原来的 S_1 移至 S_3,新的均衡价格为 P_3。在 P_3 这价格水平上,每个厂商都存在亏损,在进出没有任何壁垒的情况下,一些厂商不断缩小生产规模或者相继退出该行业。于是,导致市场供给减少,市场供给曲线则由 S_3 移到 S_2,均衡价格则由原来的 P_3 上升到 P_2。在 P_2 这一价格水平上,单个厂商的利润为零,厂商失去了进入或退出该行业的动力,行业内的每个厂商都实现了长期均衡。所以,行业内只要存在利润或亏损,厂商就会不断地做出调整,这种调整一定会使市场价格达到平均成本的最低水平,行业内的每一个厂商既无利润,也不亏损,处在一种均衡的状态,既不进入也不退出,最终实现行业的长期均衡。

在图 6-12 中,E 点是完全竞争厂商的 $MR=LMC$ 的长期均衡点,厂商的需求曲线 d_2 与相切于该点,而且,LAC 曲线与 LMC 曲线相交于 E 点并在该点达到长期平均成本的最低点。代表最优生产规模的 SAC_3 曲线与 SMC_3 曲线相交的同时,并相切于 E 点。

总之，完全竞争厂商的长期均衡出现在长期平均成本曲线的最低点。在这一均衡状态，市场价格等于最低的长期平均成本。因此，我们得出完全竞争市场下厂商和行业长期均衡的条件是：价格等于边际成本，又等于最低长期平均成本点。用公式表示为：

$$P = LMC = LAC = MR = SMC = SAC \tag{6-5}$$

此时，单个厂商的经济利润为零。

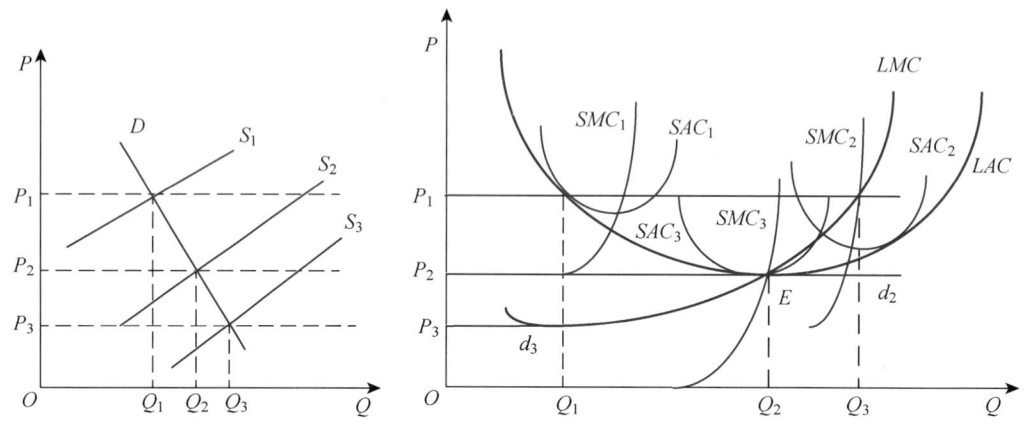

图 6-12　行业进出行业及其长期均衡完全竞争市场的长期均衡的特点

因此，厂商通过规模的调整和行业的进出实现了完全竞争市场长期均衡，其均衡的特点主要表现为：第一，在行业达到长期均衡时生存下来的厂商都具有最高的经济效率，最低的成本；第二，在行业达到长期均衡时生存下来的厂商只能获得正常利润，如果有超额利润，新的厂商就会被吸引进来，造成整个市场的供给量扩大，使市场价格下降到各个厂商只能获得正常利润为止；第三，在行业达到长期均衡时，每个厂商提供的产量，不仅必然是其短期平均成本（SAC）曲线之最低点的产量，而且必然是其长期平均成本（LAC）曲线之最低点的产量。

第五节　完全竞争行业长期供给曲线

在短期，完全竞争行业内厂商的数量是固定的，所以，我们将既定的厂商的供给曲线进行加总，便可得到行业的供给曲线。但是长期情况下，当厂商进入或退出一个行业时，整个行业产量的变化可能对生产要素市场的需求产生影响，从而影响生产要素的价格。根据行业产量的变化对生产要素价格所可能产生的影响，将完全竞争行业分为成本不变行业、成本递增行业和成本递减行业。

一、成本不变行业的长期供给曲线

成本不变行业产量变化所引起的生产要素需求的变化，生产要素需求的变化不对生产要素的价格产生影响，其结果是产品的边际成本随着产量的上升而不变。比如，纺织品,可以简单地通过重复增添厂房、机器和劳动而扩大。每天生产 20 万件衣服和每天生产 10 万件衣服的过程是完全一样的,只不过规模扩大了 1 倍而已,不会引起生产衣服的要素价格发生变化。因此,成本不变行业的长期供给曲线 LS 是不变的单位成本水平上的一条水平线。

如图 6-13 所示,当市场需求曲线 D_1 与短期的供给曲线 S_1 相交于 A 点时,市场价格为 P_1,行业产量为 Q_1,代表性厂商的均衡产量为 q_1,每个厂商的利润为零。现假设市场需求增加,需求曲线由原来的 D_1 移到 D_2,D_2 与 S_1 相交于 E_2 点,价格为 P_2。在 P_2 的价格水平上,厂商在短期沿着既定的生产规模,将产量由 q_1 提高到 q_2,并获取利润。从长期来看,由于单个厂商获得利润,将会吸引其他行业的厂商进入到该行业中来,导致行业供给增加。行业供给的增加将产生两方面的影响:一方面,它会增加对生产要素的需求,但由于是成本不变行业,所以,生产要素的价格不发生变化,成本曲线的位置不变;另一方面,供给的增加会使 S_1 曲线向右平移,随之,市场价格下降,厂商的利润也不断下降,这一过程要持续到单个厂商的利润消失为止,即 S_1 曲线移动至 S_2 曲线的位置,并与 D_2 相交于 B 点,此时,市场价格水平又恢复到原来的 P_1 的水平,厂商的产量由 q_2 回到 q_1 的水平。行业供给的增加数量为 Q_1Q_3,是由新加入的厂商提供的,但行业内每个厂商的均衡产量仍为 q_1。

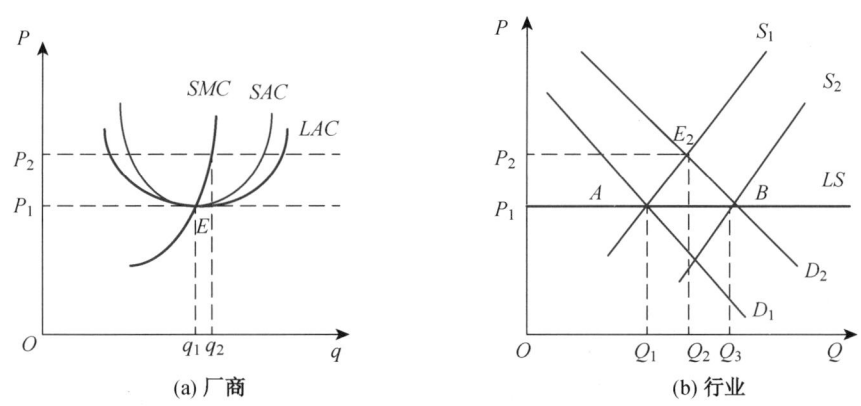

图 6-13 成本不变行业的长期供给曲线

连接 A、B 这两个长期均衡点的直线 LS 就是该行业长期供给曲线。成本不变行业的长期供给曲线是一条水平曲线。它表示成本不变行业是以不变的均衡价格水平提供产量,该均衡价格水平等于厂商长期平均成本的最低点。

二、成本递增行业的长期供给曲线

成本递增行业产量变化所引起的生产要素需求的变化,会导致生产要素的价格上升,其结果是产品的要素成本随着产量的上升而上升。成本递增行业的长期供给曲线是一条向右上方倾斜的曲线。如图 6-14 所示,在初始的长期均衡状态下,价格水平为 P_1,厂商的短期和长期平均成本曲线分别为 SAC_1 和 LAC_1,厂商在 E 点实现长期均衡,行业在与之对应的 A 点实现均衡。现假设市场需求增加至 D_2,与原来的供给曲线 S_1 相交形成更高的价格水平，此时，厂商获得经济利润，并吸引新的厂商进入该行业。行业供给的增加将产生两方面的影响：一是对生产要素的需求增加，引起生产要素的价格上涨，使得平均成本上升，LAC曲线则由原来的LAC_1上移到LAC_2；二是行业供给曲线由S_1右移到S_2。这种移动一直要持续到新的均衡价格P_2等于新的LAC曲线的最低点为止，并分别在E_2点和B点实现厂商的长期均衡和行业的长期均衡。

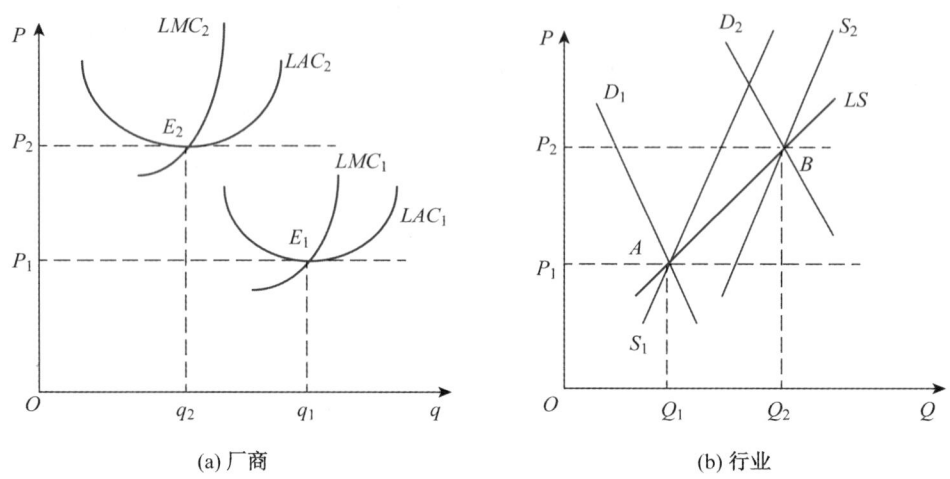

图6-14 成本递增行业的长期供给曲线

连接A、B这两个长期均衡点LS曲线就是成本递增行业的长期供给曲线，它是往右上方倾斜的，表明在长期生产中，行业的供给量与产品价格呈同方向变化。市场需求的增加不仅会引起行业供给量的增加，而且还会引起均衡价格的上升。反之则亦然。

在经济生活中，成本递增行业是比较普遍的现象，比如，酿酒行业等，所以，向右上方倾斜的长期供给曲线也被广泛地用来分析一些经济问题。

三、成本递减行业的长期供给曲线

成本递减行业产量变化所引起的生产要素需求的变化，会导致生产要素的价格下降，其结果是产品的边际成本随着产量的上升而下降。成本递减行业的长期供给曲线是一条向右下方倾斜的曲线。其原因在于生产要素需求的增加，会使得生产要素行业产量增加，产生了规模经济，使得行业内单个企业的生产效率提高，从而降低了生产要素的价格。如图6-15所示，厂商在E_1点实现长期均衡，行业则在A点实现长期均衡。当市场价格上升，其他行业的厂商则被吸引到该行业中来。行业供给的增加将产生两方面的影响：一是对生产要素的需求增加，引起生产要素的价格下降，使得平均成本下降，LAC曲线则由原来的LAC_1下移到LAC_2；二是行业供给曲线由S_1右移到S_2。这两种变动一直要持续到厂商在E_2点和B点实现厂商的长期均衡和行业的长期均衡为止。

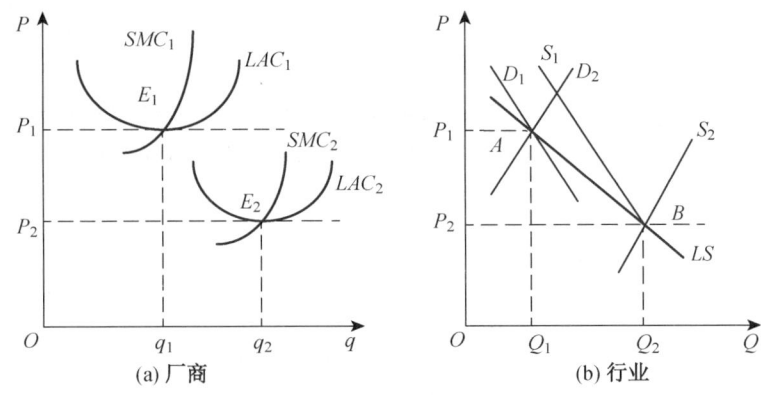

图 6-15　成本递减行业的长期供给曲线

连接 A、B 这两个长期均衡点 LS 曲线就是成本递减行业的长期供给曲线,它是往右下方倾斜的,表明在长期,行业的供给量与产品价格呈反方向变化。市场需求的增加在引起行业供给量增加的同时,而且还会引起均衡价格的下降。

第六节　完全竞争市场的效率与福利分析

一、完全竞争市场的效率

由完全竞争的长期均衡的情况来看,市场长期均衡价格 P 等于长期平均成本曲线 LAC 的最低点。这表明,在完全竞争市场的长期均衡点上,所有厂商的生产成本都降到了最低的水平,并等于长期平均成本的最低点,生产效率达到最高水平。从消费者的角度来看,价格 P 定在 LAC 的最低点上,生产者仅获得正常利润,符合消费者的利益。同时,消费数量得到极大满足。再就市场长期均衡数量而言,它既等于市场上所有消费者的需求量之和,又等于市场上所有厂商的供给量之和,所以,市场处在一种出清的状态,既不存在供过于求,也不存在供不应求。从社会的角度来看,价格等于边际成本,即 $P = MC$,厂商的产量水平最适当,资源在各种产品之间的分配最合理。

正因为如此,西方学者提出,完全竞争市场长期均衡的形成及其特征表明,完全竞争的市场机制能够以有效的方式配置经济资源。这部分内容构成了完全竞争市场经济的"看不见的手"的原理进行论证的一个重要组成部分。

二、完全竞争市场的福利分析

完全竞争的福利如图 6-16 所示,E 点是完全竞争市场的均衡点,均衡价格和均衡数量分别为 P_E 和 Q_E,市场中的消费者剩余为 CS 为图中三角形 $P_E E P_D$ 的阴影部分面积,市场的生产者剩余为图中三角形 $P_E E P_S$ 的阴影部分面积,市场的总剩余为消费者剩余和生产者剩余之和。

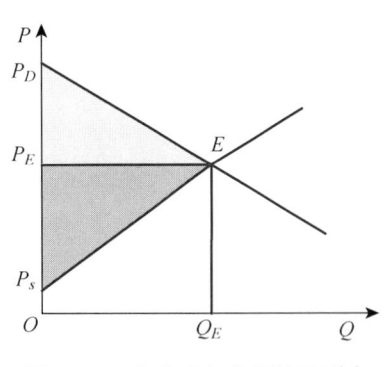

图 6-16 完全竞争市场的总剩余

图中的总剩余表示完全竞争市场的均衡实现了福利最大化。其原因在于：任何小于 Q_E 的数量，市场总剩余不是最大的，都可以通过增加交易量来实现增加福利；任何大于 Q_E 的数量，都是不可能发生交易的，因为生产者接受的最低价格高于消费者愿意支付的最高价格。因此，完全竞争市场在均衡点实现了福利最大化，或者说完全竞争市场机制的运行是有效率的。

当然，需要指出的是：由于完全竞争市场的产品是同质化的、标准化，相对于其他市场结构，它不能满足消费者多元化的需求。

本章小结

在完全竞争市场中，单个厂商只能接受市场均衡价格，面临的需求曲线是一条由既定的市场价格水平所决定的水平线，需求曲线、平均收益曲线和边际收益曲线三线是合一的。

在短期规模既定的情况下，根据 $MR=MC$ 的均衡条件选择最优的产量使得其利润最大化或亏损最小化。厂商在短期，利润>0、=0、亏损三种情况都有可能。而在长期由于厂商能完全自由地进出这个市场，厂商只能获得正常利润，长期均衡的条件是：$P=LMC=LAC=MR=SMC=SAC$。厂商在长期只能选择最有效率的规模生产，价格最低。

完全竞争市场在现实中并不存在，但它作为理论上经济效率最高的市场，为其他市场结构的经济效率的分析和福利评价提供了一个参照对比。

关键术语

完全竞争市场　平均收益　边际收益　总收益　收支相抵点　停止营业点　生产者剩余　长期均衡点

练习题

一、案例分析

近乎完全竞争的小麦市场

对照完全竞争的四个条件，可以说，小麦市场是一个比较接近完全竞争的市场。因为这个市场有众多买者和卖者，并且没有谁能够影响小麦的价格。相对于市场规模，每个小麦买者的购买量很小，以致无法影响价格，也就是说，他不可能因为自己的购买量较大,而以比别人低的价格进行购买,因为再大的购买量,对于市场规模来说仍然微乎其微;对于卖者来说,提供的是几乎同质的小麦产品,而且任何一个卖者所提供的小麦数量,对于市场规模来说,微不足道,因此,每个卖者可以在现行价格水平上卖出他想卖的所有产量,他没有什么理由收取较低价格,如果他收取高价格,买者则会到其他地方购买。因此,在市场上,小麦的价格由众多的买者和卖者的需求和供给共同决定。买者和卖者都是价格的接收者,他们必须接受市场供求所决定的价格,按照市场价格买卖。

与此同时,对于一个种植小麦的农民来说,是决定继续种植小麦,还是改种蔬菜、水果甚至挖鱼塘养鱼,主要取决种植小麦的成本收益比较,及种植小麦与其他种植业和养殖业的净收益比较。如果种小麦有利可图,那么总有农民愿意继续种植小麦,甚至有更多的农民加入到种植小麦的行列;如果种植小麦是亏损的,或者种植小麦的净收益比其他种植业的净收益要小,长期中,农民就会改种其他作物。在农民决定继续种植小麦还是改种其他作物时,他们的选择基本是自由的,也就是,农民进入或退出小麦种植的障碍很小。

略微不足的是,小麦市场上无法满足信息完全的假定条件。这是大多数农产品市场化过程中存在的通病。当众多的小生产者与大市场对接时,由于单个的小生产者无法及时准确地把握决策所需要的所有信息,而只能在有限的信息条件下做出决策。如像蛛网模型假定的那样,以上一时期的价格作为本期产量的决策依据。这样决策的结果很可能导致其决策与整体市场的实际运行情况相反,从而遭遇价格波动所带来的市场风险。小麦等农产品市场经常性出现"去年买粮难,今年卖粮难"的现象,就是信息不完全所致。

问题:
1. 种植小麦的生产商需要在电视上或其他媒介上做广告吗?
2. 种植小麦的生产商在长期能够获得经济利润?为什么?
3. 有人认为,完全竞争市场在现实中很难存在,也就没有什么现实意义,对此,你是怎么认为的?

二、思考题

1. 为什么完全竞争厂商的需求曲线、平均收益曲线和边际收益曲线是三线合一的?
2. 用图说明完全竞争厂商短期均衡的形成及其条件。
3. 为什么完全竞争厂商的短期供给曲线是 SMC 曲线上等于和高于 AVC 曲线最低点的部分?
4. 假定某航空公司有几条飞往乙地的航线,乙地是一个以滑雪等冬季运动为主题的旅游胜地,所以,开往乙地的航线有明显的旺季和淡季的区分,在淡季,假定某次航班的总收益是8万元,为开这次航班的实际支出(可变成本)为5.3万元,分摊的固定成本为4.5万元,即总成本为9.8万元,显然,该航空公司开往乙地的若干航班出现了亏损。现假定你是航空公司的经营管理者,该如何作出理性的决策:在淡季,这些亏损的航班到底是应该继续飞行,还是应该停飞,等旺季来临时再恢复航班?

5. 假定某完全竞争市场的需求函数和供给函数分别是 $D = 30 - 4P, S = 6 + 2P$。求：

(1) 该市场的均衡价格和均衡产量。

(2) 画出单个厂商的需求曲线。

6. 已知某完全竞争市场中单个厂商的短期成本函数为：

$$STC = 0.1Q^3 - 2Q^2 + 15Q + 10$$

试求：

(1) 当市场上产品的价格 $P=55$ 时，厂商的短期均衡产量和利润。

(2) 当市场价格下降到多少时，厂商必须停产。

(3) 厂商短期供给函数。

7. 已知某完全竞争的成本不变行业中的单个厂商的长期总成本函数 $LTC = Q^3 - 12Q^2 + 40Q$。试求：

(1) 当市场商品价格 $P = 100$，厂商实现 $MR = LMC$ 时的产量、平均成本和利润。

(2) 该行业长期均衡时的价格和单个厂商的产量。

(3) 市场的需求函数为 $Q = 660 - 15P$ 时，行业长期均衡时的厂商数量。

8. 已知某完全竞争厂商的长期生产成本函数为 $LTC = Q^3 - 20Q^2 + 200Q$，市场价格 P 为 600。求：

(1) 厂商实现利润最大化的均衡产量、平均成本和利润各是多少？

(2) 该行业是否处在长期均衡？为什么？

9. 为什么完全竞争厂商和行业的短期供给曲线都向右上方倾斜？完全竞争行业的长期供给曲线也向右上方倾斜吗？

10. 由于在完全竞争的长期均衡中，厂商的经济利润为零，厂商是无利可图的，那厂商为什么要继续进行生产和销售？

11. 画图说明完全竞争厂商长期均衡形成及其条件。

第七章 不完全竞争理论

学习目的与要求

本章主要分析除完全竞争市场以外的另外三种市场结构——完全垄断、垄断竞争和寡头市场的特征,以及在每一种市场结构中,企业是如何追求利润最大化的。

通过本章学习,应掌握三种市场结构的特征、完全垄断市场的均衡条件、垄断竞争市场的长期均衡与短期均衡、寡头市场中的几个模型。本章学习的重点在于寻找每一个市场中厂商的利润最大化产出。

微课:山丘体广告战

导 读

完全竞争市场在现实中其实并不存在。本章中,我们将放松对完全竞争市场的假设,分析另外三种不完全竞争市场结构:完全垄断市场、垄断竞争市场和寡头市场。与完全竞争市场中厂商只能被动接受价格相比,不完全竞争市场中的厂商对价格有着或强或弱的影响力,在生产决策时面临更加复杂的问题。本章的分析将延续第六章完全竞争理论中所用到的边际成本和边际收益的概念,并讨论完全垄断市场和垄断竞争市场的短期均衡与长期均衡状态,而在分析寡头市场时我们将运用到博弈论的方法。

第一节 完全垄断市场

完全垄断市场是与完全竞争市场截然相反的市场结构。在完全竞争市场中有无数个买者和卖者,而在完全垄断市场中只有一家厂商提供产品,这家厂商因此被称为垄断厂商。

一、完全垄断市场的特点

在第六章中我们讲到,完全竞争市场有四大特点:该市场中有无数的买者和卖者;每个厂商生产出来的产品都是同质的;厂商可以自由地进入和退出市场;消费者具有完全的信息。相应地,完全垄断市场也有如下四大特点。

1. 市场中只有一家厂商

完全垄断市场中只有一家厂商,它为整个市场提供全部的产品。在完全竞争市场中因为有无数厂商,每一个厂商只在市场中占有很小的份额,因此,它们只能接受市场所确定的价格(price taker),也就是说每一个厂商都在确定的市场价格下卖掉自己生产的每一件商品,所以单个厂商所面临的需求曲线是水平的。在完全垄断市场中,因为只有一家厂商,它占据着市场的全部份额,厂商即行业,两者合二为一,因此它可以为自己的商品定价(price setter)。

2. 产品是独一无二的

在完全竞争市场中,每个厂商生产出来的产品都是同质的。而在完全垄断市场中,由于只有一家厂商,没有竞争对手,因此,该产品是独一无二的,没有替代品。回顾一下前面关于市场的概念:某一种商品的买方和卖方共同构成了这种商品的市场。因此,产品独一无二的特点实际上从另一个角度强调了市场中只有一家厂商的特点。

3. 进入和退出行业有着很高的壁垒,或是完全被禁止

完全竞争市场中,进入和退出行业是没有任何障碍的。因此,当厂商在某个行业中能够获得超额利润时,就会吸引其他厂商的进入,产品供给增加,从而价格下降,直至超额利润降为零。而在完全垄断行业中,由于进入和退出的高壁垒,即使垄断厂商能够获得超额利润,其他企业也无法进入,因此,垄断厂商可以在长期保持其超额利润。

4. 垄断厂商面临一条向下倾斜的需求曲线

由于完全垄断市场中只有一家企业,这家企业所面对的需求就是整个行业的需求,它可以为自己的产品定价,通过降价卖出更多商品,因此,它面临一条向右下方倾斜的需求曲线。

二、完全垄断市场的形成

如前所述,完全垄断市场中只有一家厂商,因此,一个企业要维持其垄断地位,那么该市场中必然存在阻止新企业进入的壁垒。在现实生活中存在着各种各样的壁垒。

1. 规模经济

在规模经济情况下,随着生产规模的扩大,产品的平均成本不断下降。如果当产量满足整个市场的需求时,垄断厂商的平均成本仍然在持续下降,那么这个行业就不能支撑更多的企业,这种情况被称为自然垄断。自然垄断是规模经济要求比较高,只有当生产规模达到一定程度才能有较高的生产效率情况下形成的垄断。市场中的自然垄断行业一般有两个显著特征:一是垄断厂商处于规模经济的阶段;二是该市场通常比较小。比如,在一个人口不多的小城镇中,同一条线路上如果存在两个相互竞争的公共汽车公司,往往会导致两个公司都无利可图,如果只有一个垄断厂商的话,倒是可以获得利润。这是因为公共汽车公司的固定成本很高,随着载客量的增加,平均成本会不断降低,因此,由一个公司来经营这条线路的成本显然要低于两个公司共同经营这条线路的成本,像这样的行业往往会自然地形成垄断。另外,即使市场能够支撑两家企业,新的进入者也很难在这样的市场中生存。新进入者的规模往往不及在位者,因此,新进入者的平均成本往往高于在位者,只要在位者将产品的价格定在新进入者的平均成本之下,新进入者就将因亏损而离开市场。

2. 网络经济

当市场中的每一个人都使用某一种产品或服务时,其他厂商要进入这样的市场是很困难的。比如,微软的办公软件office几乎垄断了全世界的文档处理软件市场,每个人都在使用word处理文档、使用excel处理表格、使用powerpoint制作演示文件,这时如果有一个企业开发出新的文档处理软件:首先,学习使用新的软件是需要花时间和精力的,因此,从office转向新软件的客户必然稀少;其次,新软件和office的不兼容导致用新软件制作的文档难以在大多数人的电脑中打开,这给信息的交流带来不便。这些都会给新企业的进入造成障碍。"赢者通吃"是网络经济时代垄断厂商存在的一个重要原因。

3. 范围经济

一个企业如果生产一系列产品,这些产品因为共享研发成本、管理成本、营销成本等,每一种产品的平均成本下降,这就是范围经济。如果某行业的在位者是一个存在范围经济的垄断企业,只生产某一种产品的新企业其平均成本一定高于在位者,因此,在位者可以通过将产品价格定在新企业的平均成本之下,将新企业赶出该市场。典型的例子是宝洁公司,宝洁是一家著名的日用消费品公司,我们熟悉的"飘柔""舒肤佳""玉兰油""帮宝适"等都是该公司的产品,单洗发水品牌就有"飘柔""潘婷""海飞丝""沙宣"等。这些产品共享了宝洁的研发、营销、渠道和品牌价值,其平均成本远低于其他单产品的企业。

4. 对上游关键原材料或下游销售渠道的控制

有些垄断厂商控制了生产产品所需的关键原材料或是控制了下游的销售渠道,新的厂商进入该行业却无法得到原材料进行生产,或是生产出产品没有渠道销售,都会被迫退出该行业。

5. 知识产权保护

如果垄断厂商获得了某产品的专利权或版权,那么其他企业就无法再生产这种商品,该厂商自然获得了市场中的垄断地位。

6. 品牌忠诚度

一旦消费者对某个品牌产生了信赖,或者是特别偏好某一个品牌,其他品牌就很难进入这个市场。例如,消费者对施乐牌复印机、苹果手机、windows 操作系统、科勒卫浴等品牌的忠诚度,都成为新企业进入该市场的壁垒。

7. 政府政策或法律造成的垄断

政府以特许经营的方式规定某种商品或服务只能由某个厂商提供,别的厂商不能进入该市场;此外,政府本身还会借助于其国家权力对某一行业进行完全垄断。例如,许多国家政府对供电、供水、铁路等公用事业,以及烟、酒、军工产品等实行完全垄断。

完全垄断这种市场结构是与我们对市场大小的定义密切相关的。如果我们将某一个小镇的公共交通定义为一个市场,那么这个市场中很可能只存在一家汽车公司,从而是完全垄断市场。如果我们将包含这个小镇的城市的公共交通定义为一个市场,那么这个市场很可能存在多家公共汽车公司,从而是我们后面将要讲到的寡头市场。例如,餐饮行业,如果我们将某一所大学定义为一个市场的话,那么因为只有一家公司承包了这所学校的餐饮,这就是完全垄断市场。如果将该大学所在的大学城定义为一个市场的话,因为有多家餐饮企业存在,这就成为一个寡头市场。如果将整个城市定义为一个市场的话,因为餐饮企业的数量巨大,而提供的餐饮服务又存在差异,这就是垄断竞争市场。由此可见,所谓的完全垄断是相对的。

三、完全垄断市场的短期均衡

(一)垄断厂商的需求曲线与收益曲线

如前所述,因为完全垄断市场中只有一家厂商,该厂商所面临的需求就是整个市场的需求,也正因为只有一家厂商,因此,它可以为自己生产的商品定价,即厂商可以通过改变价格来控制销售量,那么根据需求定理,垄断厂商面临的是一条向右下方倾斜的需求曲线。

我们可以将需求方程写为:$P = f(Q)$,它反映了价格与需求量之间的关系。再回忆一下前面有关平均收益（AR）的内容：$AR = \dfrac{TR}{Q} = \dfrac{PQ}{Q} = P$，因此，需求曲线就是平均收益曲线 AR，表明在每一个销售量上厂商的平均收益都等于商品的价格。下一个问题是边际收益曲线 MR 在哪里？下面，举一个例子来帮助我们理解平均与边际的关系。假设张同学参加了 3 场期中考试：经济学、大学英语和市场营销。当张同学考完第一门经济学时，成绩为 80 分，这 80 分既是边际分数也是平均分。第二门大学英语的成绩为 60 分，这门新考的考试成绩对于张同学来说就是边际分数，这时两门考试的平均分为 70 分。我们可以看到，由于大学英语考得比较差，这个低的边际分数拉低了平均分。第三门市场营销，张同学考了 100 分，这时的边际分数就是新考的 100 分，现在三门考试的平均分为 80 分。这时，高的边际分数又拉高了平均分。由此我们可以总结出：当边际分低于平均分时，平均分将下降；当边际分高于平均分时，平均分将上升。这条规律也适用于边际收益和平均收益：当边际收益低于平均收益时，平均收益下降；当边际收益高于平均收益时，平均收益上升。那么反过来，当我们看到平均收益曲线是一条向右下方倾斜的直线，也就是平均收益是不断下降的，我们可以反推出，在这个过程中，边际收益总是低于平均收益的。因此，边际收益曲线一定在平均收益曲线的下方。

仅仅知道边际收益曲线在平均收益曲线的下方是不够的，我们还需要知道边际收益曲线的确切位置。下面，我们通过两种方法来确定边际收益曲线的位置。

在讲需求收入弹性的时候，我们讲到如果需求曲线是一条向右下方倾斜的直线的话，直线上面每一点的弹性都是不一样的，越接近纵轴，需求价格弹性的绝对值越接近正无穷；越接近横轴，需求价格弹性的绝对值越接近零；在需求曲线的中点，需求价格弹性的绝对值为 1。也就是说，在需求曲线的上半部分的点是富有弹性的，在需求曲线下半部分的点是缺乏弹性的，中点是单位弹性，如图 7-1 所示。

前面我们讨论过，当需求富有弹性时，价格下降 1%，需求量的增加会超过 1%，因此，总收益 TR 增加。只有当边际收益为正时，总收益才会增加，因此，图中 AC 段对应的边际收益 $MR > 0$。当需求缺乏弹性时，价格下降 1%，需求量的

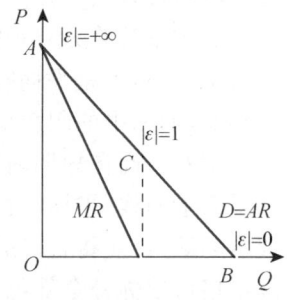

图 7-1　平均收益曲线与边际收益曲线

增加小于 1%，因此，总收益 TR 减少。只有当边际收益为负时，总收益才会减少，因此，图中 CB 段对应的边际收益 $MR < 0$。当需求弹性为 1 时，价格下降 1%，需求量增加 1%，总收益 TR 不变，即边际收益为 0，也就是中点 C 对应边际收益 $MR = 0$，如图中 D 点。由于销售第一个单位的商品的边际收益就等于平均收益，因此，A 点既在 AR 曲线上也在 MR 曲线上，链接 A 和 OB 的中点 D，我们就会得到边际收益曲线 MR，MR 曲线是 AR 曲线的中线。

（二）完全垄断厂商的短期均衡

在经济学中，我们假设所有厂商生产的目的都是为了获得利润最大化。在完全竞争市场中，企业要获得最大化利润必须满足 $MR = MC$ 的条件，在完全垄断市场中，垄断厂商要获得最大化利润也必须满足这一条件。正如在完全竞争市场中一样，当 $MR >$

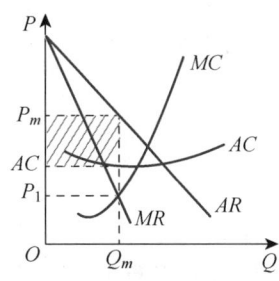

图 7-2 完全垄断厂商的短期均衡与最大化利润

MC 时,由于收益大于成本,增加产量将提高企业的利润;当 $MR < MC$ 时,由于成本大于收益,减少产量将提高企业的利润。当 $MR = MC$ 时,无论增加或是减少产量,都只能使利润减少,因此,这时的产量是使利润最大化的产量。如图 7-2 所示,当 $MR = MC$ 时,对应的产量 Q_m 就是使利润最大化的产量。

当产量已经确定后,市场价格是什么呢?我们知道,在完全竞争市场中,MR 和 MC 相交的那点既决定了使利润最大化的产量,也确定了市场价格。那么,在完全垄断市场中,是否也是如此呢?市场价格就是 MR 和 MC 的交点所指向的 P_1 吗?我们知道,需求曲线反映了价格和需求量之间一一对应的关系,因此,当产量为 Q_m 时,为了将这么多数量的产品卖出去,垄断厂商应该将价格定为 P_m,见图 7-2。与完全竞争厂商的短期均衡不同的是,完全竞争厂商均衡时的价格 $P = MR$,而垄断厂商短期均衡时的价格 $P_m > MR$。这是因为,完全竞争厂商面临的是一条水平的需求曲线 $P = AR = MR$,而垄断厂商面临的是一条向右下方倾斜的需求曲线,且 MR 始终在 AR 的下方,所以价格会高于边际成本。

我们已经找到使利润最大化的产出和市场价格了,那么最大利润究竟是多少呢?可以用两种方法来计算:一是用总收益总成本来计算 $\pi = TR - TC$;二是用平均收益和平均成本来计算 $\pi = (AR - AC)Q$。我们可以用第二种方法在图 7-2 中找到总利润,P_m 是市场价格,也是平均收益 AR,当产量为 Q_m 时,平均成本为 AC,因此,$P_m - AC$ 就是平均利润,而图中的阴影部分就是总利润。

垄断厂商在短期内不一定总是能够获得超额利润,也有可能亏损或者收支相抵。如果需求曲线(平均收益曲线)完全在 AVC 下方,也就是说市场价格无法弥补平均可变成本的话,企业将直接退出该行业。如果需求曲线在 AVC 和 AC 曲线之间,也就是说市场价格可以弥补全部可变成本和部分固定成本,那么短期内企业虽然亏损,但仍然会继续生产。这时,企业仍会遵照 $MR = MC$ 的原则选择产量,如前所述,这时的产量是使亏损最小化的产量 Q_m,如图 7-3 所示,亏损为图中阴影部分面积。

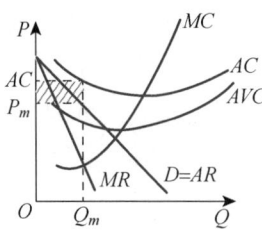

图 7-3 完全垄断厂商的损失最小化

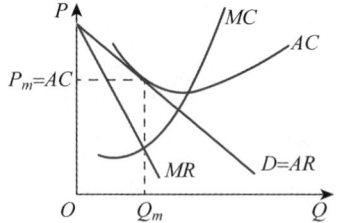

图 7-4 完全垄断厂商收支相抵

如果平均成本曲线 AC 正好与需求曲线相切,则表明此时垄断厂商是收支相抵的,该厂商获得正常利润,如图 7-4 所示。

由此可见，无论是盈利、亏损还是收支相抵，垄断厂商的短期均衡条件都是 $MR = MC$。

四、完全垄断厂商的长期均衡

完全垄断市场的第三个特点是，进入和退出行业有着很高的壁垒，甚至是被完全禁止的。这就决定了，即使企业在这个行业中可以获得超额利润，其他企业也无法进入，因此，与完全竞争市场不同的是，垄断厂商在长期可以保持其超额利润。当然，这并不表示垄断厂商在长期内无需做任何调整，通常根据短期均衡的情况，垄断厂商在长期内对生产的调整一般有三种可能的结果：第一，如果垄断厂商在短期内能够获得超额利润，那么在长期通过对生产规模的调整，进一步降低平均成本，可以获得更大的利润；第二，如果垄断厂商在短期内是亏损的，在长期，无论厂商怎样调整生产规模都无法将亏损降为零，则该厂商退出该行业；第三，垄断厂商在短期内是亏损的，在长期内通过生产规模的调整，降低了平均成本，从而摆脱了亏损，甚至获得利润。下面我们利用图 7-5 来着重分析第三种情况。

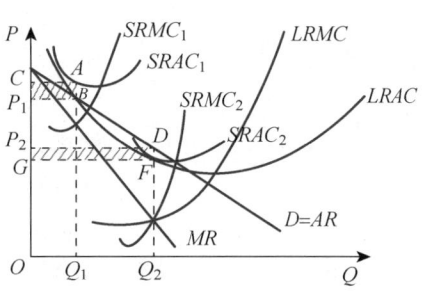

图 7-5 完全垄断厂商的长期均衡

如图 7-5 所示，D 曲线为需求曲线，也是平均收益曲线 AR，MR 曲线为垄断厂商的边际收益曲线，$LRAC$ 和 $LRMC$ 分别为长期平均成本和长期边际成本曲线。起初，垄断厂商是在由 $SRAC_1$ 和 $SRMC_1$ 曲线所代表的规模上进行生产的。在短期内，根据 $MR = MC$ 的原则，垄断厂商选择的产量为 Q_1，此时的市场价格为 P_1，低于短期平均成本，因此垄断厂商面临亏损 P_1BAC。在长期中，垄断厂商根据 $MR = LRMC$ 的原则，将生产调整到由 $SRAC_2$ 和 $SRMC_2$ 所代表的规模上。这时，垄断厂商选择的产量为 Q_2，此时的市场价格为 P_2，高于短期平均成本，因此垄断厂商获得利润 P_2DFG。由此可见，垄断厂商在长期生产中完全可以通过改变生产规模来扩大利润，或者由亏转盈。在垄断厂商根据 $MR = LRMC$ 所确定的长期均衡产量上，代表最优生产规模的 $SRAC_2$ 曲线和 $LRAC$ 曲线相切，相应的 $SRMC_2$ 曲线、$LRMC$ 曲线和 MR 曲线相交于一点 E。所以，垄断厂商的长期均衡条件为：$MR = LRMC = SRMC$。

五、完全垄断市场与完全竞争市场的比较

完全垄断市场与完全竞争市场有着完全相反的特征，它们是市场结构的两个极端，下面我们将对两者进行比较，分析它们在市场效率和公众利益方面的表现。

（一）短期均衡产量和价格

如图 7-6 所示，比较了完全垄断和完全竞争条件下行业的利润最大化情况。注意，我们这里比较的是垄断厂商和整个完全竞争行业。因为，垄断市场中只有一家厂商，它所面对的需求就是全行业的需求。虽然在学习完全竞争这种市场结构的时候，我们学到完全竞争市场中每个企业都是价格接受者，接受市场确定的价格，因此，完全竞争厂

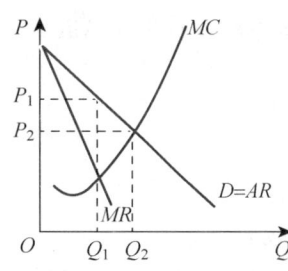

图 7-6 完全垄断与完全竞争的均衡比较

商的需求曲线是水平的,但是对于整个完全竞争行业来说,整个市场的需求曲线是向下倾斜的。因此,垄断厂商和整个完全竞争市场的需求曲线一样,都是向下倾斜,如图 7-6 中的曲线 D。需求曲线同时也是平均收益曲线 AR,垄断厂商的边际收益曲线 MR 在 AR 曲线下方,MC 是垄断厂商的边际成本曲线,也是完全竞争行业中各个厂商的边际成本曲线的横向相加,也就是整个完全竞争行业的边际成本曲线。我们知道,完全竞争厂商的短期供给曲线就是其边际成本曲线在平均可变成本最低点以上的部分,因此,图中的 MC 曲线也是整个完全竞争行业的供给曲线。

如前所述,垄断厂商根据 $MR=MC$ 的原则确定使利润最大化的产量 Q_1,并根据需求曲线确定此时的市场价格 P_1。而在完全竞争市场中,市场需求曲线 D 和市场供给曲线 MC 共同决定了这个市场的产量 Q_2 和价格 P_2。比较两者,我们发现,完全垄断市场的短期均衡价格要高于完全竞争市场,而完全垄断市场的短期均衡产量要低于完全竞争市场。换句话说,在完全竞争市场中,消费者能够以更低的价格买到更多的商品。

(二)长期均衡产量与价格

在完全竞争市场中,由于进入和退出该行业没有任何障碍,因此,如果企业能够获得超额利润,就会吸引新的企业进入,从而供给增加、价格下降;如果企业亏损,就会离开该行业,从而供给减少、价格上升。因此,在完全竞争市场中,长期平均成本曲线 $LRAC$ 的最低点决定了长期均衡的产量和价格。所有企业仅能获得正常利润,市场价格就等于最低的长期平均成本。

在完全垄断行业中,由于存在进入壁垒,垄断厂商在长期内也可以获得超额利润,而不必在长期平均成本的最低点进行生产。因此,在其他条件一致的情况下,垄断厂商的长期价格高而产量低。

因此,在完全竞争厂商和垄断厂商的成本曲线一样的情况下,完全竞争市场能够更好地保护消费者利益。

(三)完全垄断下的成本

迫于生存压力,在长期,完全竞争厂商必须使用最新、最有效率的技术。因为所有厂商都必须在长期平均成本最低点生产,市场价格也等于最低的 $LRAC$,如果某一个厂商的长期平均成本高于行业的长期平均成本,它就面临亏损,并被驱逐出该行业。而垄断厂商由于有进入壁垒的庇护,即使没有使用最有效率的技术,仍能获得利润。因此,在这种情况下,垄断厂商的成本可能是高于完全竞争厂商的。

另一方面,由于垄断厂商是该行业中唯一的企业,因此,能够最大限度地获得规模经济。这会导致垄断厂商的边际成本曲线 MC 大大地低于完全竞争市场结构下的行业边际成本曲线,这时垄断厂商反而能以更低的价格生产出更多的产量。

另一个可能会导致垄断厂商成本更低的原因是,由于垄断厂商可以获得超额利润,它可以将这部分超额利润用于研发和投资,研发和投资导致企业能够使用更好的技术和更高效的管理,从而进一步降低了其成本。

此外,尽管在完全垄断市场中只有一家厂商,这家厂商在行业内没有竞争对手,但是它可能存在一个没有进入该市场的潜在竞争对手。只要在位者的运行缺乏效率,这个潜在竞争对手就会进入该行业,将在位者踢走。因此,为了防止被取代,垄断厂商需要时刻保持高效率,保持一个比较低的成本。

专栏 7-1 产品生命周期与市场结构

在西方经济学中,市场结构被分为四种:完全竞争、完全垄断、垄断竞争和寡头垄断,每一种市场结构都被明确定义,并且给出了典型的例子,如农产品多属于完全竞争,供水供电、铁路等属于完全垄断,饭店、理发店、装修队等属于垄断竞争行业,而通讯、汽车、水泥等行业则属于寡头垄断。但是,现实生活中一个行业真的能被这么轻松而明确地界定吗?垄断行业是否永远都是垄断行业?会不会有某个企业开始处于高度竞争的行业中,而后获得了市场权力,从而成为一个价格接受者呢?

现实中的市场一直处于变化之中,而这种变化与产品的生命周期息息相关。产品的生命周期大致分为这样四个阶段:①起步阶段;②快速增长阶段;③成熟阶段;④衰退阶段。每一个阶段,企业都面临着不同的市场情况:不仅仅是消费者的需求不同,来自竞争对手的竞争也是不一样的。

1. 起步阶段

在这一阶段,企业往往是一个垄断者(除非竞争对手同时研发出了这种产品)。

由于缺乏替代品,企业可以给产品定一个很高的价格,获取超额利润——比如当年的圆珠笔、计算器、家用电脑等。这样的产品往往销售额扩张得很快,并且价格是缺乏弹性的。

高价导致高额利润,因此,即使壁垒很高,也会吸引竞争对手进入该行业。当然,企业也可以采取另一种方法来攫取最大化的利益:在对手进入之前,将价格保持在一个比较低的水平,以获得尽可能大的市场份额,获得尽可能多的忠实客户。

企业究竟采取什么策略取决于该产品的需求价格弹性和对手进入的难易程度。

2. 快速增长阶段

除非进入壁垒很高,否则在销售的快速增长阶段,该行业将吸引新的企业进入,成为寡头垄断市场。

尽管行业内企业数量增长很快,但是销售量也迅速增加,因此,所有企业的销量都会增加,在这一阶段会出现一些并不激烈的价格竞争。新进入的企业会在产品的一些小的地方进行改进,实现产品的差异化,而在价格方面仍会跟随行业中的主导厂商。

3. 成熟阶段

现在市场发展得越来越大,更多的企业加入到竞争行列中来,每个企业都想分得一杯羹,但是销售量的增长却逐渐慢下来。

当每个企业都试图维持其市场份额时,价格竞争开始激烈起来,原先企业之间的结盟也开始破裂。

正是在这个阶段,企业大量地投资于产品创新,以期从旧的产品中"孕育出新的生命"。如在电视这个高度成熟的行业中,我们可以感受到它从黑白到彩色,从电子管到晶体管的不断创新,现在新的概念更是层出不穷,比如裸眼3D电视、云电视、脑电波电视、4K电视、曲面电视等。每一个企业都希望通过创新迎合更多的消费者,获得更大的市场份额。

4. 衰退阶段

随着市场的饱和或者新的更高级的替代品的出现,产品的销量开始下降。比如,一旦大多数家庭都拥有了电视机,对电视机的需求必然会减少,因为人们只有在电视机坏了或是无法满足需要的情况下才会再买一台。

最初,在这个阶段,竞争还是非常激烈的。企业会采取各种方法来维持其市场份额,如更优惠的报价、更好的售后服务、增加额外的功能等。有些企业在这样的竞争中无法生存下去,就会被踢出市场。

过了一段时间,销售量可能就不再下降了。如果产品还没有过时,人们还需要购买新产品替代旧产品,这个市场就会以一种更高的默契价格结盟的形式回到稳定的寡头垄断市场结构。而如果这种商品过时了,销售会慢慢萎缩枯竭,企业纷纷离开这个市场,于是也就没有了竞争的必要。

将市场结构与产品的生命周期结合在一起能够使我们从动态的角度更好地理解产品的市场结构、竞争情况,从而对企业的决策有更深刻的理解。

第二节 垄断竞争市场

完全竞争市场中有无数的买者和卖者,而完全垄断市场中只有一家企业,这两种极端的市场结构在现实生活中几乎不存在,现实中的绝大多数市场都是介于两者之间。这一部分,我们就将介绍一种介于两者之间的市场结构——垄断竞争市场。

一、垄断竞争市场的特点

如同完全竞争市场与完全垄断市场一样,垄断竞争市场也有以下四个特点。

1. 垄断竞争市场中有众多的厂商

正是因为垄断竞争市场中有众多的厂商,每个厂商只在市场中占有很小的份额,因此,它的行为几乎不会对其竞争对手产生很大的影响。这就意味着,每个厂商在做决定时无需担心竞争对手会对此作出反击行为,因此,这也被称作独立性假设。

2. 每个企业所生产的商品是有差异的

在完全竞争市场中,因为每个企业所生产出来的产品都是同质的,因此,每个厂商只能接受市场所确定的价格。而在垄断竞争市场中,由于每个企业所生产出来的商品都是有差异的,因此,它们可以为自己的商品定价,这就是产品差异性假设。

3. 企业可以自由地进出这个行业

这一特点与完全竞争市场是一致的,因此,在后面我们分析垄断竞争市场的长期均衡时,我们也会得到与完全竞争市场类似的结论。

4. 企业面临的是一条向右下方倾斜的需求曲线

这一点是第二个特点的自然推论,正因为每个企业都可以为自己的商品定价,因此,它必然面临一条向右下方倾斜的需求曲线,也就是说企业可以通过提高或降低价格来控制销售量,这就必然是符合需求定理的。这里需要指出的是:垄断竞争企业的需求曲线与完全垄断企业的需求曲线的不同,虽然两者都是向右下方倾斜,但是由于完全垄断市场中只有一家企业,其产品是独一无二的,消费者找不到该商品的替代品;而垄断竞争市场中有无数家企业,它们生产出来的产品虽有差异,但是却可以相互替代,因此,垄断竞争企业面临的需求曲线要比完全垄断企业的需求曲线平坦得多。

根据这四个特点,我们可以发现现实中有很多行业都属于垄断竞争市场,如小超市、饭店、理发店、装修队等。我们可以在市场中发现无数这样的企业,但是它们提供的服务和产品又是各有特色、不尽相同的。

二、垄断竞争市场的短期均衡

正如我们在前面的完全竞争市场和完全垄断市场中所分析的那样,垄断竞争企业的利润最大化产出也必须满足 $MR=MC$ 的条件。如图7-7所示,垄断竞争企业面临一条向右下方倾斜的需求曲线 D,也就是平均收益曲线 AR,边际曲线 MR 在曲线 AR 下方。根据 $MR=MC$ 的条件,我们可以找到使垄断竞争厂商利润最大化的产出 Q_S,这时我们可以从需求曲线 D 上找到对应的市场价格 P_S,在 AC 曲线上找到此时的平均成本 AC_S。

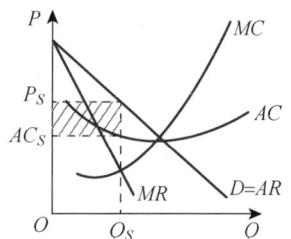

图7-7 垄断竞争厂商的短期均衡

短期均衡时,垄断竞争厂商的利润最大化产量为 Q_S,市场价格为 P_S,平均成本为 AC_S。最大化的利润为 $\pi=(P_S-AC_S)Q_S$,如图7-7中阴影部分所示。而短期利润的多少则取决于需求曲线的位置和弹性。需求曲线相对于平均成本曲线越高、需求弹性越小,企业获得的短期利润就越大。也就是说,一个企业的产品与其竞争对手产品的差异度越大,越可能获得高的短期利润。

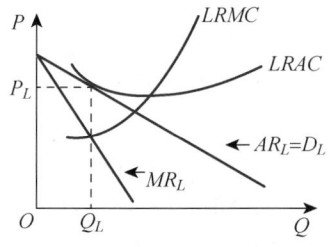

图7-8 垄断竞争厂商的长期均衡

三、垄断竞争市场的长期均衡

垄断竞争市场的第三个特点是:企业可以自由地进出该行业,没有进入壁垒,这一点与完全竞争市场是一样的。所以,在长期,垄断竞争市场与完全竞争市场的相同点是:如果该行业中的企业可以获得超额利润,就会吸引新的企业进入。新进入的企业会瓜分现有企业的客户,因此,现有企业面临的需求曲线向左移动,如图

7-8 所示,直至需求曲线 D_L 与该厂商的长期平均成本曲线 $LRAC$ 相切,这时使利润最大化的产出 Q_L 所对应的市场价格(也就是平均收益)为 P_L,也正好等于企业的长期平均成本,因此企业只能获得正常利润,这时不再有新企业进入,该行业达到长期均衡。

因此,垄断竞争厂商的长期均衡的条件是: $MR = LRMC = SRMC$, $AR = LRAC = SRAC$。

四、垄断竞争市场的非价格竞争

到目前为止,我们所讲的企业之间的竞争都是价格竞争,即通过降低价格扩大销售量,占据更大的市场份额。由于垄断竞争厂商生产的商品是有差异性的,因此,在这样的市场结构中,企业除了进行以价格为基础的竞争外,还可以通过改变产品的特性和广告宣传的方式来改变销售量,这种竞争被称为非价格竞争。

(一)产品差异化

产品差异化的主要目的是生产出一种有别于竞争对手的、卖得好的产品,或者说生产出一种需求弹性小的、需求量更大的产品。产品差异化的措施包括:产品本身品质上的改变,如技术性能、式样、型号、颜色、包装的改变等;服务质量的改进,提供一种有别于其竞争对手的更好的服务,如提高服务速度、改进服务态度、延长服务时间等。

例如,某地区在 5 千米范围内有多家健身房,几家健身房之间竞争激烈,除了降价外,它们分别采取延长服务时间、提供多样化服务等措施吸引顾客。比如,有的健身房改变营业时间,从早 10 点到晚 10 点变成早 6 点到晚 24 点,吸引了一些早起和晚上加班的人士来健身;有的健身房提供订购健身餐和健康饮品服务,为健身人士提供从练到吃的全面服务;有的健身房专门开辟儿童游玩区域,或是儿童健身课程,吸引了很多因为照顾孩子而无法健身的年轻妈妈。

(二)广告宣传

需求的影响因素之一是偏好,广告宣传的目的就是为了影响消费者的偏好,在价格不变的情况下使更多的消费者愿意购买该商品。当然广告宣传的另一个目的是告知消费者该商品的存在以及如何获得该商品,从而增加需求。与产品差异化一样,成功的广告宣传不仅能够增加需求,也会使需求曲线更加陡峭(缺乏弹性),因为广告宣传通常强调该企业产品不同于其竞争对手的某些特点,从而即使该产品相对于其他产品价格较高,消费者仍愿意购买。

产品差异化和广告宣传在增加对该企业产品的需求和收益的同时,也增加了成本。那么企业该如何做才能使利润最大化呢?

对任一给定的商品和价格,最优的广告投放量是在广告的边际收益(MR_A)等于广告的边际成本(MC_A)处。如前面我们对短期均衡条件的分析,如果 $MR_A > MC_A$,则增加广告的投放将会增加企业利润;如果 $MR_A < MC_A$,则增加广告的投放会减少企业利润。因此,只有当 $MR_A = MC_A$ 时,企业利润会达到最大化。

专栏 7-2 非价格竞争与创新

在垄断竞争和寡头垄断市场中,非价格竞争是一种非常重要的竞争方式。非价格竞争的主要形式为:产品差异化和广告宣传。产品差异化通过对产品质量、产品性能或产品外观的改变来满足消费者多样化的需求,而广告宣传则是通过广而告之的方式影响消费者的偏好,两者都试图通过改变需求曲线的位置来售出更多的商品,获得更高的利润。两者中,产品差异化则更能体现出企业的创新能力。

提到"中国制造",我们往往会联想到价格低廉。"中国制造"的商品似乎永远都摆脱不了低价的标签,中国的企业似乎永远都只能赚取微薄的利润。但华为技术有限公司(以下简称华为)却是"中国制造"中的另类。2015 年,华为实现销售总额 3 950 亿元人民币(608 亿美元),同比增长 37%;净利润 369 亿元人民币(57 亿美元),同比增长 33%,利润率约为 9.34%。2016 年销售收入 5 200 亿元,同比增长 32%。

华为之所以能在国内和国际市场中都取得骄人业绩,关键在于通过不断创新来改进产品的质量和性能,使其获得了巨大的竞争优势,摆脱低水平的价格竞争。

研发能力是高科技企业的基石,是企业持续发展的原动力。而研发投入则反映了企业对科技创新的重视程度,也是衡量企业研发能力的一项重要指标。2015 年,华为研发投入为 596 亿元人民币(92 亿美元),研发投入占到销售额的 15% 左右。如此大的研发投入在专利申请方面得到了正面的体现,华为表示,其累计申请了 52 550 件国内专利和 30 613 件外国专利,专利申请总量位居全球第一。2016 年,华为研发投入 608 亿元,超过苹果,华为的自主研发优势充分显现。据欧盟委员会 2016 年 12 月底发布的"2016 全球企业研发投入排行榜",华为以 83.58 亿欧元(608 亿元)研发投入位居中国第一、世界第八。作为中国企业排名最高的代表,华为的研发投入确保了其大规模基础设施供应商的领先地位。

大量的创新成果是华为得以在全球市场占据一席之地的重要原因。以华为手机为例。2016 年,华为与徕卡相机公司共同推出双摄像头技术,全面引领了手机摄影的新潮流,P9 系列全球发货量突破 1 000 万台,成为华为首个发货量突破千万的旗舰产品;得益于芯片、UI 系统、双摄像头、工业设计等领域的突破性创新,Mate 9 系列一经上市就获得广大高端商务用户的认可;荣耀发布了面向未来的智慧手机雏形——荣耀 Magic,展示了华为在人工智能领域的探索成果,受到广大消费者的欢迎。2016 年,公司智能手机发货量达到 1.39 亿台,同比增长 29%,连续 5 年持续稳健增长。在国际上,华为手机遍及亚非美欧,是中国手机中成绩最好的品牌,特别是在欧洲市场,已具有很强的竞争力。

五、垄断竞争市场与完全竞争市场的比较

完全竞争市场是四种市场结构的基准,因此,这里我们需要将垄断竞争市场与完全

竞争市场进行比较，分析其优势与劣势。

我们假设完全竞争市场和垄断竞争市场中的厂商具有相同的长期平均成本曲线 $LRAC$，如图 7-9 所示。完全竞争市场中的厂商是价格接受者，面临一条水平的需求曲线，长期均衡点是 $LRAC$ 曲线的最低点，因此，长期均衡产量为 Q_1，均衡的市场价格为 P_1。由于垄断竞争市场中的厂商所生产的商品是有差异的，它们可以为自己的产品定价，因此，它们的需求曲线是向右下方倾斜的，长期均衡时这条需求曲线与曲线 $LRAC$ 相切，因此，长期均衡产量为 Q_2，均衡的市场价格为 P_2。比较两者的均衡产量和均衡价格，我们可以发现垄断竞争市场有如下不足：第一，市场价格更高，而产量更低；第二，企业并不是在成本最低点进行生产，因此，与完全竞争市场相比，市场效率不高。如果一个企业最大的生产能力在 Q_1 的话，垄断竞争企业只生产 Q_2 的数量，因此，在垄断竞争市场中的企业具有过剩的生产能力 Q_1-Q_2。换句话说，因为垄断竞争市场中有大量的企业，其产量都低于最优产量，这也迫使它们索要一个更高的价格。

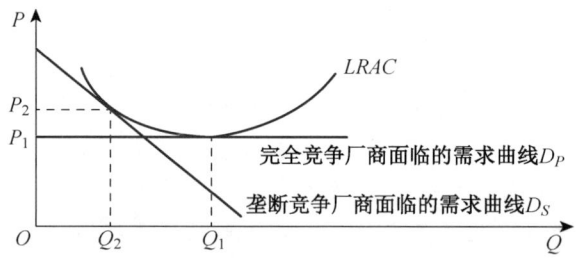

图 7-9　垄断竞争厂商与完全竞争厂商长期均衡的比较

当然由于垄断竞争市场中有无数家企业，因此，尽管垄断竞争市场中的厂商会比完全竞争市场中的厂商要价更高，但两者之间的差别是很小的。因为，尽管垄断竞争市场中的企业面临的是一条向右下方倾斜的需求曲线，但是由于存在大量的替代品，因此，需求弹性非常大，非常平坦。另外，垄断竞争市场中的厂商提供了大量有差异的商品，可以满足有不同需求的消费者，从而使消费者从商品的多样性中获益。

第三节　寡头垄断市场

与垄断竞争市场一样，寡头垄断市场也是处于完全竞争市场和完全垄断市场之间的一种市场结构。在本节中，我们将讨论寡头垄断市场的特点、分类和几个经典的寡头市场模型。

一、寡头垄断市场的特点与分类

（一）寡头垄断市场的特点

寡头垄断又称为寡占，它是一种既包含垄断因素又包含竞争因素，但是更接近垄断的一种市场结构。与前述三种市场结构一样，寡头垄断市场也有以下四个特征。

1. 寡头垄断市场中只有为数不多的几家厂商,厂商之间存在着一种相互依存的关系

垄断竞争市场有一个很重要的假设——独立性假设,也就是说,由于垄断竞争市场中有无数厂商,每个厂商只占市场很小的份额,因此,一家厂商的行为不会对其他竞争对手产生很大的影响,竞争对手也不会对其行为作出反应。而在寡头垄断市场中,因为只有为数不多的几家厂商,任何一家厂商的行为必然会影响其竞争对手。如果一个企业改变了其产品的价格或对产品进行了改进,又或是增加了广告投放,其竞争对手的销量必然受到影响。因此,竞争对手也必然会通过改变价格、改进产品或加大广告投放的方式进行回击。在寡头垄断市场中,不考虑其他企业的反应就对某一营销行为的结果进行预测是不可能的。对手反应不同,企业的营销行为产生的结果也就不同。正是因为这个原因,至今仍没有一个被普遍接受的寡头垄断利润。

2. 各个寡头企业所生产出来的商品可以是同质的,也可以是有差异的

通信行业是比较典型的寡头垄断行业,我国主要有三大通信公司:中国移动、中国联通和中国电信。虽然它们都提供通信服务,但是通话质量是不一样的,各种套餐组合和服务也是不一样的。电力行业则不然,虽然也是寡头垄断行业,有的企业是火力发电,有的企业是水力发电,有的企业是风力发电,有的企业利用太阳能发电,但是发出来的电都进国家电网,对消费者来说无论哪家企业、用哪种方式发出来的电都是一样的。

3. 进入寡头垄断行业是有壁垒的

跟完全竞争行业和垄断竞争行业无进入壁垒不同的是:寡头垄断行业对于新企业有着各种各样的进入壁垒。这些进入壁垒与我们在完全垄断行业讨论的情况是类似的,当然各个行业壁垒的高低是不一样的,有的行业相对容易进入,而有的行业几乎不可能进入。

4. 寡头企业面临的是一条向右下方倾斜的需求曲线

由于寡头垄断行业中只有少数几个企业,每个企业都占有相当的市场份额,每个企业产量的变化都会影响市场价格,每个企业也都可以通过价格的变化来改变销售量,因此,寡头企业是价格的制定者。

(二)寡头垄断市场的分类

(1) 从产品性质的角度可以分为纯粹寡头和差异寡头。纯粹寡头是指该行业中厂商生产的产品是无差异的,如前面提到的电力行业,以及钢铁、石油、水泥等行业。差别寡头是指该行业中厂商生产出来的产品是有差别的,如电信、汽车、手机制造行业等。

(2) 从厂商数量的角度可以分为双寡头垄断、三寡头垄断和多寡头垄断。

(3) 从厂商之间的关系可以分为勾结型寡头垄断和非勾结型寡头垄断。厂商之间的相互依存关系会使它们愿意合谋,因为如果它们能相互合作像一个垄断厂商那样共同决定产量和价格,就能够获得行业的最大化利润,这就是勾结型寡头。另一方面,它们之间也可能为了获取更大的市场份额和更高的利润而相互竞争,这就是非勾结型寡头。

勾结型寡头垄断和非勾结型寡头垄断并不是一成不变的,企业有的时候会相互勾结,有的时候又会相互竞争。比如,同是来自德国的宝马和奔驰两大汽车品牌,大多数时候我们看到的是它们为扩大自己汽车的销量而剑拔弩张,但是在 2014 年世界杯期间,两者就开展了一次深度合作的广告营销。6 月 16 日,德国队与葡萄牙队迎来焦点之战,当晚 22 点 27 分,宝马和奔驰在微博上正式"牵手",在各自的官方微博上,晒出了几乎完全相同的海报,为德国队助威。海报上,一辆宝马汽车和一辆奔驰汽车一起守在球门前面,双方配上的文字略有不同,宝马写的是:"敬友谊,为悍将,齐喝彩""再见江湖,相逢亦是对手"。奔驰写的则是:"共把盏,齐上阵,同进退""旗开得胜,合力所向披靡",并一起来了一句意味深长的:We are one。

二、勾结型寡头垄断模型

如果寡头垄断行业的企业勾结在一起,它们会在商品的价格、市场份额、广告支出方面达成一致。这样的勾结会降低企业面临的不确定性,降低因为价格战以及报复性广告营销带来的整个行业利润的下降。这部分我们将介绍两个模型:卡特尔模型和价格领导模型。

(一)卡特尔模型

如果寡头垄断市场中的企业签订了正式的勾结协议,这样的组织被称作卡特尔。卡特尔像一个完全垄断厂商一样追求整体利润的最大化,根据 $MR = MC$ 的原则确定使利润最大化的产量以及对应的市场价格。如图 7-10 所示,D 是整个行业面临的需求曲线,也就是卡特尔面临的需求曲线,同时也是平均收益曲线 AR,据此我们可以找到卡特尔的边际收益曲线 MR。将卡特尔中的各个企业的边际成本曲线

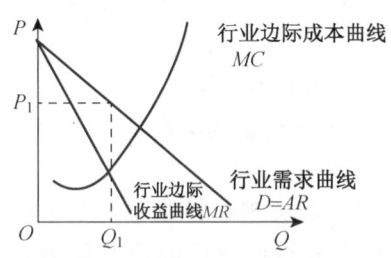

图 7-10 卡特尔的利润最大化

横向相加就得到整个卡特尔的边际成本曲线 MC。根据 $MR = MC$ 的原则,我们可以找到使利润最大化的产量为 Q_1,此时的市场价格为 P_1。

在利润最大化的产量和价格确定后,卡特尔中的成员必须以这样的价格水平售卖自己的产品,并以一定的规则在各成员之间分配产量 Q_1。最常见的分配方法是按照各成员现有的市场份额进行分配,这种分配方法被认为是最公平的。如果有成员为了扩大市场份额而偷偷降价,或者生产超过自己配额的商品,那么这个卡特尔将无法存续下去。从这个意义上说,卡特尔是一种很不稳定的垄断联盟,因为每个企业都渴望获得最大化的利润,因此,每个企业都有降低价格或者生产超过自己配额产量的欲望。

此外,在很多国家,卡特尔都是不合法的。它们被政府看做是企业抬高价格和利润的方法,因此,被认为是不符合公众利益的。因为公开勾结或结盟是不合法的,有些企业就选择默契结盟的方式,如观察其他企业的价格,并保持与其一致,这就是下面的价格领导模型。

(二)价格领导模型

一种形式的默契结盟就是企业将价格定得与行业中领导厂商的价格一致。这种价格领导者可以是行业中最大的企业,即主导厂商价格领导。价格领导者也可以是某一个被证明是最值得跟随的厂商,这样的厂商被称为行业的晴雨表,这种价格跟随也被称

作晴雨表型厂商价格领导。

无论是主导厂商价格领导还是晴雨表型厂商价格领导,行业的价格和产量的确定方式如下:主导厂商或是晴雨表型厂商根据边际收入等于其边际成本的条件选择使其利润最大化的价格和产量。如图7-11所示,假设领导厂商或晴雨表型厂商的市场份额是固定的,D_L为该厂商的需求曲线(平均收益曲线),MR_L为该厂商的边际收益曲线,MC为该厂商的边际成本曲线,D_M为整个市场的需求曲线。主导厂商或晴雨表型厂商根据$MR_L = MC$的原则确定使其利润最大化的产量Q_L以及相应的价格

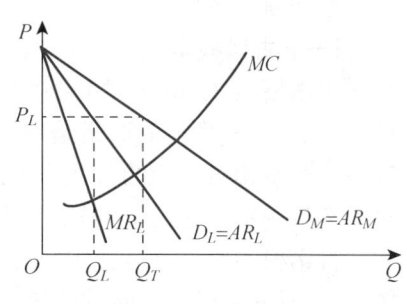

图7-11 价格领导模型

P_L。当价格为P_L时,根据市场需求曲线D_M可得到整个市场的产量Q_T。因为主导厂商或晴雨表型厂商的产量为Q_L,因此跟随者的产量为$Q_T - Q_L$。

这个模型有一个问题,那就是我们假设跟随者都想保持一个固定的市场份额。然而,如果领导厂商或晴雨表型厂商提高价格,跟随者很有可能希望在新的价格下生产更多的产品,获得更高的收入,这时候这种默契结盟就无法维持下去了。

无论是卡特尔还是默契结盟,如果满足下列条件,企业间会更容易形成结盟。

(1)行业中仅有较少的企业。无论是正式的卡特尔组织还是默契结盟都需要各个企业对于市场价格和产量的分配达成一致,如果行业中的企业数量很多,企业之间关于价格和产量分配的谈判成本就很高,监督各个企业执行确定的价格和产量的成本也会很高,从而不利于结盟的形成。

(2)各个企业的生产成本和生产技术是类似的、公开的。卡特尔和默契结盟都要求各个企业以同样的价格出售商品。如果各个企业的平均成本相差很大,那么平均成本低的企业就有积极性降低价格以获取更大的市场份额,赚取更多的利润,从而导致卡特尔和默契结盟的瓦解。

(3)行业中有一个主导企业。主导企业的存在使得各企业更容易在价格和产量分配上达成一致。

(4)行业有明显的进入壁垒,从而较少受到新进入企业的影响。

(5)市场是稳定的。如果市场需求或产品成本波动剧烈,如图7-11所示,D_M和MC总是处于变动之中,那么企业之间就很难对价格和产量分配达成一致的意见。

(6)政府并不打压限制企业间的结盟。

三、非勾结型寡头垄断模型

在一些寡头市场中,几乎没有有利于结盟的因素,这时产生非勾结型寡头的可能性就会更大。

即使在勾结型寡头市场,单个寡头企业也可能偷偷降价或生产出售超过其配额的产品,一旦这种行为被发现,必然会遭致其他企业的报复,导致行业内的价格战,最终卡特尔或默契结盟瓦解。

通常,根据不同的假设条件,非勾结型寡头垄断有三个著名的模型:古诺模型、伯川德模型和斯威齐模型。

(一) 古诺模型

古诺模型(Cournot Model)是由法国经济学家古诺于1838年提出的。它的假设条件是:竞争对手生产的产量是给定的。这主要出现在市场比较稳定,竞争对手在一段时间内的产量相对固定的行业中。这时,对于单个寡头来说,它的任务就是在假设其竞争对手产量一定的前提下,确定自己的价格和产量。

古诺模型假设该行业中只有 A 和 B 两家企业(双寡头),生产完全同质的商品。如图7-12所示,企业 A 通过选择价格和产量来寻求最大化利润。整个市场的需求曲线为 D_M,由于企业 B 生产固定数量的产品(如图中所示,B 的产量为 Q_{B1}),因此将市场需求曲线 D_M 向左平移 Q_{B1} 个单位,就得到企业 A 的需求曲线 D_{A1}。D_{A1} 也是企业 A 的平均收益曲线,我们因而也能得到企业 A 的边际收益曲线 MR_{A1}。MC_A 为 A 企业的边际成本曲线,根据 $MR = MC$ 的原则,得到企业 A 的利润最大化产出 Q_{A1},我们可以根据企业 A 的需求曲线得到利润最大化的价格为 P_{A1}。

如果我们预测企业 B 的产量为 Q_{B2} 的话,同理,将市场需求曲线 D_M 向左平移 Q_{B2} 个单位,就得到企业 A 的需求曲线 D_{A2},从而也得到企业 A 的边际收益曲线 MR_{A2}。根据 $MR = MC$ 的原则,我们得到,当企业 B 的产量为 Q_{B2} 时,企业 A 的利润最大化产出 Q_{A2} 和利润最大化价格 P_{A2}。以此类推,当我们假设企业 B 的产量为 Q_{B3} 时,企业 A 的利润最大化产量为 Q_{A3};假设企业 B 的产量为 Q_{B4} 时,企业 A 的利润最大化产量为 Q_{A4}……

根据图7-12,我们可以画出企业 A 的反应曲线 R_A,如图7-13所示。同理,企业 B 也可以重复上面的过程,并画出 B 的反应曲线 R_B。R_A 和 R_B 的交点 e 决定了达到均衡时企业 A 和 B 的产量分别为 Q_{Ae} 和 Q_{Be}。如果企业 A 或 B 的产量不为 Q_{Ae} 和 Q_{Be},市场会自动地不断调整两个企业的产量,直到达到均衡。

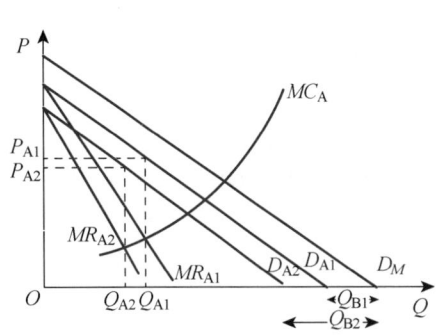

图7-12 双寡头古诺模型:企业 A 利润最大化的情况

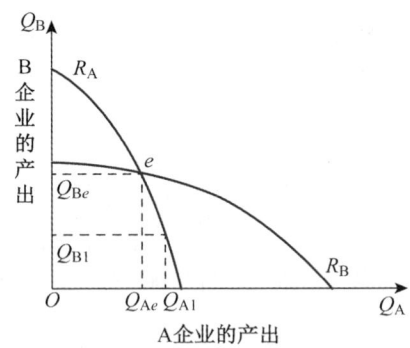

图7-13 A、B 两企业的反应曲线

通过上面分析,我们可以认为企业 A 的产量是关于企业 B 的产量的函数,可以表示为:$Q_A = F(Q_B)$;反过来,企业 B 的产量是关于企业 A 的产量的函数,可以表示为:$Q_B = F(Q_A)$;我们分别称企业 A、B 的反应函数,其做出反应的原则是假定对方的产量既定,按照利润最大化的原则确定自己的产量。

(二) 伯川德模型

伯川德模型(Bertrand Model)假设:竞争对手对商品的定价是固定不变的。这主要适用于那些企业不愿意经常调整价格的行业,如有些行业,企业需要为每一次调价向消费者做出解释,或是每一次调价后企业都需要重新制作产品目录,在这样的情况下,企业往往是不愿意经常改变价格的。这时,单个寡头企业的任务就是在对手价格一定的情况下选择自己的价格和产量使自己的利润最大化。

伯川德模型是由法国经济学家约瑟夫·伯川德(Joseph Bertrand)于1883年提出的。与古诺模型一样,它假设市场中只有两家企业(双寡头),生产的产品是同质的。虽然伯川德模型分析的是双寡头市场,但是它的结论也适用于三个或多个寡头的市场。

假设竞争对手企业B的产品价格保持不变,那么只要该价格高于企业A的平均成本,企业A就有积极性将价格降到企业B的价格水平之下,从而获得更高的市场份额,赚取更多的利润。同理,在这种情况下,企业B也会被迫降价。两个企业轮流降价,直至等于平均成本,双方都只能获得正常利润。

(三) 斯威齐模型

斯威齐模型(Sweezy Model)又称为"拐折的需求曲线模型",是由美国经济学家保罗·斯威齐(Paul Sweezy)于1939年提出的。这一模型试图解释,在寡头企业之间完全没有合谋的情况下,价格是如何保持稳定的。

任何经济学模型都是在一定假设条件下才成立的。斯威齐模型也不例外,它基于两个不对称的假设:第一,如果一个寡头企业降低价格,其竞争对手害怕失去顾客,因此会跟随降价;第二,如果一个寡头企业提高价格,其竞争对手希望赢得更多的顾客,因此不会跟随提价,而是保持价格不变。

在这样的假设条件下,每个寡头企业将面临一条在现有的价格和产量处拐折的需求曲线。如图7-14所示,当某企业提高价格时,其他企业并不会跟随提价,顾客大量地转向价格较低的竞争对手,导致销售量大幅度下降。因此,A点以上部分的需求曲线是富有弹性的,较平坦。当企业降低价格时,其他企业也会跟随降价,虽然会吸引一些新的客户购买,但是却不会有客户从其他企业转向该企业。因此,A点以下部分的需求曲线相对来说弹性较小,较陡峭。在这种情况下,提价会使企业丧失很多客户,而降价并不会增加太多的销量,因此,寡头企业没有改变价格的积极性。

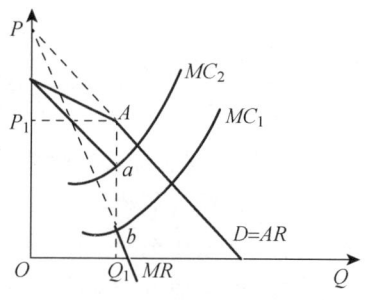

图7-14 斯威齐模型

下面我们再通过该寡头企业的边际收益和边际成本曲线来分析价格的稳定性问题。依然如图7-14所示,由于A点左右两侧的需求曲线的弹性不一样,我们把需求曲线以A点为界分成左右两部分。A点左侧,也就是产量小于Q_1时,需求曲线较平坦,我们可以根据边际收益曲线是平均收益曲线的中线的性质画出相应的MR曲线。A点右侧,也就是产量大于Q_2时,需求曲线较陡峭,将这部分陡峭的需求曲线反向延伸并与纵轴相交,同样可以画出这部分需求曲线的边际收益曲线。我们发现,对应拐折的需求曲线,边际收益曲线在 a、b 两点之间是不连续的。只要寡头企业的边际成本曲线落在 a、b 两点之间,也就是图中的边际成本曲线 MC_1 和 MC_2 之间,那么使利润最大化的产出都是 Q_1,使利润最大化的价格都是 P_1。也就是说,即使寡头企业的成本在一定范围内发生了改变,其价格仍然会保持稳定。

由于寡头垄断厂商的行动对其他厂商会产生很大的影响,势必会引起对手的反应,而对手在不同的条件下会采取不同的行动,因此,分析寡头厂商的行动比较复杂,博弈论在这方面有广泛的应用,有兴趣的读者可以学习并理解博弈论。

四、寡头与消费者利益

如果寡头企业之间通过相互勾结谋取行业利润的最大化,那么这样的寡头市场与完全垄断市场也无异了。在这种情况下,市场价格肯定很高,显然这对消费者利益不利。寡头市场在下面两个方面甚至还不如完全垄断市场。

(1) 由于单个寡头企业的规模不及完全垄断企业,也就是说寡头企业无法像完全垄断企业那样充分利用规模经济的好处,因此,其平均成本不能降到完全垄断企业的平均成本水平。

(2) 由于存在竞争对手,寡头企业要比完全垄断企业在广告营销上花费更多,从而提高了平均成本。

但在某些方面,寡头市场又有其他市场结构所不具备的优势。

首先,像完全垄断企业那样,寡头企业也可以获得超额利润,与完全垄断企业不同的是,由于有竞争压力的存在,它们有积极性将超额利润用于研发,使生产成本进一步降低。

其次,通过产品差异化方式进行的非价格竞争给消费者提供了更多的选择。在细节上有着这样或那样差异的产品满足了不同消费者的需要。

因此,从以上分析来看,我们很难就寡头市场是优于还是劣于其他市场结构给出一个统一的结论。

事实上,现实经济中垄断竞争市场和寡头垄断市场是四种市场结构中最常见的市场结构。而寡头垄断厂商之间的互相影响,使得他们之间合作竞争的关系随着彼此竞争力的变化也在不断调整,寡头垄断厂商的行为从理论上分析起来也较复杂,博弈论有助于我们更好地分析寡头厂商的行动。

专栏7-3 博弈论简介

博弈论又被称为对策论(game theory),已经成为经济学的标准分析工具之一。1944年,冯·诺依曼和摩根斯坦合著的《博弈论与经济行为》将博弈论系统地应用于经济领域,从而奠定了这一学科的基础和理论体系。纳什给出了纳什均衡的概念并证明了均衡存在,对博弈论的发展做出了重大贡献并因此获得诺贝尔经济学奖。

博弈论中的一个经典案例是"囚徒困境"博弈模型。假设有两个罪犯 A 和 B,因为共同犯罪被警察抓住,警方对两人隔离审讯。每名罪犯都知道:如果两人都坦白交代,会各被判刑 8 年;如一人坦白而另一个人抵赖,则抵赖者罪加一等,判刑 10 年,而坦白者则因立功表现被立即释放。如果两人都抵赖,则警方因证据不足只能将两人各判入狱 1 年。结果两罪犯都本着利益最大化的原则选择坦白,个体理性导致集体不理性。但如果改变囚徒困境中各种策略的收益,或从外部施加压力,或者是多次重复博弈,则博弈的结果会不一样。

博弈可以分为合作博弈和非合作博弈。传统博弈论一般研究非合作博弈,由于合作博弈论比非合作博弈论复杂,在理论上的成熟度远远不如非合作博弈论。2005 年,诺贝尔经济学奖授予美国马里兰大学的托马斯·克罗姆比·谢林(Thomas Crombie Schelling)和耶路撒冷希伯来大学的罗伯特·约翰·奥曼(Robert John Auman),以表彰二者对合作博弈研究做出的贡献。

前面我们分别研究了四种不同的市场结构:完全竞争市场、完全垄断市场、垄断竞争市场和寡头垄断市场。不同的市场结构中企业的数量、产品的性质、进入壁垒和企业面临的需求曲线都各不相同,我们用一张表来对这四种市场结构进行比较和总结,如表 7-1 所示。

表 7-1　四种市场结构的比较

市场结构	厂商数量	进入难度	产品性质	需求曲线
完全竞争	很多	非常容易	同质	水平
垄断竞争	较多	很容易	有差异	向下倾斜(平坦)
寡头	很少	很难	同质或有差异	向下倾斜(较陡)
完全垄断	一个	非常难	独一无二	向下倾斜(陡峭)

第四节　价　格　差　别

一、实行价格差别的条件

到目前为止,我们都假设企业只能以单一价格售卖它们的商品。然而,有时候企业也可以实施价格差别(price discrimination),也就是同一种商品向不同的购买者索取两种或两种以上的价格。比如,成人和孩子的火车票价是不同的;由于订机票的时间不同,机票的价格是不一样的;同样一种商品在不同地区的售价是不一样的。正如我们将要看到的,企业实施价格差别可以增加利润。但并不是任意一个企业在任意条件下都能够实施价格差别。要实施价格差别需要满足下面三个条件。

（1）企业必须能够为其产品定价。在完全竞争市场中，企业只是价格的接受者，它们是不可能实行价格差别的。

（2）市场必须是可分离的。如前所述，厂商可以对同一种商品在不同市场索要不同的价格，但是如果市场不能完全分离，也就是说消费者可以在低价市场购买商品然后在高价市场出售赚取差价的话，低价市场的需求增加，价格会上升，高价市场的供给增加，价格会下降，则两个市场的价格最终必然趋于一致，价格差别也就不存在了。这里的分离，不是指物理意义上的分隔，而是指厂商有能力识别并实施不同的价格。

（3）不同市场的需求价格弹性必须不同。这样企业可以在需求价格弹性高的市场降低价格扩大销售量，而在需求价格弹性低的市场索要高价却不会降低太多的销售量，从而提高总收益。

二、价格差别的分类

1. 一级价格差别

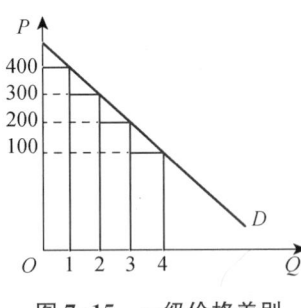

图 7-15　一级价格差别

一级价格差别也称完全价格差别，是指厂商根据每个消费者愿意为每单位商品支付的最高价格来给每单位商品定价，从而厂商将获得全部的消费者剩余，如图 7-15 所示。

比较典型的一级价格差别的例子是律师收费。一般律师会根据委托人的经济情况收费，如果委托人是个富豪，收费就会很贵，如果委托人经济特别困难，律师甚至可以免费提供法律援助。生活中街头地摊讨价还价的例子也比较接近一级价格差别。

2. 二级价格差别

二级价格差别是指厂商按不同的价格出售不同数量的商品，但是购买相同数量产品的每个人都支付相同的价格，如图 7-16 所示。

比如，我们经常会看到这样的促销条款：购买商品 10 件以内是原价，11~20 件是 9 折，20 件以上是 8 折。这就是典型的二级价格差别，根据购买商品数量的不同索要不同的价格。现实中阶梯电费、阶梯水费也都是二级价格差别，与一级价格差别相比，厂商获取了部分的消费者剩余。

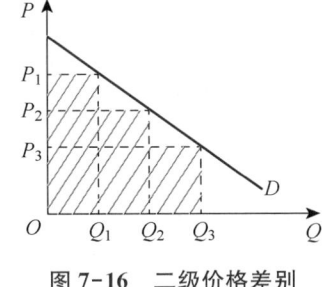

图 7-16　二级价格差别

3. 三级价格差别

三级价格差别是生产者根据某种标准对消费者（一般是需求弹性）进行市场区分，并对不同市场的消费者索要不同的价格。

假设企业在两个市场 X 和 Y 销售同样的商品，这两个市场的需求曲线和边际收益曲线如图 7-17 所示。我们可以看出图 7-17(a) 的需求曲线比较陡峭，图 7-17(b) 的需求曲线比较平坦，也就是说当价格一定时，该商品在 Y 市场比在 X 市场更富有弹性。图 7-17(c) 中的 MC 曲线是该垄断企业的边际成本曲线，而 MR_T 曲线则是 MR_X 和 MR_Y

的水平相加,也就是该企业所面临的总的边际收益曲线。根据 $MR = MC$ 的原则,我们可以找到使利润最大化的产出为 3 000,这时的边际收益为 5。当边际收益为 5 时,在市场 X 中,产量为 1 000,对应的市场价格为 9;在市场 Y 中,产量为 2 000,对应的市场价格为 7。这与我们理论分析的结果一致,在需求价格弹性比较大的市场中,企业往往索取一个比较低的价格,因为高价会令其丧失很多市场份额;在需求弹性比较小的市场中,即使企业要一个比较高的价格,流失的顾客数量也并不多,因此价格往往比较高(如市场 X 所示)。

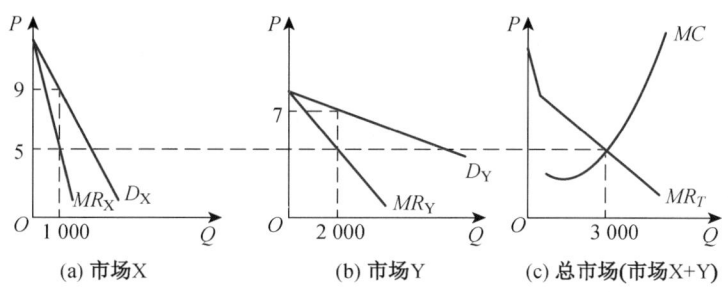

图 7-17 三级价格差别

在三级价格差别中,出于利润最大化的考虑,如果 X 市场和 Y 市场中消费者的需求价格弹性不同,$E_{dX} < E_{dY}$,则 $P_X > P_Y$,但是 $MR_X = MR_Y$。生活中商业用电和生活用电收取不同的电价,学生、老人等享受一定的门票优惠等都是三级价格差别的例子。而类似于大众点评、团购优惠券则可以看做三级价格差别的变形运用,因为兼具广告和吸引客户的作用。

价格差别在现实生活中很普遍,我们在完全垄断、垄断竞争和寡头这三个不完全竞争市场中都可以看到它的存在。一般认为企业实施价格差别的目的是利润最大化,而政府实施价格差别的目的可能是考虑社会公平,如学生证买火车票优惠,也可能是使稀缺的资源得到更合理的使用,如阶梯水费。价格差别的存在也时刻提醒我们,现实世界是复杂多样的,远非需求等于供给决定均衡的价格这么简单纯粹,当我们运用经济理论解释这个现实世界时,必须思考其假设的适用性问题。

本章小结

完全垄断市场只有一个厂商,厂商遵循利润最大化的原则制定产量和价格,因为市场需求等因素垄断厂商在短期也可能亏损,在长期可凭借垄断地位保持垄断利润,价格相对较高而产量相对较低。如果长期亏损,则厂商会选择停止生产。

垄断竞争市场是现实中最常见的市场结构,产品差别决定了厂商对价格有多大的影响力。非价格竞争是垄断竞争厂商的重要手段,创新在现代经济中对企业尤其重要。寡头垄断市场某一厂商行动对其他厂商有很大影响,因而厂商行动会顾忌其他厂商的反映,独立行动和串谋是寡头市场的两种现象。本章在勾结型性寡头中介绍了卡特尔和价格领导模型,在非勾结型寡头中介绍了古诺模型、伯川德模型和斯威齐模型。

价格差别是不完全竞争市场中常见的现象,一级价格差别、二级价格差别和三级价格差别是三种不同的价格差别措施。厂商实施价格差别的目标通常是利润最大化,但政府实施价格差别的目的可能是体现社会公平或者促使稀缺资源的合理利用。

关键术语

完全垄断　自然垄断　网络经济　垄断竞争　非价格竞争　产品差异化　寡头垄断　勾结型寡头垄断　非勾结型寡头垄断　卡特尔　主导厂商价格领导　晴雨表型厂商价格领导　古诺模型　双寡头　伯川德模型　斯威齐模型　价格差别

练习题

一、案例分析

欧佩克(OPEC)——世界上最著名的卡特尔

第二次世界大战结束后,世界石油的勘探、开采和销售几乎全部控制在西方的垄断财团(大多为美资、英资和德资)手中。1960 年,5 个主要的石油出口国:沙特阿拉伯、伊朗、伊拉克、科威特和委内瑞拉成立了石油输出国组织(Organization of the Petroleum Exporting Countiries,OPEC,简称欧佩克),旨在协调各国石油政策,商定原油产量和价格,采取共同行动反对西方国家对产油国的剥削和掠夺,保护本国资源,维护自身利益。到目前为止,该组织已经有 14 个成员国,除 5 个创始国家外,还包括阿拉伯联合酋长国、卡塔尔、利比亚、几内亚、尼日利亚、阿尔及利亚、安哥拉、厄瓜多尔和加蓬。

欧佩克成员国不定期召开大会,对当前形势和市场走向加以分析预测,明确经济增长速率和石油供求状况等多项基本因素,然后据此磋商应在其石油政策中进行何种调整,如提高或减少该组织的总体石油产量,以便维持石油价格的稳定,为消费国提供稳定的短期、中期乃至长期的石油供应。

欧佩克组织成员国共控制约占世界 2/3 以上的石油储量,并占有全球产油量的 1/3 和出口量的一半。欧佩克的决定对国际油价有着相当大的影响。例如,1973 年,石油危机的起因,就是欧佩克为了抗议部分西方国家在赎罪日战争(十月战争)中支持以色列对抗埃及和叙利亚,拒绝向这些国家运送石油。这使油价从 1973 年 10 月至 1974 年 3 月期间上升了 4 倍,从每桶 3 美元涨至每桶 12 美元(这一价格水平一直维持到 1979 年)。而与此同时,石油的销量并没有显著下降。

然而,1979 年以后,随着油价进一步从每桶 15 美元涨至每桶 40 美元,对石油的需求开始减少。面对需求的减少,1982 年后,欧佩克各成员国同意限制石油的生产,通过配额控制各个成员国的产量,以保证石油价格的持续上涨。1984 年,各成员国同意石油总产量不超过每天 1 600 万桶。然而,一些成员并没有遵守这一协定,其产量超过了配额的限制。结果导致欧佩克再也无法维持其确定的价格,石油的现货价格开始下跌。这一下跌趋势直至 20 世纪 80 年代末,才因为世界经济的繁荣而得以扭转。1990 年,海湾战争爆发,伊拉克和科威特石油供给减少,导致石油价格迅速上升。但是,随着战争的结束以及20世纪90年代初期的经济衰退,石油价格再次快速下跌,此后经济的复苏也仅使油价缓慢恢复。

东南亚金融危机的爆发,使石油需求每天下降了200万桶。到1999年初,油价降为每桶10美元左右——仅仅相当于1973年的2.7美元!为此,欧佩克成员国同意每天削减430万桶产量,以将油价推至每桶约18美元~20美元。

但是金融危机结束后,随着亚洲经济的复苏,全世界经历了更快的经济增长,油价迅速上升,很快突破了每桶20美元。到2000年年初,油价达到每桶30美元,是12个月前的3倍。此后,油价再次下跌,到2001年11月达到每桶18美元的水平。

然而,2001年底欧佩克和非欧佩克石油生产国之间的关系发生了改变。欧佩克的10个成员国决定每天减少150万桶原油的生产。欧佩克以外的5个主要石油生产国也同意减少产量,其目的是推升石油价格,使其稳定在大约每桶25美元。这是欧佩克成员国和非欧佩克石油生产国之间的首次联盟。

但是这样的联盟能够成功应对危机吗?因为对即将发生的伊拉克战争和委内瑞拉大罢工的担忧,2002年年底,石油价格再次上涨,到2003年年初达到了每桶30美元。欧佩克宣布,即使发生战争,它仍将维持目前的供给量,并保持价格不上涨。但是,当价格很快达到每桶30美元后,很多人都怀疑它是否能做到。

2004年,随着伊拉克、沙特阿拉伯、俄罗斯和尼日利亚石油供给的恶化,油价在2004年10月超过了每桶50美元。欧佩克试图放松配额,但是却发现它已经很难充分地、迅速地调整供给以应对价格的变化了。

从2006年开始,油价的上升速度超过了以往任何一次,多年来实际油价第一次超过了70年代的最高水平,主要原因是来自印度和中国的需求的大幅增长。油价上涨带来的影响也是巨大的:全世界的通货膨胀压力骤升,而与此同时,欧佩克成员国的收入在2008年上半年增长了一倍。到2008年7月,油价达到每桶147美元,有些分析师预计到年底油价将突破每桶200美元。

但是,随着2008年金融危机的到来,油价开始下跌——而且是快速下跌。2008年9月,油价跌破每桶100美元,但是由于经济前景黯淡以及对石油需求的下降,到年底油价跌至每桶34美元,只有5个月前的1/4。

为了应对价格下跌,欧佩克宣布削减产量,从2008年8月至2009年1月,产量总共下降了14%。但是由于欧佩克的产量不到全球石油产量的1/3,因此全球的生产量只下降了不到5%。不过,随着2009年全球需求量的恢复,石油价格又开始上升。

2011年,随着需求的持续上升,油价在4月中旬达到了每桶123美元。但是脆弱的经济增长,特别是欧洲许多国家政府"勒紧裤带"应对债务危机,给需求踩了刹车。随后油价就一直在每桶100美元~105美元之间徘徊。

从欧佩克的历史我们可以看出,想要采用供给配额的方式来达到一定的价格是多么的困难。当需求价格弹性不足而需求收入弹性比较大时,在供给配额一定时的均衡价格波动剧烈。

问题：
1. 19世纪六十年代世界原油市场比较接近于哪种市场结构？
2. 欧佩克的协定为什么不能有效地实施？
3. 社会经济发展到今天原油市场结构发生了什么变化？

二、计算题

1. 某垄断厂商的需求函数为 $P=500-Q$，总成本函数为 $STC=50\,000+20Q$。求(1) 垄断厂商的固定成本 FC、平均成本 AC 和边际成本 MC。(2) 垄断厂商的利润最大化产出 Q。(3) 垄断厂商的利润最大化价格 P。(4) 垄断厂商的利润。

2. 已知某垄断厂商的短期总成本函数为 $STC=0.1Q^3-6Q^2+140Q+3\,000$，需求函数为 $P=150-3.25Q$。求该垄断厂商的短期均衡产量与均衡价格。

3. 假设一个垄断竞争行业正处于长期均衡之中，请画图并说明需求下降对企业的短期和长期价格和利润的影响。

4. 已知某垄断厂商的产品在两个分割的市场上出售，他的成本函数为 $TC=Q^2+40Q$，两个市场的需求函数分别为 $Q_1=12-0.1P_1$，$Q_2=20-0.4P_2$。求当该厂商实行三级价格差别时，他追求利润最大化前提下的两市场各自的销售量、价格以及厂商的总利润。

三、问答题

1. 寡头之间的相互竞争是否会减少整个行业的利润水平？
2. 勾结型寡头更容易在哪个行业出现：水泥行业还是毛毯行业？
3. 如果一个电影院能够将周末晚上所有的电影票都卖给成人，但是在星期一和星期二只能卖掉一些电影票，为了达到每周收益的最大化，你建议电影院采取哪种价格差别措施？

第八章 要素价格决定与收入分配

学习目的与要求

本章从要素市场的基本特征入手，以完全竞争市场为例分析了要素市场的使用原则及要素价格的决定，讨论了劳动供给特点及寻租现象，并在此基础上介绍了衡量贫富差距的指标——基尼系数。

通过本章学习，了解要素市场的基本特征；理解厂商使用要素的一般原则，完全竞争市场下要素供求情况，劳动、土地、资本的供给曲线及要素价格的决定；掌握劳动供给曲线、经济租金、洛伦兹曲线和基尼系数等基本概念和理论。

微课：最低工资会加剧失业吗

导 读

前面我们分析了在要素价格既定的情况下理性厂商如何投入要素安排生产,那么,要素的价格又是如何确定的呢?商品的均衡价格由供求关系决定,要素价格是否也由要素市场上的供求关系决定?要素市场的供求双方和商品市场的供求双方有什么联系?要素价格又会如何影响社会中的收入分配?我们将在本章做简要的分析和介绍,分析要素使用和要素价格的决定问题。要素的价格决定也是生产要素所有者取得收入的过程,因此,要素价格理论又被称之为收入分配理论。

第一节 要素市场概述

一、要素市场的基本特征

(1) 要素市场需求来自厂商,其供给则来自消费者;产品市场的需求来自消费者,其供给来自厂商。

(2) 要素市场的需求是一种派生需求,或称引致需求,而产品市场的需求则是直接需求。派生需求是指市场由于对产品的需求从而引起对生产要素的需求。比如,人们对汽车的需求,则派生出对汽车工程师、车间生产工人、资本等需求。

(3) 生产要素需求具有"共同性"的特征,即在生产产品的过程中,厂商需要把多种生产要素联合起来才能生产产品。

(4) 生产要素市场与产品市场是相互依赖的。要素的价格取决于要素的供求,而要素的需求取决于产品市场。如果产品市场的销量不佳,则会影响到要素市场的需求和要素价格。反之,要素的价格也会影响产品的价格,如果要素价格上涨,会提高产品的生产成本,进而推动产品价格上涨。

二、要素的使用原则

在产品市场上,厂商实现利润最大化的原则是 $MR = MC$,要素的需求作为一种引致需求,它的需求也必须满足利润最大化的原则,即增加一单位要素使用所带来的边际收益和边际成本必须相等。

(1) 边际要素收益,也称为边际收益产品(marginal revenue product,MRP),是指增加一单位要素投入给厂商所增加的收益。要素的边际收益与产品的边际收益是两个不同的概念,要素的边际收益表示增加一单位要素所增加的收益,而产品的边际收益是增加一单位产品所增加的收益。

（2）边际要素成本(marginal factor cost，MFC)，是指每变动一单位投入要素而导致的厂商总成本的变化值。它表示增加一单位要素所增加的成本，在完全竞争市场上，假设劳动价格为固定的每小时10元，则厂商增加一单位劳动要素的边际成本为10元。要素的边际成本与产品的边际成本是两个不同的概念，要素的边际成本表示增加一单位要素所增加的成本，而产品的边际成本是增加一单位产品所增加的成本。

在要素市场上，为使利润最大化，厂商将按照边际收益产品等于边际要素成本的原则来确定最优的要素投入，即 $MRP = MFC$。当 $MRP > MFC$ 时，厂商继续增加要素投入所带来的边际收益大于该要素所支付的成本，此时，厂商将进一步增加要素的投入，从而使利润不断增大。当 $MRP < MFC$ 时，这表明增加的要素投入反而会造成总利润减少，厂商将会减少要素的需求和投入。只有当 $MRP = MFC$ 时，厂商的利润达到最大。因此，在要素市场上，厂商使用要素的最优原则为：$MRP = MFC$。满足该条件时，厂商实现了利润最大化，此时，使用的要素数量是最优的数量。

第二节 完全竞争市场中的要素供求

要素市场的使用原则适用于完全竞争市场和不完全竞争市场，但在不同的市场结构上，要素使用原则的表现形式不一样，需要区分完全竞争市场和不完全竞争市场。完全竞争是指产品市场和要素市场都处于完全竞争的状态。不完全竞争市场包括如下三种情况：①在产品市场上完全竞争，但在要素市场不完全竞争；②在要素市场上完全竞争，但在产品市场上不完全竞争；③在产品市场上和要素市场上都不完全竞争。本节将以完全竞争市场为例，讨论完全竞争条件下要素的供求与要素价格的决定。

一、完全竞争市场要素的需求

这里假定，完全竞争厂商只使用劳动这一种生产要素，生产单一产品、追求利润最大化。根据这些假定，在完全竞争市场上，厂商使用劳动要素的原则也必须遵循利润最大化的要求，即增加一单位劳动使用所带来的边际收益和边际成本必须相等。下面将考察完全竞争厂商使用劳动要素的边际收益和边际成本。

1. 完全竞争厂商使用劳动要素的原则

1) 使用要素的边际收益

在完全竞争条件下，厂商的收益函数为：

$$R(Q) = Q \times P \tag{8-1}$$

式(8-1)中：R、Q 和 P 分别为厂商的总收益、产量和产品价格。在完全竞争的条件下，产品价格 P 是既定的常数。总收益 R 被看成是产量 Q 的函数。而产量本身是生产要素的函数。假定完全竞争厂商使用的生产要素为劳动 L，即使用一定数量的劳动要素则会生产出一定量的产量，由此，厂商的生产函数为：

$$Q = Q(L) \tag{8-2}$$

将生产函数代入收益函数,则厂商的收益是劳动要素的复合函数为:

$$R(L) = Q(L) \times P \tag{8-3}$$

那么,使用劳动要素的边际收益是对总收益函数求导:

$$dR(L)/dL = dQ(L)/dL \times P \tag{8-4}$$

式(8-4)中:$dQ(L)/dL$ 为劳动的边际产品 MP,表示增加使用一个单位的劳动所增加的产量。

完全竞争的条件下,使用劳动要素的边际收益 $dR(L)/dL$,又称为劳动的边际产品价值(value of marginal product,VMP)。于是有:

$$VMP = MP \times P \tag{8-5}$$

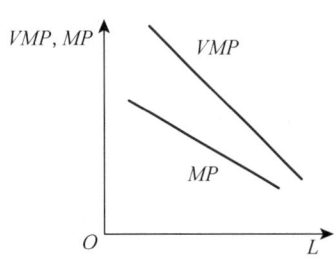

图 8-1 完全竞争厂商劳动的边际收益曲线

式(8-5)表示增加一单位生产要素所增加的收益,它的大小取决于产品的市场价格 P 和要素的边际产出 MP。根据边际生产率递减规律,$MP(L)$ 是一条向右下方倾斜的曲线,即随着劳动使用量的增加,劳动的边际产品会逐步下降。根据前面的假设,在完全竞争市场上价格 P 为常数,因此,边际产品价值曲线也是一条向右下方倾斜的曲线。但两者的位置不同,当 $P>1$ 时,边际产品价值曲线在边际产品曲线的上方;当 $P<1$ 时,边际产品价值曲线在边际产品曲线的下方;当 $P=1$ 时,边际产品价值曲线与边际产品曲线重合。如图 8-1 所示,$P>1$,VMP 曲线在 MP 曲线的上方。

2)完全竞争厂商要素的边际成本

在前面的章节里已讨论过厂商的成本函数,它描述的是厂商的成本与产量水平之间的各种关系。计算公式为:

$$C = C(Q) \tag{8-6}$$

由于产量又取决于所使用的要素,因此,成本也可以直接表示为要素的函数。根据成本方程可以得到要素使用的成本概念。若设劳动要素的价格为工资 W,则使用劳动要素的成本的计算公式为:

$$C = W \times L \tag{8-7}$$

式(8-7)表示成本等于要素价格与要素数量的乘积。在完全竞争条件下,要素价格 W 是既定不变的常数。因此,使用要素的边际成本就是劳动价格,其计算公式为:

$$\frac{dC(L)}{dL} = W \tag{8-8}$$

在完全竞争条件下,劳动要素的边际成本为常数 W,不随劳动使用量 L 的变化而变化,因此,劳动边际成本在图形上表现为一条水平直线,如图 8-2 所示。

在完全竞争条件下,厂商使用劳动的边际成本等于劳动的价格 W,而使用劳动的边际收益是边际产品价值 VMP。因此,完全竞争厂商使用劳动要素的原则可以表示为:

$$VMP = MP \times P = W \quad (8-9)$$

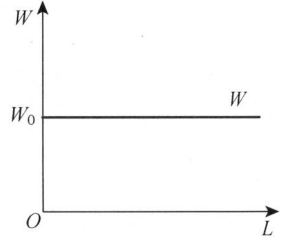

图 8-2 完全竞争厂商劳动的边际成本曲线

如果完全竞争厂商在使用劳动要素时实现了上述条件,那么该企业就是实现了利润最大化,此时使用的劳动要素则是最优的数量。

此外,完全竞争市场要素使用的最优原则也可以用数学公式进行推导。假设 π 代表竞争厂商的利润,它是劳动需求量 L 的函数,则利润可以表示为:

$$\pi(L) = P \times Q(L) - W \times L \quad (8-10)$$

为使得利润达到最大化,则:

$$\frac{d\pi(L)}{dL} = P\left[\frac{dQ(L)}{dL}\right] - W = 0$$

即:

$$P[dQ(L)/dL] = W \quad (8-11)$$

这便是:

$$VMP = MP \times P = W \quad (8-12)$$

2. 完全竞争厂商的劳动需求曲线

劳动的需求函数反映的是厂商对劳动需求的数量与劳动的价格之间的关系。完全竞争厂商的劳动需求曲线是指,在其他条件不变时,完全竞争厂商对劳动的需求量 L 与劳动价格 W 之间的关系。根据前面的推论,完全竞争厂商要实现利润最大化,必须满足 $VMP = P$ 的条件,即满足:

$$VMP = MP(L) \times P = W \quad (8-13)$$

由于 P 为常数,式(8-13)实际上确定了一个从劳动价格 W 到劳动数量 L 之间的一个函数关系,确定了完全竞争厂商对劳动的一个需求函数。

如图 8-3 所示,假定一开始时,厂商最优的劳动使用量为 L_0,当劳动价格 W 上升时,于是有 $MP(L) \times P < W_0$,在要素边际生产能力递减的规律下,厂商必须通过减少要素的使用量 L,从而使 $MP(L) \times P$ 上升,直到重新恢复均衡。这一过程表明:随着要素价格的上升,厂商对要素的最佳的需求量将下降。因此,完全竞争厂商的要素需求曲线是一条向下倾斜的直线。

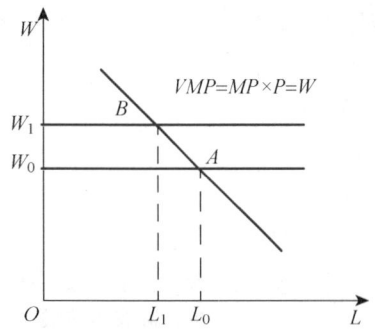

图 8-3 完全竞争市场上劳动的需求曲线

更进一步,在完全竞争条件下,厂商在短期内对单一可变的劳动要素的需求曲线将与其产品价值曲线完全重合。根据要素使用的最优原则 $VMP = W$,如图 8-3 所示,就可以得到一个 VMP 曲线与 W 曲线的交点 A。A 点表明,当劳动价格为 W_0 时,劳动的需求量为 L_0。同时也说明,A 点既在边际产品价值曲线上又在劳动需求曲线上。同样地,给定另外一个劳动价格 W_1,则有另外一条水平线与 VMP 曲线相交于 B 点。这表明:VMP 曲线上每一点都是厂商利润最大化对劳动要素的需求。因此,在短期内使用一种要素的情况下,劳动的需求曲线与劳动的边际产品价值曲线恰好重合。

二、完全竞争市场的要素供给

完全竞争生产要素市场,单个买者与卖者对生产要素的需求量和供给量的变化不会影响市场上生产要素的价格,所以,生产要素的供给对于单个厂商来说,可以在既定价格获得任意数量的要素供给,生产要素具有完全弹性,要素供给曲线是平行于横轴的一条直线。

由于单个厂商无论怎样调整要素的需求量都不会引起整个市场要素价格的变化,这样单个厂商面临的要素供给曲线就是它的要素边际成本曲线。厂商面临的要素供给曲线是既定要素价格与要素供给量之间的数量关系,如图 8-4 所示。

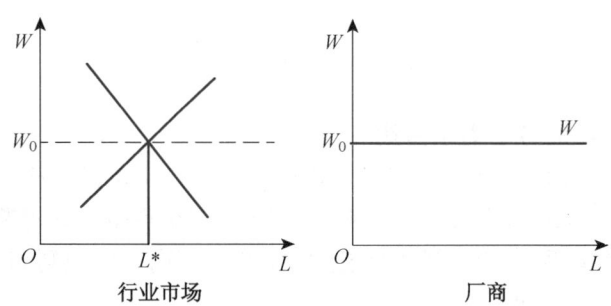

图 8-4 完全竞争市场上要素的供给曲线

第三节 劳动供给曲线与工资率

一、劳动供给曲线

在其他因素不变的情况下,劳动供给的变化主要取决于工资率的变化。劳动者根据工资率的变化对其拥有的既定时间资源进行分配。消费者每天只有 24 小时,扣除必要的吃饭、睡眠时间等外,余下的时间消费者将在劳动供给和闲暇两种用途进行分配。闲暇可以直接增加效用,而劳动则可以带来收入,收入通过消费可以间接增加劳动者的效用。因此,消费者在劳动供给和闲暇之间进行选择,其最终目的是满足自身效用最大化。

如图 8-5(a)所示,横轴 H 表示闲暇,纵轴 Y 表示收入。Y_0 为非劳动收入,假定工资率为 w_1,消费者的收入则为 $Y_1 = Y_0 + L \times w_1$,预算曲线为 AY_1,AY_1 与无差异曲线 U_1 相切于 E_1 点,此时,E_1 点对应的闲暇时间为 H_1,劳动时间为 $L_1 = L - H_1$,现在假定劳动价格上升到 w_2,预算曲线将会围绕 A 点向上旋转到 AY_2,并与无差异曲线 U_2 相于 E_2,对应的闲暇量为 H_2,劳动供给时间为 $L - H_2$。当把 E_1 点、E_2 点表现在图 8-5(b)上。当工资率不断变化时,重复以上步骤,我们可以得到个人的劳动供给曲线,这条供给曲线是条向后弯曲的曲线 S_L。

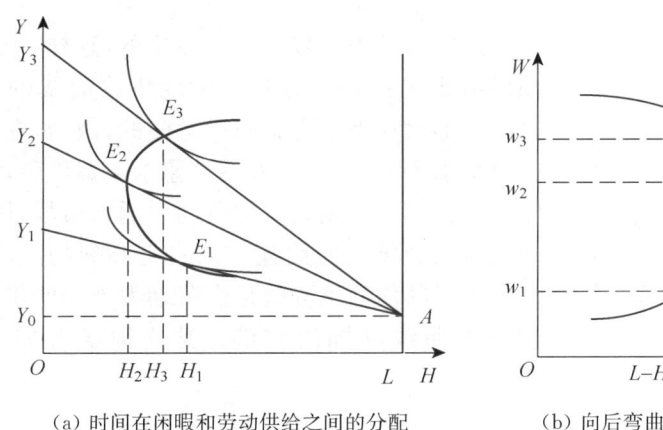

(a) 时间在闲暇和劳动供给之间的分配   (b) 向后弯曲的劳动供给曲线

图 8-5　工资率变动与劳动供给曲线

劳动供给曲线为什么出现这种向后弯曲的性质,其原因在于工资率的变化对闲暇的需求形成两种相互冲突的影响。第一,工资率的上升意味着劳动者工作与以前同样地工作时数,总收入将更高一些。收入的上升使得劳动者对闲暇的需求增加并降低工作的时数,这就是收入效应。第二,工资率的上升,意味着闲暇的价格或机会成本上升,此时,劳动者则会减少对闲暇的需求,从而增加劳动供给的时数,这被称为替代效应。因此,由于收入效应,工资率上升导致收入上升,劳动者增加对闲暇的需求,降低工作时数;由于替代效应,工资率上升导致闲暇的机会成本即价格上升,劳动者减少对闲暇的需求,增加工作时数。工资率变动最终导致工作时数增加还是减少,取决于收入效应和替代效应的强弱。

表 8-1 从替代效应和收入效应两方面分析了工资率变动引起的工作时间变动。在工资率较低的时候有正的斜率,工资率较高时有负的斜率。它的隐含假定是:在低工资下,劳动者希望额外增加收入的愿望很大以至于替代效应超过了收入效应(替代效应占优势)。工资率超过某一数值后,劳动者的收入足够高以至于他对更高工资率采取的反而是愿意购买更多的闲暇而减少工作时数,此时收入效应超过了替代效应(收入效应占优势)。比如,你之前的工资是 1 小时 10 美元,你决定一天工作 8 小时赚 80 美元,但是

现在工资涨到 1 小时 20 美元，你发现只要一天工作 4 个小时就能赚到 80 美元，那么，你可能就会把其余 4 个小时拿来休闲。

表 8-1　工资率变动引起的工作时间变动：替代效应和收入效应

(1) 效应对比	(2) 对工作时间的影响		(3) 劳动供给曲线斜率
	(a) 工资率增加	(b) 工资率减少	
替代效应超过收入效应	增加	减少	正
替代效应等于收入效应	没有变化	没有变化	垂直
收入效应超过替代效应	减少	增加	负

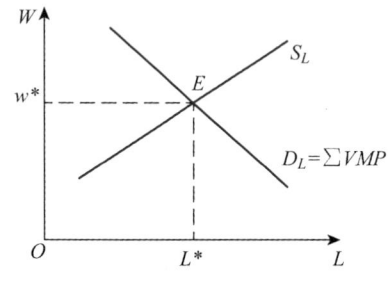

图 8-6　完全竞争市场上的均衡工资决定

二、完全竞争市场中的均衡工资

假定劳动力市场是完全竞争的，这样，市场的劳动供给曲线就是所有单个劳动供给曲线的水平加总。其形状却不一定是向后弯曲的，因为，在较高的工资率水平下，尽管个人不再愿意多提供劳动时间，但是高工资率会刺激新的劳动力涌入市场，因此，劳动力市场的供给曲线还是向右上倾斜的。因此，劳动力市场的均衡工资就是由劳动力市场的供给曲线和需求曲线共同决定的。其均衡状态如图 8-6 所示。

三、买方垄断市场的工资

在买方垄断的劳动力市场上，厂商是产品市场的完全竞争者，而在劳动力要素市场上，厂商是拥有一定的垄断力量，他购买的劳动力数量会直接影响到劳动力的价格，所以劳动力价格不再是固定不变的常数，使用要素的边际成本和要素价格不再相等。厂商使用要素的成本为：

$$C = \omega(L) \times L \qquad (8\text{-}14)$$

那么，厂商使用要素的边际成本为：

$$MFC = \frac{dC}{dL} = \omega(L) + L \times \frac{d\omega(L)}{dL} \qquad (8\text{-}15)$$

式(8-15)中：MFC 由两部分组成，第一部分是 $\omega(L)$，它表示劳动力市场的供给曲线；第二部分是乘积项，L 表示劳动要素的使用量，$\dfrac{d\omega(L)}{dL}$ 表示每多使用额外一单位的劳动要素工资水平随之变化的情况，也是劳动要素供给曲线的斜率。$L \times \dfrac{d\omega(L)}{dL}$ 表示是由于要素使用数量变化而引起的要素价格变化导致的成本变化量。这意味着垄断者的边际要素成本高于要素价格(ω),并且比要素价格上升得快。所以,MFC 曲线位于 $\omega(L)$ 的上方,且更为陡峭。

在买方垄断市场上,如图 8-7 所示,厂商为实现利润最大化的目标,根据 $VMP = MFC$ 的原则,确定最优雇佣劳动人数 L^*,然后沿着劳动供给曲线确定 W^*,这一使用量小于完全竞争市场的均衡使用量 L_0。

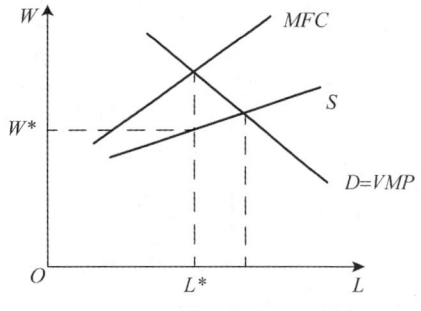

图 8-7 买方垄断条件下的工资

四、卖方垄断市场中的工资

在行业工会中,工会的力量相当强大,具有控制劳动力供给的能力,在工资谈判中具有一致的行动。这时的行业工会就称为一个垄断组织。现假定劳动供给的边际成本曲线是 MC_L 是向右上方倾斜的,当劳动的工资率为 W_1 时,劳动的供给为 L_1;当劳动的工资率为 W_2 时,劳动的供给为 W_2。劳动供给的边际成本曲线也就是劳动供给曲线,如图 8-8 所示。

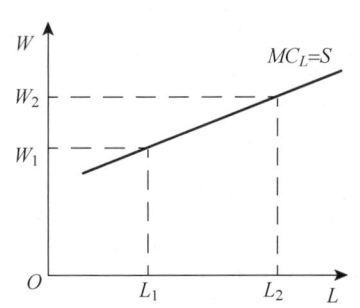

图 8-8 劳动供给的边际成本曲线

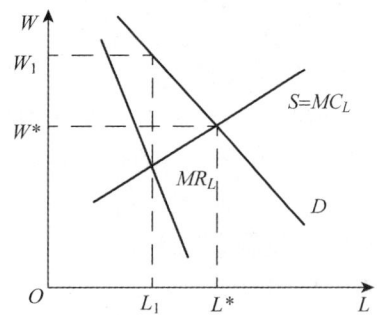

图 8-9 卖方垄断条件下的工资

图 8-9 中的 MR_L 曲线作为劳动要素出卖方的工会这一垄断组织的边际收益曲线。卖方垄断的边际收益曲线 MR_L 位于要素需求曲线 D 的下方。

垄断性的工会组织为了实现利润最大化,将按照 $MR_L = MC_L$ 的原则,把劳动供给量控制在 L_1 的水平,这时的工资率达到较高水平 W_1。

第四节 土地供给与地租

一、土地的供给曲线

土地跟劳动力市场不同,土地的自然供给总量几乎是不变的,其供给弹性为零。单个土地所有者作为产品市场的消费者,假定他的土地具有两种用途:其一,是出租获得

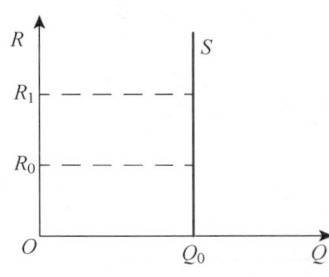

图 8-10 土地垂直供给曲线

租金;其二,是保有土地自己使用。为实现其效用最大化,土地所有者将在土地供给所可能带来的收入与自用土地之间进行选择,即效用取决于土地收入和自用土地数量。由于通常土地的自己使用可以忽略不计,故效用只取决于土地收入而与自用土地数量大小无关。因此,土地所有者为了获得最大效用就必须使土地收入达到最大,而要土地收入最大则必须要求尽可能多地供给土地。由于土地所有者拥有的土地为既定的,从而土地供给无弹性,在图形中表现为一条垂直于横轴的直线,如图 8-10 所示。

二、土地市场的均衡与地租的决定

所有单个土地所有者的土地供给曲线水平相加,即得到整个市场的土地供给曲线。再将向右下方倾斜的土地的市场需求曲线与土地供给曲线结合起来,即可决定使用土地的均衡价格。如图 8-11 所示,土地需求曲线 D 与土地供给曲线 S 的交点是土地市场的均衡点,该均衡点决定了土地服务的均衡价格。

当土地供给曲线垂直时,它与土地需求曲线的交点所决定的土地服务价格常常被称为"地租",它构成土地所有者的收入。由于土地的供给曲线垂直且固定不变,因此,地租完全由土地的需求曲线决定,它随着需求曲线的上升而上升,随着需求曲线的下降而下降。

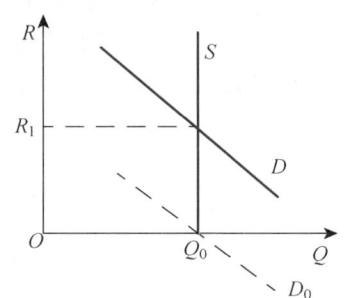

图 8-11 地租及其原因

根据上述地租决定理论,可以给出一个关于地租的解释:假定一开始时,土地的供给量固定不变,为 Q_0,对土地的需求曲线为 D_0,从而地租为 0;现由于技术进步使得土地的边际生产能力提高,或由于人口增加使得粮食需求增加从而粮食价格上涨,对土地的需求曲线便开始向右边移动,从而地租开始出现。

三、准租金、经济租金及寻租

1. 准租金

准地租指固定资产在短期内所得到的收入。由于厂商的生产规模在短期不能变动,其固定生产要素对厂商来说就是固定供给的,它不能从现有的用途中退出而转到收益较高的其他用途中去。因此,厂商运用固定资产结合原材料等进行生产所形成的总收入,减去可变成本后的剩余部分,可视为固定资产的收入。这种收入类似于土地的收入——地租。因为在短期内,厂房、机器、设备等固定资产的供给量是不变的,因而固定资产在生产中形成的收入或者说投放在固定资产上的资本的收入便称为准地租,或准租金。它与地租是有区别的,因为土地的自然供给量就长期来说也是固定的。而固定资产的供给量在长期内则是可变的。所以,准地租是属于短期分析中的一个概念。

准租金可以用厂商的短期成本曲线加以分析,如图 8-12 所示,其中 MC、AC、

AVC 分别表示厂商的边际成本、平均成本和平均可变成本。假定产品价格为 P_0,则厂商将生产 Q_0。这时可变总成本为 $OGBQ_0$,它代表了厂商对生产 Q_0 所需的可变生产要素而必须做出的支付,固定要素得到的则是剩余部分,即 GP_0CB,这便是准租金。从图 8-12 中可以看出,准租金为固定总成本与经济利润之和,当经济利润为零时,准租金等于固定总成本。当厂商有亏损时,准租金也可能小于固定成本。

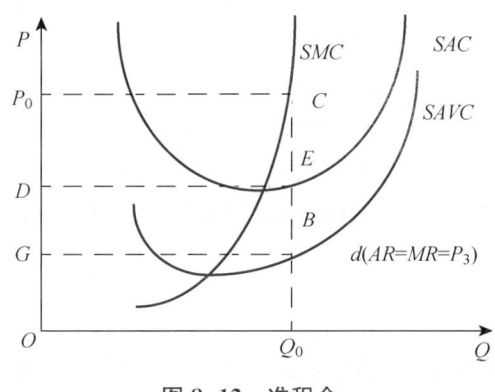

图 8-12　准租金

2. 经济租金

经济租金是指生产要素的所有者得到的实际收入高于他们期望得到的收入,超过的部分收入就称为经济租金。简而言之,经济租金就是要素收入与机会成本的差额。举例来说,一个经理人年收入为 15 万美元,若他从事其他研发行业,则年收入为 10 万元,从而经济租金为 5 万元。准地租与经济租是不一样的,准地租仅在短期内存在,而经济租在长期中也存在。

经济租金的几何解释类似于生产者剩余概念。图 8-13 中要素供给曲线 S 以上、要素价格 P_0 下的阴影区域 AP_0E 为经济租金。要素的全部收入为 OP_0EQ_0。但按照要素供给曲线,要素所有者为提供 Q_0 量要素所愿意接受的最低要素收入却是 $OAEQ_0$。因此,阴影部分 AP_0E 是要素的"超额"收益,即使去掉,也不会影响要素的供给量。

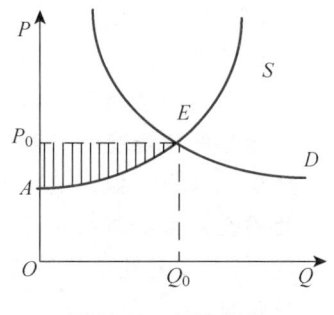

图 8-13　经济租金

经济租金的大小取决于要素供给的形状。供给曲线越陡峭,经济租金部分就越大。特别是,当供给曲线垂直时,全部要素收入均为经济租金,它恰好等于租金或地租。由此可见,租金实际上是经济租金一种特例,即当要素供给曲线垂直时的经济租金,而经济租金是更为一般的概念,它不仅适用于供给曲线垂直的情况,也适用于不垂直的一般情况。另一种特殊的情况,当供给曲线为水平时,则经济租金则完全消失。

3. 寻租

在经济租金的基础上,后来又出现了寻租(rent seeking)理论。它是指在没有从事生产的情况下,为垄断社会资源或维持垄断地位,从而得到垄断利润(亦即经济租)所从事的一种非生产性寻利活动。政府运用行政权力对企业和个人的经济活动进行干预和管制,妨碍了市场竞争的作用,从而创造了少数有特权者取得超额收入的机会。根据美国经济学家詹姆斯·布坎南(James M. Buchanan)和安妮·克鲁格(Anne. Krueger)的论述,这种超额收入被称为租金,谋求这种权力以获得租金的活动,被称作寻租活动,俗称寻租。权力寻租的实质是权力腐败。经济学者布坎南认为寻租主要有两层含义:一是权力寻租是一种资源浪费行为,任意一项寻租活动都会造成社会资源的浪费而不是社会剩余的增加;二是任意权力寻租都与政府管制或市场垄断有关。行政权力的运用不是以增加公共利益为目的,而是以小团体利益为目标。

作为寻租对象的经济租金与垄断利润虽不易区分,但一般认为,垄断利润是通过在市场竞争中形成的垄断所带来的,是在生产经营领域中产生的。而经济租金则是在非生产领域中产生的,是通过游说政府管理部门或向政府官员行贿等手段获得的一种特权而实现的。

专栏8-1 斩断寻租链条,以反腐为契机深化国企改革

2015年2月5日、6日连续两天,中央纪委监察部网站集中发布了对7家央企单位专项巡视意见,花样百出的国企腐败现象触目惊心。新华社发文指出,从中央专项巡视反馈情况看,一些"国企蛀虫"正在利用职权吃里爬外、损公肥私,一步步蚕食国有资产,"一些国企内外勾结猎取国有资产已经到了明火执仗的地步!"

国企高管本该是国有资产守门员,但在一些人眼里,其经营管理下的国资成了获取个人利益的"自留地"。靠山吃山,靠船吃船,靠油吃油,一些国企领导里应外合,上下其手,有的通过定向交易、利益同盟等方式,向亲属子女、关联企业输送利益;有的则接受客户企业、供应商好处,继而投桃报李,礼尚往来,种种利益输送链条成了国有资产流失的陈仓暗道。

私利输送的方式名目繁多,但千变万化背后,仍是权力寻租作怪,仍取决于国企领导能不能受到有效的制度约束。国企种种问题,既是企业病,也和政府官员腐败现象如出一辙。值得思考的是,国企现代企业制度建设已经推进多年,为数不少的国企建立起与政府部门管理模式截然不同的股东会、董事会、监事会等机构和制度,可制度的缰绳为何还套不住权力的野马?"肌体"的差异为何还挡不住"通病"的传染?

握有重权、掌管巨资,国企高管成了"既拿市场化薪酬,又享行政化权力"的特殊群体,尽管有了现代企业架构,但一些国企内部,机关化、行政化、官僚化作风仍然严重,决策办事按照级别说话。企业"一把手"大权独揽、独断专行,有的大搞集中制、家长制、一言堂,重大投资项目不论证,不履行规定决策程序,脱离制度监管。从一些已经落马的"国企蛀虫"案例可以看出,正是企业内部监督形同虚设,甚至曲意迎合、抱团腐败,这些都让任性的权力天马行空,为利益输送等腐败行为大开方便之门。

> 腐败现象在国企中的滋生蔓延,暴露出企业管理制度的漏洞,说明国企体制机制的改革和现代企业制度的建立仍未完全到位。不仅如此,国企特别是重量级国企,在市场经济运行中地位举足轻重,几乎都是各行业领域的龙头,国企腐败不仅带来国有资产的流失,而且滋生各种潜规则,扭曲公开、公平、公正的市场竞争与交易秩序。从这个意义上说,国企反腐,既要挖出那些胆大妄为的"蛀虫",依据党纪国法严肃处理,更为艰巨的任务是,完善国有企业内部一系列监管制度,推动国企管理和高管人员去行政化,建立专业化、规范化、有序流动的职业经理人队伍等,筑牢国有资产安全运行的"防火墙",通过国企的规范经营管理,带动市场环境的公平公正。国企反腐,正是这一系列改革的契机和"按钮"。

第五节 利率的决定

一、资本与利息

1. 资本

资本作为一种生产要素,它是由经济制度本身生产出来并被用做投入要素以便进一步生产更多的商品和劳务的物品。它具有以下特点:第一,资本的数量是可以改变的,即它可以通过人们的经济活动生产出来,这一点是有别于劳动和土地生产要素的;第二,它作为投入要素被生产出来的目的是为了以此获得更多的商品和劳务。

2. 利息

资本作为生产商品和劳务的源泉,它本身具有一定的资本价值或市场价格,通常用利率 r 来表示资本的价格。例如,一台价值为 10 000 元的机器被使用一年得到的收入为 1 500 元。用一年所获得的收入除以机器本身的价值便得到使用资本的价格:1 500/10 000＝15%。由此可见,资本服务的价格或利率等于资本服务的年收入与资本价值之比为:

$$r = Z/P \qquad (8\text{-}16)$$

若资本价值本身发生变化,则利率的公式改为:

$$r = (Z + \Delta P)/P \qquad (8\text{-}17)$$

式(8-17)中:ΔP 为资本价值增量。

对于不同的资本来说,它们的价值或年收入可能不相同,但它们的比率却有趋于相等的趋势。因为,当资本具有较高的利率时,人们将去购买它,从而它的市场价格即资本价值被抬高,于是由式(8-17)可知,它的利率将下降。这个过程将一直持续到它与其他资本的利率相等为止。

二、资本的供给

由于资本所有者拥有的资本数量是可变的,因此,要讨论资本的供给问题,就要先确定最优的资本拥有量。一个资本拥有者要么进行当前消费,要么进行储蓄以增加资本拥有量,以便于将来进行更多的消费。因此,资本最优配置问题可以看成是消费者的长期消费决策问题。下面我们用无差异曲线来分析消费者的均衡位置。

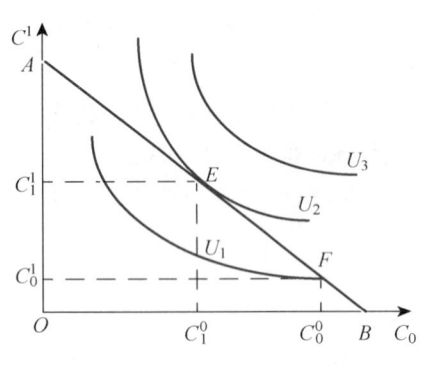

图 8-14 长期消费决策

如图 8-14 所示,假定只有一种商品,只有今年和明年两个时期,商品可以借入、借出。横轴 C_0 代表今年消费的商品量;纵轴 C_1 代表明年消费的商品量,F 点(C_0^0,C_1^0) 为初始状态,是预算线上一点。U_1、U_2、U_3 为消费者的无差异曲线。AB 曲线表示消费者的预算线。

因为假定消费者所面临的市场利率为 r,则他减少一单位商品的今年消费就可以增加 $(1+r)$ 个单位商品的明年消费。换句话说,预算线的斜率必为 $-(1+r)$。现在我们便可以确定消费者的均衡位置。即预算线与无差异曲线 U_2 的切点 E,长期最优消费决策是:今年消费 C_1^0,明年消费 C_1^1。从上面分析知:给定一个市场利率 r,消费者今年有一个最优的储蓄量从而贷出量。令利率变化提高,则预算线将绕 F 点顺时针旋转,与另一条无差异曲线相切,得到相应的均衡点。

将不同利率水平下消费者的最优储蓄量画出,就得到一条储蓄或贷款供给曲线,如图 8-15 所示。随着利率的上升,会增加人们的储蓄,曲线向右上方倾斜。当利率处于很高水平上时,贷款曲线可能出现向后弯曲的现象。其原因与劳动供给曲线相同。

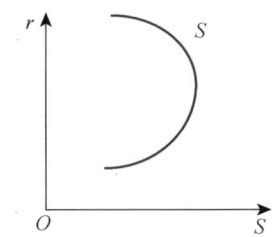

图 8-15 资本的供给曲线

三、资本市场的均衡

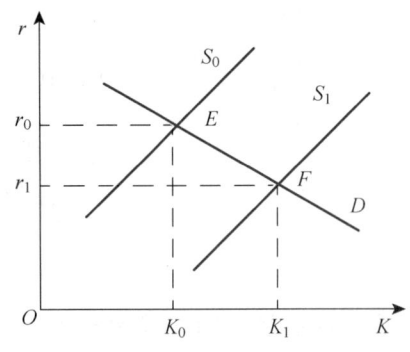

图 8-16 资本市场的均衡

利息率的水平决定于资本市场的供求均衡状况。如图 8-16 所示,供给曲线 S 和倾斜的需求曲线 D 相交于 E,该点所确定的短期利息率为 r_0,资本量为 K_0。随着时间的推移,积累资本日益增多,一直继续到 F 点,这是一个新的长期均衡点。在该点,长期利息率为 r_1,整个市场的资本量为 K_1。此时,资本边际产品价值正好等于所有资本供给者期望得到的为等待更多的未来消费而牺牲现期消费的报酬。

第六节 洛伦兹曲线与基尼系数

一、洛伦兹曲线

洛伦兹曲线研究的是国民收入在国民之间的分配问题。它是美国统计学家洛伦兹提出的。它先将一国人口按收入由低到高排队,然后考虑收入最低的任意百分比人口所得到的收入百分比。例如,收入最低的20%人口、40%人口……所得到的收入比例分别为5%、10%……如表8-2所示,最后,将这样得到的人口累计百分比和收入累计百分比的对应关系描绘在图形上,即得到洛伦兹曲线。如图8-17所示,ODL为该图的洛伦兹曲线。

表 8-2 收入分配情况

占人口百分比(累计)	收入累计	占人口百分比(累计)	收入累计
0	5%	60%	30%
20%	10%	80%	45%
40%	20%	100%	100%

如图8-17所示,横轴代表是人口百分比,纵轴代表是收入百分比,便得到洛伦兹曲线。

洛伦兹曲线的弯曲程度具有重要的意义,它反映了收入不平等程度:弯曲程度越大,收入分配越不平等;反之亦然。当所有收入掌握在一个人手中时,收入分配则达到完全不平等,洛伦兹曲线则为折线OHL;当一定比例人口百分比等于其收入百分比时,则收入是完全平等的,洛伦兹曲线则为通过原点的45°线OL。

一般来说,一个国家的收入分配,既不是完全不平等,也不是完全平等,而是介于两者之间;相应的洛伦兹曲线,既不是折线OHL,也不

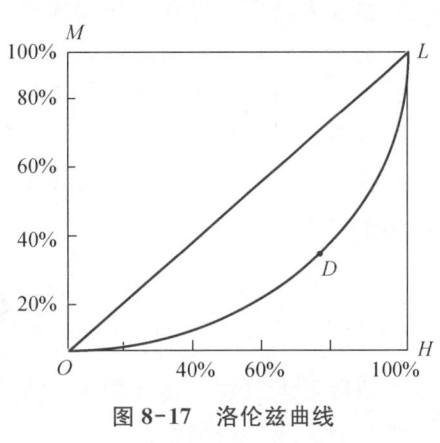

图 8-17 洛伦兹曲线

是45°线OL,而是像ODL那样向横轴凸出,尽管凸出的程度有所不同。收入分配越不平等,洛伦兹曲线就越是向横轴凸出,从而它与完全平等线OL之间的面积越大。

二、基尼系数

基尼系数是意大利经济学家基尼于1922年提出的①,旨在判断收入分配公平程度的指标。基尼系数是比例数值,在0和1之间,是国际上用来综合考察居民内部收入分

---

① 学术界关于是谁提出基尼系数这一概念是有争议的,本教材认为是基尼最先提出的。

配差异状况的一个重要分析指标。

设实际收入分配曲线和收入分配绝对平等曲线之间的面积为 A,实际收入分配曲线右下方的面积为 B,则基尼系数的计算公式为:

$$G = A/(A+B) \tag{8-18}$$

$0 \leqslant G \leqslant 1$ 这个数值被称为基尼系数或称洛伦兹系数。如果 A 为 0,基尼系数为 0,表示收入分配完全平等;如果 B 为 0 则系数为 1,收入分配绝对不平等。该系数可在 0 和 1 之间取任何值。收入分配越是趋向平等,洛伦兹曲线的弧度越小,基尼系数也越小,反之,收入分配越是趋向不平等,洛伦兹曲线的弧度越大,那么基尼系数也越大。如果个人所得税能使收入均等化,那么,基尼系数即会变小。联合国有关组织规定:若低于 0.2 表示收入绝对平均;0.2～0.3 表示比较平均;0.3～0.4 表示相对合理;0.4～0.5 表示收入差距较大;0.6 以上表示收入差距悬殊。总之,基尼系数是一个用来描述收入整体差距程度的重要指标。总的来说,基尼系数只可参考,不能绝对化。

本章小结

要素市场与产品市场相对应,又称为派生市场或间接市场,它具有共同性、联合性特点。要素市场的使用原则要满足要素的边际收益等于要素的边际成本。

在收入效应和替代效应共同作用下,单个劳动者的供给曲线是一条向后弯曲的曲线。土地供给一般是固定的,它的曲线是垂直的。资本供给曲线也随利率的变化而变化。劳动、土地、资本等要素均衡价格是由它们的供给曲线和需求曲线共同决定的。与租金有关的一组概念是经济租、寻租,现实中寻租现象可能在一定程度上阻碍了创新。

要素的均衡价格直接决定了要素所有者的收入分配情况。一般采用洛伦兹曲线和基尼系数来衡量一国的收入分配差距。

关键术语

边际要素收益　边际要素成本　边际产品价值　地租　准地租　经济租金　寻租　洛伦兹曲线　基尼系数

练习题

一、案例分析

中国基尼系数与收入差距变化趋势

基尼系数为意大利经济学家基尼于 1922 年提出,旨在定量测定居民收入分配差异程度。其值在 0 和 1 之间,越接近 0 就表明收入分配越趋向平等,反之收入分配越趋向不平等。按照国际一般标准,基尼系数在 0.3～0.4 之间表示收入差距相对合理,0.4

以上基尼系数表示收入差距较大,当基尼系数达到0.6时,则表示收入非常悬殊。

中国自从2000年公布中国基尼系数为0.417之后,国家统计局再未对这项统计公布过具体数字。2013年国家统计局首次公布了2003—2012年基尼系数,2003—2012年基尼系数分别为:0.479、0.473、0.485、0.487、0.484、0.491、0.490、0.481、0.477、0.474。基尼系数在2009年达到了最高值,此后有所回落。2012年基尼系数较2011年下降了0.003个基点,但依然处于较高水平,这表明居民收入分配差距很大。数据还显示,如果把城镇居民按收入水平划分为五等份,低收入组人均可支配收入为10 345元,而高收入组人均可支配收入为51 456元,差距近5倍;而农村居民低收入组人均纯收入为2 316元,高收入组为19 009元,差距为8倍左右。

中国收入差距的情况,与世界类似发展水平国家相比,究竟处于什么水平?国家统计局给出了几国数据。2009年阿根廷基尼系数为0.46、巴西0.55、俄罗斯0.40,2008年墨西哥基尼系数是0.48,2005年印度基尼系数是0.33。总的看,中国的基尼系数明显高于印度、俄罗斯,与阿根廷、墨西哥大致相当,明显低于巴西。与发达国家相比,中国基尼系数相对偏高,2009年英国、日本、美国的基尼系数分别为:0.34、0.24、0.468。

近些年来,中国的基尼系数总体上呈下降趋势,但高于国际公认的国际警戒线。如表8-3所示,2012—2015年,中国居民收入的基尼系数0.474、0.473、0.469、0.462。2016年是0.465,比2015年提高了0.003,但是它并没有改变中国基尼系数总体下降的趋势。国家发展改革委副主任兼国家统计局局长宁吉喆称,过去一年,中国城乡居民收入的相对差距缩小,从2015年的城乡收入倍差2.73下降到2016年的2.72。

但是基尼系数为何又有所扩大?根据调查,主要是城市一部分低收入者养老金的收入增速略有放缓,农村一部分只靠粮食生产收入为主的,由于粮价的下跌,收入略有减少,可能主要是这两个原因。总的趋势没有改变,而且政府加大脱贫扶贫攻坚的力度和城乡一体化的步伐,居民收入差距会保持逐步缩小的趋势,这是可以预期的。因此,如何缩小收入差距仍是当前的亟待解决的问题之一。

表8-3 2003—2016年中国基尼系数

年份	基尼系数	年份	基尼系数
2003	0.479	2010	0.481
2004	0.473	2011	0.477
2005	0.485	2012	0.474
2006	0.487	2013	0.473
2007	0.484	2014	0.469
2008	0.491	2015	0.462
2009	0.490	2016	0.465

资料来源:国家统计局网。

问题:

1. 在我国居民收入中,哪种要素收入占主要地位?
2. 我国收入差距的扩大和要素收入之间有什么关系?

3. 如何认识和理解我国现阶段的主要矛盾?

二、思考题

1. 简述要素市场的基本特征。
2. 完全竞争厂商要素使用原则?
3. 单个劳动者的劳动供给曲线为什么向后弯曲?
4. 张三是个大学毕业生,刚参加工作,编写程序。工作初期,涨工资会使张三增加工作量。当他成为一个软件高手之后,工资已经足够高了,张三的收入也相当高了,这个时候,张三面对涨工资的反应,不是选择加班,而是更多的来休闲和体育运动。在工资较低的时候,工资上涨的替代效应和收入效应哪个更大?当工资上涨的足够高的时候,如果接着上涨,又是如何呢?
5. 已知劳动是唯一的可变要素,生产函数为 $Q = 1\,000 + 10L - 5L^2$,产品市场是完全竞争的,市场价格为 3 元,劳动要素的价格为 W,试说明:

(1) 厂商对劳动的需求函数。

(2) 厂商对劳动的需求量与工资反方向变化。

6. 假定某厂商短期生产函数为: $Q = 10L + 10L^2 - L^3$,若该厂商的产品售价为 2 元,当单位劳动价格为 120 元,求厂商最优的雇佣劳动数量。
7. 什么是洛伦兹曲线和基尼系数?谈谈你对中国基尼系数和收入差距变化的看法。

第九章 市场失灵理论

◎ 学习目的与要求

本章主要分析了外部性、公共物品、信息不对称这三种情况下市场失灵的原因,介绍了在这些情况下政府及经济主体如何采取相应的措施以弥补市场失灵带来的低效。

通过本章学习,要求掌握外部性、公共物品及逆向选择、道德风险等基本概念,了解市场失灵的原因,学会运用相关理论分析现实问题,理解解决市场失灵的微观经济政策。

微课:气候变化的治理困境

导 读

根据看不见的手的原理，完全竞争市场经济在一系列理想化假定条件下，可以实现整个经济的一般均衡，使资源配置达到帕累托最优状态。然而在现实经济中，很难同时满足完全竞争市场以及其他一系列理想化假定条件，导致市场机制在很多场合中不能促成资源的有效配置，这就是所谓的"市场失灵"(market failure)。常见的市场失灵现象主要有环境污染、过度放牧、投票失效等。

本章我们将学习市场失灵的三种情形，即外部性、公共物品、信息不对称，当中也能接触到科斯定理、公地悲剧以及逆向选择等重要概念。

第一节 外 部 性

一、外部性分类

在日常经济社会活动中，人与人之间会产生各种各样的联系，单个消费者或生产者的行为不可避免地会对其他人的福利造成影响，也就是说会产生外部性（又称外部效应或外部影响）。有的时候，某个人（生产者或消费者）的一项经济活动会给社会上其他成员带来好处，但他自己却不能由此而得到相应的报酬。在这种情况下，他从该经济活动中所得到的私人收益小于由此带来的社会收益。我们将这种性质的外部影响称为"正外部性"或"正外部效应"。根据经济活动的主体是生产者还是消费者，正外部性可以分为"生产的正外部性"和"消费的正外部性"。另一方面，有的时候，某个人（生产者或消费者）的一项经济活动会给社会上其他成员带来危害，但他自己却并不承担足够抵偿这种危害的成本。在这种情况下，他所付出的私人成本就小于该活动所造成的社会成本。我们将这种性质的外部影响称为"负外部性"或"负外部效应"。同样，视经济活动主体的不同，负外部性可以分为"生产的负外部性"和"消费的负外部性"。

1. 生产的正外部性

若某一生产者的经济活动对他人产生了有利的影响，而自己却未能从中取得报酬，此时便产生了生产的正外部性。生产的正外部性的例子很多，例如，经营果园的果农在获得水果收入的同时，还为养蜂人制造蜂蜜提供了原料，从而给养蜂人带来收益，但果农通常不会向养蜂人索要这部分额外报酬。果农在经营果园这项活动中所取得的私人收益小于社会收益。

2. 消费的正外部性

若某一消费者的经济活动对他人产生了有利的影响，而自己却不能从中得到补偿，便产生了消费的正外部性。例如,当某个人对自己的房屋和草坪进行保养时,他的隔壁邻居也从中得到了不用支付报酬的好处。此外,一个人对自己的孩子进行教育,把他们培养成更值得信赖的公民,这显然也使其隔壁邻居甚至整个社会都得到了好处。

3. 生产的负外部性

若某一生产者的经济活动使他人付出了代价而又未给他人以补偿时,便产生了生产的负外部性。生产的负外部性的例子也很常见,比如,制药厂生产药品的私人成本包括原材料、运输、资本、劳动以及管理等成本,还包括生产过程中所产生的污水、废气对社会所造成的损失,即污染成本。制药厂的私人成本小于社会成本。

4. 消费的负外部性

若某一消费者的经济活动使他人付出了代价而又未给他人以补偿时,便产生了消费的负外部性。消费的负外部性最典型是例子是吸烟,吸烟者的行为危害了被动吸烟者的身体健康,但并未为此而进行补偿。此外,深夜在屋里喧哗吵闹会打扰邻居休息,学生上课说闲话会影响其他同学听课学习,交通工具随意摆放导致出行不便,路况拥堵,等等,都会产生消费的负外部性。

二、外部性与市场失灵

当不存在外部性时,经济活动的决策便取决于私人成本和私人收益,私人成本等于社会成本,私人收益等于社会收益,从而私人的决策也就成为社会的最优决策。而在实际经济生活中,由于存在各种各样的外部性,导致私人成本与社会成本不一致,或私人收益与社会收益不一致,对于厂商或个人是最优的决策不一定是社会的最优决策。可见,在存在外部性的情况下,完全竞争并不能使资源配置达到帕累托最优状态。

以上述制药厂为例,图 9-1 具体说明了在完全竞争条件下,生产的负外部性是如何造成市场失灵的。水平直线 $D=MR$ 是制药厂的需求曲线,MC_P 表示制药厂的私人边际成本。由于假定市场是完全竞争的,所以边际成本曲线就是其供给曲线。供给曲线和需求曲线的交点所对应的产量为 Q_P,这一产量水平即为市场机制决定的最优产量。然而从社会角度来看,生产药品的成本还包括污染成本,故社会的边际成本高于私人的边际成本,从而社会边际成本曲线 MC_S 位于私人边际成本曲线 MC_P 的上方。社会

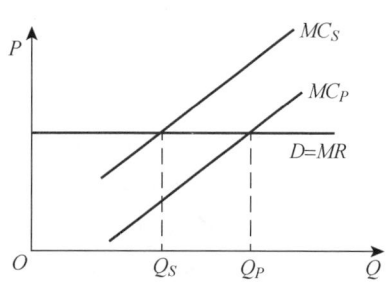

图 9-1 生产的负外部性所导致的市场失灵

最优产量为 Q_S,低于 Q_P。由此可见,负外部性的存在使得厂商倾向于提供过量的产品。依此类推,我们可以得出如下结论:在有正外部性的条件下,完全竞争会导致生产或消费的不足。

三、外部性的治理政策

1. 征税或补贴

外部性的存在使得厂商或消费者的私人成本(收益)与相应的社会成本(收益)不一

致，进而导致资源配置无法达到社会最优水平。对于造成负外部性的厂商，政府应该向其征税，征收数额应该等于该厂商给社会其他成员造成的损失，使该厂商的私人成本与社会成本恰好相等。例如，在有生产污染的情况下，政府应向污染者征税，其税额等于治理污染所需要的费用。反之，对造成正外部性的厂商，政府则可以采取补贴的办法，使该厂商的私人利益与社会利益相等。总的来讲，征税或补贴的目的，就是使得私人成本(收益)与社会成本(收益)相等，实现资源的帕累托最优配置。

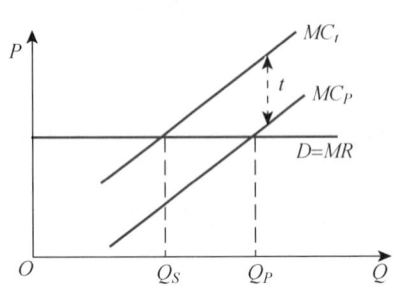

图 9-2 通过征税纠正生产的负外部性

图 9-2 说明了如何通过征税来纠正由负外部性导致的产量过多问题。政府对制药厂征收污染税，税率为 t。征税后制药厂的私人边际成本曲线用 MC_t 表示，$MC_t = MC_P + t$。制药厂的私人边际成本上升，其供给曲线随之往左上方移动，由此所决定的均衡产量比征税前会有所减少。若税率 t 恰好等于制药厂的边际污染成本，则征税便会使其私人边际成本与社会边际成本相等，从而使私人最优产量等于社会最优产量。采取征税政策的不足在于，实际排污量由各厂商来决定，政府在制订税率时对实际污染程度难以估计。

专栏9-1　雾霾治理的集体行动逻辑

对于不能清晰界定的产权，从而不能通过产权交易来解决负外部效应的公共池塘资源治理问题，埃莉诺·奥斯特罗姆(Elinor Ostrom)等认为必须建立集体行动的逻辑，通过自主组织来对公共池塘资源实行自主治理，其研究的中心问题是一群相互依赖的委托人如何才能把自己组织起来，进行自主治理，从而能够在所有人都面对搭便车、规避责任或其他机会主义行为诱惑的情况下取得持久的公共收益。群体理论认为具有共同利益的个人会自愿地为促进他们的共同利益而行动。但曼瑟尔·奥尔森(Mancur Olson)对群体理论中表现出的乐观主义集体行动提出了修正，认为除非一个群体中人数相对较少，或者除非存在着强制或其他某种特别手段，促使个人为他们的共同利益行动，否则理性的、追求自身利益的个人将不会为实现他们共同的或者群体的利益而采取行动。奥斯特罗姆等的集体行动逻辑是建立在小规模公共池塘资源自主组织和自主治理基础之上的，但对于中等规模以上的公共池塘资源治理通过自主组织和自主治理来解决制度供给、可信承诺和事后监督问题，仍然可能存在制度脆弱性或者制度失败的风险。大气的流动性和非可分性自然特征决定了清洁空气不是一种小规模的公共池塘资源。摆脱雾霾困扰，呼吸洁净空气是人们共同的利益追求。因此，雾霾治理也不能够完全适用于奥斯特罗姆等所谓的自主组织和自主治理的集体行动逻辑，必须建立在奥尔森的集体行动逻辑基础之上，通过强制性或者其他某种特别手段来促使具有共同利益的群体通过集体行动来实现他们的共同利益。针对雾霾形成的原因和雾霾治理的特点,这种强制性手段可以是基于集权的命令控制,也可以是基于市场的环境规制。但要从根本上治理雾霾,一方面,要靠集权的力量减少污染行为;另一方面,要靠激励手段鼓励社区公众参与,形成多中心治理机制。

2. "总量—交易"机制

通过"总量—交易"机制来控制环境污染也是一种较为有效的做法。首先政府通过调研评估确定社会所能容忍或承受的污染总量,然后给各厂商分配污染限额,这一额度实际上相当于一种资产,在此基础上建立排放交易市场。若某厂商预算其排污量会超过政府所规定的额度,则可在交易市场购买超额的部分。若某厂商由于技术先进、管理得当等原因,排污量低于政府所分配的份额,此时该厂商可以在交易市场出售多余的额度,从而获得相应收益。"总量—交易"机制的好处在于政府能够对总体的污染程度有比较确切的估计,而且结合排放交易手段,兼有灵活调控的优点。

3. 外部效应内部化

市场机制独立分散的决策没有把外部性考虑在内,故而不能实现资源的有效配置。若能够将外部效应内部化,则私人的成本(收益)就等于社会成本(收益),私人生产或消费的最优量也就是社会最优量。比如,一个企业的生产影响到另外一个企业。如果影响是正的(正外部性),则第一个企业的生产就会低于社会最优水平;反之,如果影响是负的(负外部性),则第一个企业的生产就会超过社会最优水平。但是如果把这两个企业合并为一个企业,则此时的外部影响就"消失"了,即外部效应被"内部化"了。合并后的单个企业为了自己的利益将使自己的生产确定在其边际成本等于边际收益的水平上。而由于此时不存在外部性,故合并企业的成本与收益就等于社会的成本与收益,从而使资源配置达到帕累托最优状态。

然而在许多情况下,外部效应的内部化会面临一定困难。例如,某条河流的上游除了制药厂外还有化肥厂、造纸厂、卷烟厂等,而下游除了农场之外还有渔场、食品加工厂以及大量的居民等。这样一来,污染源自多处,危害波及多方,要通过合并的方式来化解外部性、改善效率,就必须搞"大合并",以包罗各个方面,并协调各厂商、各居民的经济活动,而这种利益相关者众多的集体决策又往往是难以奏效的。

4. 界定产权

制度经济学家罗纳德·科斯(Ronald Coase)指出,如果产权(property rights)界定是明确的,并且当事人之间的协商是毫无成本的,即交易成本为零,那么在有外部效应的市场上,无论产权划归哪一方,交易双方总能通过协商达到帕累托最优配置。这就是著名的科斯定理(Coase Theorem)。科斯认为,外部性之所以导致资源配置失当,就是由于产权界定不明确。因为如果产权界定不明确,便无法确定究竟哪一方应该为外部性承担后果或获得报酬。比如,你的邻居喜欢在周末邀请朋友到家里打麻将,而麻将声严重干扰到了你的休息。在这种情形下,到底是他应该因为打麻将影响到你的休息而赔偿你呢?还是你该付费给他请求他不要打麻将呢?或者说,是你有权享受宁静,还是他有权周末打麻将呢?如果权利界定明确了,就可以通过协商,提高资源配置效率。

为了说明科斯定理,我们仍以上述制药厂为例。假设制药厂位于河流的上游,其排放的污染物使得位于河流下游的2个食品加工厂遭受污染,每个食品加工厂由此损失1 800元,2个食品加工厂共损失3 600元。如果由制药厂来处理污染物,所需费用为1 200元,而每个食品加工厂处理污染物的费用为1 400元,2个食品加工厂处理污染物的费用共2 800元。显然由制药厂来处理污染物成本更低,因而这是最有效率的解决方案。这种最有效率的解决方案就被称为帕累托最优状态。按照科斯定理的含义,不论给予制药厂排污的权利,还是给予食品加工厂使用清澈河水的权利,只要制药厂与食品加工厂协商时的协商费用(即交易成本)为零,那么市场机制(即自由进行交易)总是可以得到最有效率的结果(即由制药厂来处理污染物)。因为如果将排污权给予制药厂,那么食品加工厂便会联合起来与制药厂协商,向制药厂支付1 200元,由制药厂来处理污染物。因为这样比食品加工厂自己来处理污染物的2 800元费用更低,更加低于污染物没有处理而造成的3 600元损失。如果将不受污染物之害的权利给予食品加工厂,那么制药厂便会主动处理污染物。因为,在食品加工厂享有不受污染之害的权利的条件下,制药厂就有责任解决污染问题,否则制药厂必须赔偿食品加工厂的损失。因此由制药厂自己主动来处理污染物,费用是最低的。故而科斯定理宣称,只要交易成本为零,则不论产权归属于任何一方,自由的市场交易机制总可以找到最有效率的办法,从而使资源配置达到帕累托最优状态。

当然,科斯定理的结论只有在交易成本为零的情况下才能得到。如果不是这样,结果就会不同。例如,假设在制药厂具有排污权的条件下,如果2个食品加工厂联合在一起共同行动的费用很大,例如,为2 000元,那么为了共同行动说服制药厂处理污染物,它们的总支出就是1 200+2 000=3 200元。在这种情况下,2个食品加工厂便会选择自行处理污染物,因为这样做的结果总共只需要花费2 800元。然而,这却不是一个最有效率的结果。

值得注意的是,运用科斯定理解决外部性问题在实际中也往往难以奏效,主要有以下两点原因:首先,有些物品性质比较特殊,明确界定其产权存在一定困难,如空气,在历史上就是大家均可使用的共同财产,很难将其产权具体分配给谁;其次,交易成本为零这一非常苛刻的条件,在现实情况下很难得到满足。交易各方进行协商谈判需要花费时间,信息、资料和证据的收集需要投入精力,协商谈判所达成的协定需要动员人力、物力、财力去加以监督执行。同上述外部效应内部化所面临的困境一样,如果涉及的利益相关者为数众多,高额的费用甚至可能使各方放弃交易或谈判。

专栏9-2 透视环境税

对于环境税之所以广受关注,在于其一举多得的政策功能。理论上,学界比较一致地认为,环境税有两方面的积极作用,即"双重红利":其一,征收环境税能够约束污染物排放,降低经济活动带来的负面影响;其二,大多数国家的税制结构存在一定程度的不合理,环境税能够扭转既有税制结构的负面影响。最新研究表明:非正规经济的存在有助于减少环境税的实施成本;税制结构与纳税人之间有很强的互动关系,通过调整引入税种的先后顺序,有助于促进税制结构优化;环境税的补贴效应与税收归宿有关。总体来看,对环境税的研究还存在较大拓展空间。

非正规经济有助降低环境税的实施成本。2014年,美国加州大学圣地亚哥分校教授马克·雅各布森等发现,非正规经济的存在有助于减少环境税的实施成本,实现其"双重红利"。非正规经济是发展经济学研究的重要领域,是指没有纳入行政监管和税收征管的经济形式。非正规经济广泛存在于各类经济体中。一般而言,发达国家非正规经济的占比较小,发展中国家非正规经济的占比较大。由于脱离政府管理范围,非正规经济不容易被追踪研究,其具体影响尚不明确。但借助非正规经济的力量,环境税"双重红利"真的出现了。这一研究的贡献在于,其发现了非正规部门与正规部门之间存在替代关系,前者能够有效缓解环境保护与经济发展之间的矛盾。比如,税收增加导致产出下降,其中一个比较严重的后果是企业开工率降低,就业人口数量减少。换言之,增加环境税可能会恶化就业形势。在这种情况下,不容易被环境税规制的非正规部门,往往能为这部分失业者提供重新就业的机会。

上述研究证明,美国非正规部门的新增就业,降低了环境税6%的社会成本。而中国和印度等非正规经济规模更大的国家,虽然没有真正意义上的环境税,但一旦实施,非正规经济或许能在更大程度上缓冲税收对就业的负面影响。

引入税种的先后顺序影响税制结构优化效果,税制优化是一个非常复杂的问题。按照皮特·戴尔蒙德和詹姆斯·米尔里斯在1971年提出的关于优化税制和公共产出的观点,以及安东尼·阿特金森和约瑟夫·斯蒂格利茨在1976年提出的关于优化直接税和间接税的说法,征收一个单位的税收耗费的成本与削减一个单位的税收带来的损失之间存在平衡点。但是,要在现实经济环境中去找寻理论上的平衡点,很难做到。很多学者寄希望于把环境税作为一个后加入的"催化剂",从而简化上述问题的分析。但现在来看,这一期许还是过分理想化了。这里要问的是,税制结构优化有没有考虑到引入税种的先后顺序所带来的不同影响?即使税制结构再不合理,比如在极端情况下只有所得税或者只有商品税,个人或企业也会相应调整自己的行为,从而尽可能将税收的负面影响降到最低。这就意味着,税制结构与纳税人之间有很强的互动关系。

环境税的补贴效应与税收归宿有关,环境税的补贴效应需要斟酌。一般认为,环境税有助于遏制污染物排放,然后用税收收入支持清洁能源发展,最终实现节能减排。但现实经济却并不完全按照经济学的理论设想运行。2016年,佐治亚州立大学教授加斯赫·尤特尔和迈阿密大学教授大卫·凯利的研究发现,政府的环境补贴政策往往很难奏效,甚至会有反作用。他们指出,对一个行业或者一个企业的商品或资本提供补贴,会显著地传导到就业、原材料价格和相关行业产出上,并且这种影响不仅不会降低社会生产的污染物总排放,反而会导致价格扭曲甚至降低社会产出水平。通俗地讲,环境税的补贴效应很可能是负面的。这里面有税收归宿的问题,即谁承担了税负,又是谁享受到了税收的红利,还有谁被税收或补贴所影响的问题。

第二节 公共物品

一、公共物品与私人物品

1. 竞争性与排他性

市场经济中,通常讨论的商品和服务主要是所谓的"私人物品"(private goods),如面包、衣服、电脑、汽车等吃穿用住行的物品。"私人物品"具有两个鲜明的特征:竞争性和排他性。所谓竞争性,是指当某人在使用某一商品或服务时,其他人便不能再同时使用该商品或服务。或者说,如果要满足更多人或更高的需求,成本会增加。例如,一块面包被你吃了,别人便吃不到;一个停车位被你占用了,别人便无法再停车;一台电脑被你使用了一段时间,别人再用时便不是新电脑了。所谓排他性,是指某商品或服务具有可以阻止其他人使用该商品或服务的特性。一般来讲,要获得具有排他性商品或服务的使用权,需要支付一定的价格或具备某种特殊的资格。比如,你不支付价钱,便无法消费服装、家电等;你没有借书证便不能借书;你没有会员资格,便享受不到会员的特殊福利。

在现实的经济中,除了"私人物品"以外,还存在着许多不满足竞争性或排他性特点的物品。若某一商品或服务的消费同时具备非竞争性和非排他性特点,我们称其为"公共物品"(public goods)。国防、路灯、广播等是比较典型的公共物品。一国之内,如果一部分人受到国防力量的保卫,另一部分人也一定受到同样的保卫。不能因为某人对国防力量毫无贡献,而将其排斥于国防力量保卫之外。夜间行路,我享用路灯照明,你也同样享用路灯照明。我对路灯照明的享用丝毫不减少你从路灯照明中所得到的效用。若某一商品或服务的消费具有非竞争性和排他性特征,则称其为"俱乐部物品"(club goods)。比如,有线电视具有非竞争性,多一台电视机接收有线电视节目并不会降低其他电视机的接收质量。但有线电视同时具有排他性,不支付费用便不能接收电视节目。收费博物馆、公园在未达到拥挤状态时也如同有线电视一样,具有排他性而不具有竞争性。若某一商品或服务的消费具有竞争性和非排他性特征,则称其为"公共资源"(common resources)或"公共池塘物品"(common-pool goods)。比如,公海捕捞便具有竞争性和非排他性的特点,一艘渔船在公海上捕捞,便减少了公海上的渔业资源,但任何人都不能禁止别的渔船在公海上捕捞。地下水流域、牧场以及灌溉渠道等均属此类物品。俱乐部物品与公共池塘物品统称为准公共物品（quasi-common goods）。按照竞争性与排他性标准的物品分类情况如表 9-1 所示。

表 9-1 基于竞争性与排他性的物品分类

竞争性 \ 排他性	排他	非排他
竞争	私人物品 如面包、电脑	公共池塘物品 如公海渔场、地下水流域
非竞争	俱乐部物品 如有线电视、收费博物馆	公共物品 如国防、路灯

2. 公共物品的需求曲线

公共物品的消费特殊性导致了其需求函数的特殊性。在私人物品市场中，针对同一价格，消费者依据各自的偏好决定购买不同的数量。市场的总需求量则是同一价格下所有消费者的需求量的总和。因此，私人物品的总需求曲线由所有消费者的个人需求曲线横向加总而成。而在公共物品的情况下，每个消费者必须消费同一数量，这同一数量的公共物品，所对应的价格是所有消费者愿意支付的价格的总和。因此，公共物品的总需求曲线由所有消费者的个人需求曲线纵向加总而成。

为了更好地理解私人物品和公共物品需求曲线的区别，假定社会上只有 A 和 B 两个消费者，如图 9-3 所示，他们对商品的需求曲线分别由 D_A 和 D_B 表示。商品的市场供给曲线为 S，图 9-3(a) 讨论的是私人物品，将消费者 A 与 B 的需求曲线 D_A 和 D_B 水平相加即得到该私人物品的市场需求曲线 D。市场需求曲线 D 与供给曲线 S 的交点决定了该私人物品的均衡数量 Q^*。这个均衡数量 Q^* 就是该私人物品的最优数量。图 9-3(b) 讨论的是公共物品。公共物品的数量为 K，于是消费者 A 和 B 的消费量都为 K。当 A 和 B 的消费量均为 K 时，他们所愿意支付的价格按各自的需求曲线分别为 I 和 J。因此，当消费量为 K 时，消费者 A 和 B 所愿意支付的价格之和就是 $I+J=M$。

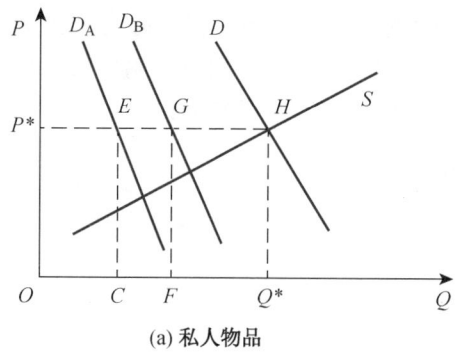
(a) 私人物品

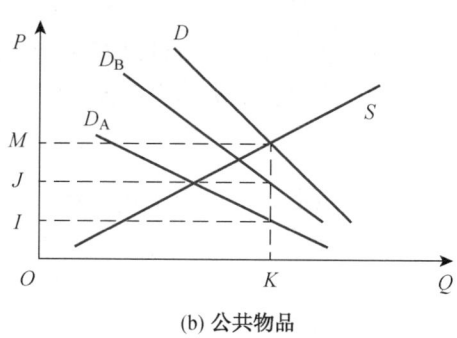
(b) 公共物品

图 9-3 私人物品与公共物品的需求曲线差异

二、公共物品与市场失灵

1. 搭便车问题

搭便车理论首先由美国经济学家曼瑟尔·奥尔森在1965年发表的《集体行动的逻辑》一书中提出。其基本含义是不付成本而坐享他人之利。公共物品消费的非竞争性和非排他性,容易引起"搭便车"(free rider)问题,由此导致市场失灵,使市场机制无法实现帕累托最优配置。

比如,在某个拥挤的十字路口,由于没有红绿灯的控制,每辆车都急于通过路口,从而导致路口变得更加拥挤,每辆车都无法顺利通过。设置一个红绿灯的成本为5万元,一年该路口通过10万辆汽车,每辆汽车由于能够顺利地通过路口而节约的成本为10元。由于节约的成本100万元大于5万元,所以设置红绿灯是有效率的。然而市场会提供这个有效率的结果吗?实际上可能性比较小。公共物品的非排他性使得通过市场交换获得公共物品的利益这种机制失灵。对于红绿灯提供者而言,他必须能够把那些不付钱而享受红绿灯所带来效用的人排除在消费之外,否则他将无法弥补生产成本。而对于一个消费者而言,由于公共产品的非排他性,公共物品一旦生产出来,每一个消费者都可以不支付就获得消费的权力,每一个消费者都可以搭便车。消费者这种行为意味着生产公共物品的厂商很有可能得不到弥补生产成本的收益,所以厂商不会提供这种物品,这使得公共物品很难由市场提供。因此,正如我们在现实经济中所看到的,许多公共物品都是由政府来提供的。

2. 公地悲剧

若某物品具有非排他性,则消费者出于自己的利益考虑,就会尽可能多地去享用它。如果该物品又同时具有竞争性的特点,即所谓的公共资源或公共池塘物品,则该物品很可能会被过度利用,导致灾难性后果。比如,有一块公共牧场,牧民们在这里放牧奶牛。如果每一个牧民都能够毫无限制地使用牧场,则实际的放牧数量将远远超过它的最优水平,此牧场将由于超载放牧而迅速退化,这就是所谓的"公地悲剧"(tragedy of the commons)。

首先来看"公地"上最优放牧量的决定。对这个问题的回答显然取决于整个牧场集体放牧的边际收益和边际成本。我们把牧场集体的边际收益和边际成本分别叫做边际社会收益和边际社会成本。对整个牧场来说,最优的放牧量应当使得边际社会收益恰好等于边际社会成本。假设以 Q 来表示"公地"上放牧奶牛的数量,每头奶牛每天可产牛奶1公斤。于是,Q 头奶牛每天可产奶 Q 公斤。设牛奶的需求函数为:

$$P = a - bQ \tag{9-1}$$

式(9-1)中:P 是牛奶的市场价格;a 和 b 均为大于零的常数。于是,放牧 Q 头奶牛的总社会收益 TR_S 和边际社会收益 MR_S 分别为:

$$TR_S = P \times Q = aQ - bQ^2 \tag{9-2}$$

$$MR_S = TR'_S = (aQ - bQ^2)' = a - 2bQ \tag{9-3}$$

再设每天喂养一头奶牛需要花费 20 元钱,则放牧 Q 头奶牛的总社会成本 TC_S 和边际社会成本 MC_S 分别为:

$$TC_S = 20Q \tag{9-4}$$

$$MC_S = TC'_S = 20 \tag{9-5}$$

使整个牧场利润达到最大的条件是边际社会收益 MR_S 等于边际社会成本 MC_S,即:

$$a - 2bQ = 20 \tag{9-6}$$

解之即得公地的最优放牧量 Q^*:

$$Q^* = (a - 20)/2b \tag{9-7}$$

再来看牧场的实际放牧量(亦即均衡放牧量)的决定。如果每一个牧民都可以无限制地自由使用"公地",则他就会根据自己的利润最大化考虑而行事。也就是说,他将根据自己的边际私人收益和边际私人成本相等的原则来确定其最优放牧数量。

我们用 Q_1 表示某个典型牧民拥有的奶牛数量,Q_2 表示其余牧民拥有的奶牛数量。此时,牛奶的需求函数就可重写为:

$$P = a - b(Q_1 + Q_2) \tag{9-8}$$

式(9-8)中:$Q_1 + Q_2 = Q$。如果用 TR_P 和 MR_P 分别表示典型牧民的总私人收益和边际私人收益,则有:

$$TR_P = P \times Q_1 = aQ_1 - b(Q_1 + Q_2)Q_1 \tag{9-9}$$

$$MR_P = TR'_P = a - bQ_2 - 2bQ_1 = a - b(Q - Q_1) - 2bQ_1 = a - bQ - bQ_1 \tag{9-10}$$

可见,边际私人收益 MP_R 是总私人收益 TR_P 对 Q_1 的导数。

由于边际私人成本和边际社会成本一样,都等于 20,故典型牧民私人利润最大化的条件为:

$$a - bQ - bQ_1 = 20 \tag{9-11}$$

令 $Q_1 = mQ(0 \leqslant m \leqslant 1)$。$m$ 表示典型牧民放牧量 Q_1 在占整个牧场奶牛总量 Q 的比重。m 越小,意味着典型牧民拥有的奶牛数量占整个牧场奶牛总量的比例越小。将 $Q_1 = mQ$ 代入式(9-11)即得:

$$a - bQ - bmQ = 20 \tag{9-12}$$

解之即可得实际放牧量 $\hat{Q}$:

$$\hat{Q} = (a - 20)/[(1 + m)b] \tag{9-13}$$

比较这里的实际放牧量 $\hat{Q}$ 和前面的最优放牧量 Q^*:

$$Q^* = (a-20)/2b \tag{9-14}$$

可得如下结论。

首先,当 $m=1(Q_1=Q,Q_2=0)$,即当典型牧民拥有牧场的全部奶牛时:

$$\hat{Q} = (a-20)/2b = Q^* \tag{9-15}$$

表明当某个牧民拥有牧场的全部奶牛(意味着公地完全归该牧民所有)时,实际的放牧量将等于最优的放牧量。

其次,当 $0<m<1(0<Q_1<Q、0<Q_2<Q)$,即当典型牧民拥有牧场的部分奶牛时,有:

$$\hat{Q} = (a-20)/[(1+m)b] > (a-20)/2b = Q^* \tag{9-16}$$

式(9-16)表明当每个牧民都只拥有牧场的部分奶牛(意味着公地不归任何人所有且不存在任何对放牧量的控制)时,实际的放牧量就会超过最优的放牧量。

最后,当 $m=0(Q_1=0,Q_2=Q)$,即当典型牧民拥有的奶牛数量相对于整个牧场的奶牛总量来说小到可以忽略不计时,有:

$$\hat{Q} = (a-20)/b = 2Q^* \tag{9-17}$$

式(9-17)表明在极端情况下,即当所有牧民都如上述典型牧民、从而每个牧民拥有的奶牛数量相对于整个牧场的奶牛总量均可以忽略不计时,公地上的实际放牧量将达到最大,该实际放牧量达到最优放牧量的两倍,严重超载放牧。

上述例子中,由于边际私人收益和边际社会收益存在差异,牧场很可能会被过度使用,最终导致公地悲剧。类似的例子还有很多,如在公共渔场,如果每一个渔民都能不加以限制地捕鱼,结果将是渔场无鱼可捕。从 20 世纪 90 年代开始,世界各国逐渐认识到,二氧化碳的过量排放是引起全球气候变暖的一大主要原因。然而在历次全球气候大会中,大多数国家都希望争取尽量多的碳排放权,至今为止也没一项强有力的措施来推进各国积极减排,拖延日久,"气候公地悲剧"将不可避免。

三、公共选择理论

1. 公众决策机制

对公共物品(以及公共资源)的处理涉及公众决策或集体选择问题。在民主社会里,公众决策的一个重要方式是投票表决。然而许多经济学家认为所谓民主投票制度并不能保证公共物品的消费符合帕累托最优标准。如果投票结果是全体一致通过某个方案,那这个方案被认为是符合帕累托最优条件的。但是在绝大多数情况下并非一致通过。不同的人有不同的利益偏好,因此,投票制度下通行的规则只能是少数服从多数,采取多数票主张的方案。可是这种依照多数规则的投票表决机制容易被操纵、利用,因而难以诱导出投票者真实的偏好或意图,甚至有可能出现互相矛盾的结果。

假设某村庄里有甲、乙、丙三位村民,他们想要修建一条环村公路,但是对于公路的设计与造价有三种不同的方案,方案代号分别为:A、B、C。现在由这三位村民投票决定选取其中一个方案。投票和表决规则及程序如下:一人一票。每次表决在两种方案中选取一个,获取简单多数者得胜。得胜方案再与余下的方案角逐,最终得胜方案便成为公共决策。各村民的偏好情况是:甲对方案 A 的偏好大于对方案 B 的偏好;乙对方案 B 的偏好大于对方案 C 的偏好;丙对方案 C 的偏好大于对方案 A 的偏好。具体偏好情况如表 9-2 所示。

表 9-2 村民对各方案的偏好排序

村民	偏好顺序		
	1	2	3
甲	A	B	C
乙	B	C	A
丙	C	A	B

假设先在方案 A 与方案 B 之间表决,甲和丙会投方案 A 的票,乙会投方案 B 的票,方案 A 通过。然后再在方案 A 与方案 C 之间表决,乙和丙会投方案 C 的票,甲投方案 A 的票,最后方案 C 通过。假设先在方案 A 与方案 C 之间表决,乙和丙会投方案 C 的票,甲投方案 A 的票,方案 C 通过。然后再在方案 C 与方案 B 之间表决,甲和乙会投方案 B 的票,丙投方案 C 的票,最后方案 B 通过。同理,如果先在方案 B 与方案 C 之间表决,最后方案 A 会获得通过。由此可见,不同的表决次序将导致不同的投票结果。这里面就存在程序操纵的空间。村民甲会支持先在方案 B 和方案 C 之间表决,以达到最终通过方案 A 的目的。而村民乙和丙则将根据同样的逻辑,分别争取方案 B 和方案 C 通过。究竟应该按照何种次序来表决,又会进一步引起争议,从而不得不针对表决程序进行投票表决,然而这种表决仍然很可能无果而终。

2. 阿罗不可能定理

1972 年诺贝尔经济学奖获得者之一肯尼斯·约瑟夫·阿罗(Kenneth J. Arrow)对公众决策机制做过深入研究,并提出了著名的阿罗不可能定理。1951 年,阿罗在经济学经典著作《社会选择与个人价值》中采用数学的公理化方法分析如下问题:通行的投票选举方式能否保证产生出合乎大多数人意愿的领导者或者说将每个个体表达的先后次序综合成整个集体的偏好次序? 他得出的结论是:绝大多数情况下是不可能的。更准确的表达为:当至少有三名候选人和两位选民时,不存在满足阿罗公理的选举规则。随着候选人和选民的增加,"程序民主"必将越来越远离"实质民主"。

阿罗不可能定理认为:通过反映社会中所有个体的偏好而进行的民主投票是不能产生社会福利函数的。阿罗认为:任何建立在个人偏好基础上的公众决策机制必须满足一些基本要求。

(1) 集体理性:如果所有个人的偏好具备完备性、传递性和自反性,则任何决策机制所导出的集体偏好也必须具备这些特性。

(2) 无限制性:公众决策机制不得排斥任何形式的个人偏好,只要该偏好具备完备性、传递性和自反性。

(3) 帕累托较优性:如果每个人都认为方案 A 比方案 B 优越,那么集体偏好也必须认为方案 A 比方案 B 优越。

（4）偏好独立性：集体偏好对方案 A 和方案 B 之间的排名只取决于人们对这两种选择之间的排名，而跟人们对其他选择的排名无关。

阿罗不可能定理认为：完全满足上述四个条件的公众决策必然是一个独裁决策，即以一个人的偏好顺序代替所有的社会偏好顺序，而这与建立在个人偏好基础上的公众决策机制是相违背的。因此说，满足上述四项条件的公众决策机制是不存在的。

阿罗不可能定理似乎对公众决策宣判了死刑，然而在现实经济中，公众投票表决机制在民主社会里广泛施行。阿罗不可能定理对福利经济学发展的重要意义在于，它对集体决策可能导致矛盾的结果，给出了一个一般化的结论，免去了人们许多无谓的研究。许多后来的经济学在阿罗不可能定理的基础上对社会选择问题进行了深入研究，并试图寻找避免不可能性这一悲观结论的方法。经济学家的研究表明，阿罗不可能定理只适用于投票式的集体选择规则，并不具备普遍意义。

第三节　信息不对称

一、信息不对称与市场失灵

信息不对称(asymmetric information)是指在市场经济活动中，每个市场活动的参与方对有关信息的了解是有差异的。掌握信息比较充分的人员，往往处于比较有利的地位，而信息贫乏的人员，则处于比较不利的地位。2001 年度诺贝尔经济学奖授予了约瑟夫·斯蒂格利茨(Joseph Stiglitz)、乔治·阿克尔洛夫(George Akerlof)、迈克尔·斯彭斯(Michael Spence)三位美国经济学家，以表彰他们在信息不对称研究领域所做出的杰出贡献。信息不对称理论认为：市场中卖方比买方更了解有关商品的各种信息，掌握更多信息的一方，可以通过向信息贫乏的一方传递可靠信息而在市场中获益。买卖双方中拥有信息较少的一方会努力从另一方获取信息。市场信号显示在一定程度上可以弥补信息不对称的问题。这一理论可以为很多市场现象，如股市沉浮、就业与失业、信贷配给以及商品促销等提供解释，并成为现代信息经济学的核心，被广泛应用到从传统的农产品市场到现代金融市场等各个领域。

1. 信息不对称与逆向选择

信息不对称经常出现在保险市场中。近年来，随着个人购买家庭轿车的数量逐渐增多，汽车保险业务增长得很快。可是由于车多路窄，新手又多，汽车交通事故比原来增加很多。尽管保险公司也知道，在它的顾客中有些肯定比其他人具有更低的风险，但它不能确切知道谁是风险低的人。也就是说，保险公司知道个人之间肯定存在差别，应该努力把他们划分为较好的和较差的风险类别，并征收不同的保险费。但是保险公司很难区分哪些人是高风险的，哪些人是低风险的。凡是那些积极买保险的人都是容易出险的人，因为他们容易出事故，所以常常渴望购买保险，以便出险之后有保险公司为他们付费。而出险概率较低的人则往往犹豫不决，如果保险价格提高了，反而会把他们首先拒之门外。这就是典型的逆向选择(adverse selection)现象,指达成交易(签订契约)前一方利用自己的信息优势做出损害对方利益的行为。

在柠檬市场(lemon market)中也存在典型的逆向选择问题。在美国俚语中,柠檬市场是指二手商品市场。一般把柠檬市场理解为信息不对称下的二手商品市场。假设存在这样一个二手电动车市场,有100人希望出售他们的旧电动车,同时又有100人想买旧电动车,买主和卖主都知道这些旧电动车中高质量与低质量的电动车各占50%。拥有高质量和低质量旧电动车的卖主的预期最低售价分别为2 000元和1 000元,而高质量和低质量旧电动车的潜在买主的预期最高支付价格分别为2 400元和1 200元。如果信息对称且充分,买主不难确定旧电动车的质量,该市场不存在什么问题。低质量旧电动车将按1 000~1 200元之间的价格出售,高质量旧电动车将按2 000~2 400元之间的价格交易。在信息不对称的情况下,买主无法了解每辆电动车的质量,只能进行推测。因此,买主将以预期值购买电动车,即愿意支付1 800($1/2 \times 1\,200 + 1/2 \times 2\,400$)元。这样一来,拥有高质量电动车的卖主将不愿意出售电动车,由此退出市场,而留在市场上待售的均为低质量电动车。而原本想买高质量二手车的买主一旦意识到市场上全部为低质量的电动车时,也会退出市场。这样就导致了社会福利损失。

逆向选择之所以发生是因为交易双方所掌握的信息不一样。当交易的一方掌握着另一方所不知道的信息,缺乏信息的一方便不能作出正确的决策,市场价格就不能反映决策所必需的信息。于是价格失去了平衡供求、促成交易的作用。

2. 信息不对称与道德风险

道德风险(moral hazard)是指契约的甲方(通常是代理人)利用其拥有的信息优势采取契约的乙方(通常是委托人)所无法观测和监督的隐藏性行动,从而导致委托人损失或代理人获利的现象。购买了汽车保险的人由于有了保险,可能对汽车的使用和保管没有以前尽心,反正汽车坏了有保险公司负责赔偿损失。而保险公司也因为信息不对称无从判断车主是否应该或者在何种程度上承担损失的责任,致使保险公司收取的保险费不够赔付汽车修理公司的汽车修理费。

道德风险的产生是因为交易的一方无法观察到另一方的行为,或者因成本太高而不能监督对方的行为。这种无法观察或监督的行为就叫做隐藏行为。隐藏行为的存在很有可能使原来存在的市场消失。假设某厂商产品仓库价值为100万元,厂商采取防火措施的成本为500元。采取防火措施后小心谨慎,发生火灾的概率为0.005;没有防火措施且疏于防范,发生火灾的概率为0.008。又假设保险公司以预期火灾损失5 000(1 000 000×0.005)元作为保险费用出售保险单。在这种情况下,如果厂商向保险公司投保后,就可能不会有动力继续执行防火措施,并可能疏于防范,结果发生火灾的概率从0.005上升到0.008,实际预期火灾损失为8 000(1 000 000×0.008)元。每出售一张保险单平均会损失3 000(8 000−5 000)元。这种保险单设计对保险公司来说是不可行的。

再来看一个例子,假设某地区洗衣店的洗衣设备经常出现故障,同时假定店主均为风险厌恶者。每出一次故障,维修费用和停工损失共计600元。调查统计显示,如果平时能够得到妥善维护,设备发生故障的概率为5%。但若不能得到日常维护,设备发生故障的概率高达 40%。设备的维护成本为每周 120 元。洗衣店每周利润为 1 000 元。

如果洗衣店对设备进行日常维护,那么发生故障的概率为 5%。保养设备每周耗费 120 元。在设备不出故障时,净利润为 880(1 000－120)元。一旦出了故障,每周的净利润只有 280(1 000－120－600)元。因此,在保养设备的条件下,店主的期望净利润为 850(0.95×880＋0.05×280)元。如果店主不对设备进行日常维护,他的期望净利润为 760(0.6×1 000＋0.4×400)元。显然,在没有保险的条件下,店主会妥善保养设备。

若某保险公司决定给这类设备提供全保险,即一旦设备出现故障,公司补偿店主全部损失 600 元。根据前述分析可知,这类设备的故障率为 5%,所以期望赔偿费为 30 元。只要保险费在 30 元以上,保险公司就有利可图,愿意提供保险服务。如果洗衣店购买了保险,那么店主每周固定可以获得净利润 850(1 000－120－30)元。如果他不参加保险,他每周的期望净利润也为 850 元。因为店主均为风险厌恶者,所以他宁愿要确定的 850 元。故所有的店主都会购买保险。

在全保险条件下,保险公司将补偿设备故障的全部损失。对店主来说,既然机器故障的损失将全部得以补偿,那又何必花钱保养设备呢?于是就产生了道德风险问题。被保险人因为有了保险而改变其行为,大家都不维护设备了,如此,设备发生故障的概率由原来的 5%变为 40%。为使保险业务不赔本,保险费不能少于 240 元。然而当保险费 240 元时,店主就不会购买保险。道德风险的产生使这项全保险业务退出市场。

二、信息不对称的治理政策

信息不对称不仅会给缺乏信息的一方造成损失,也会给掌握信息的一方造成损失,甚至使整个交易市场不复存在。因此,交易双方有必要采取措施减轻由信息不对称所导致的市场失灵。

1. 筛选信号

不掌握信息的一方,可以花一定的成本收集被隐藏的信息,以减轻自己在市场交易中的信息劣势,这就是所谓的筛选(screening)。例如,银行在受理信用卡申请时,一般会要求申请人填写职业、收入以及受教育程度等信息。通常来讲,工作岗位稳定、收入高以及受教育程度高的申请人,还款能力也相对更有保障。学校在招聘教师时,也会了解应聘者的毕业学校、年龄以及已取得的科研成果等信息,以预估其教学科研能力。

2. 发送信号

优质人才都不愿意被误认为是平庸之辈,优质产品也不希望被低劣产品所淹没,因此,在一定条件下,掌握信息的一方积极地将信息传递出来,这就叫做发送信号(signaling)。社会精英可以通过多种方式来展露自己的才能,如所接受的教育、参加过的培训、获得过的奖项以及所完成的业绩等。优质产品则可以通过提供三包服务与劣质产品拉开距离。质优者成功发送信号的前提条件是成本足够低或者收益足够大,即发送信号的净收益必须为正。

3. 建立信誉

一般来讲,当买卖双方的关系相对固定时,信誉机制比较容易建立。在这种情况下,企业只要欺骗某个消费者一次,就可能永远失去这一消费者,甚至有可能失去更多的消费者。反之,如果是一次性的、流动性的买卖,交易结束之后,双方可能永远也不会再碰面,则建立信誉机制就比较困难,因为在这种情况下,对企业来说,回头客本来就不存在,也用不着担心受骗者会向其他消费者揭发自己的劣迹。不过,即使是在后面这种场合,信誉机制有时也可以起到一定的作用。例如,当你待在家里时,你也许并不愿意经常去肯德基。但是,当你出差到一个陌生的地方时,去肯德基能给你提供可以预期的就餐感受。街边某家地方特色饭馆或许更具风味,但你却无法肯定其是否属于自己喜欢的类型。你唯一能够肯定的是,这里的肯德基和你家乡的肯德基是几乎完全一样的,去那里就餐用不着担心受骗。于是,通过这样的标准化,市场在一些一次性买卖的场合也可以建立起信誉机制。总之,信誉能够提高诚信的收益和欺骗的成本。

本章小结

本章阐释了外部性、公共物品以及信息不对称的含义,讨论了各自与市场失灵的关系与机理。外部性是造成市场机制低效率的重要原因。由于私人收益与社会收益、私人成本与社会成本不同,个人的理性选择与社会的理性选择在存在外部性的情况下会不一致。治理外部性可通过税收和补贴、"总量—交易"机制、外部效应内部化、界定产权等方式。

在公共物品的场合,由于非竞争性和非排他性容易引起"搭便车"问题,通过市场机制提供的产品数量往往无法达到最优数量。而在公共池塘物品或公共资源的场合,非排他性和竞争性经常导致"公地悲剧"。这些问题的解决有待于建立适宜的公共决策机制。信息不对称广泛存在于现实的经济生活之中,由此导致逆向选择和道德风险,使市场机制的作用受到很大限制。信号显示和制度设计可以在一定程度上缓解信息不对称导致的市场效率降低问题。

关键术语

市场失灵　外部性　科斯定理　公共物品　公地悲剧　信息不对称　逆向选择　道德风险

练习题

一、案例分析

共享单车的负外部性及政府应对策略

当下,单车实现了"共享",人们出行变得更加便利,出行的短期成本得到很大幅度降低。但是,这在金融资本的参与下被放大为一个"市场"后,也受到了拥挤效应的影响:仅仅是停车的空间和方式,共享单车就已经对外部环境和社会经济造成了极大的困扰,造成各种不便。这些都让人们清晰地看到,互联网在给发展共享经济带来便利的同时,也在短时间内放大了这一经济背后所隐藏的负外部性。只不过,在发展初期,或者在没有达到拥挤的临界点之前,这些问题因不显著而常常被忽视了。

面对共享单车的"负外部性",政府应扮演好三个角色。

假如说扣车不是最佳的解决方案,对于这样一种具有"负外部性"的共享单车经济,政府应该怎么办呢?

总体上,对创新创业型的共享单车市场,政府包括整个社会应当给予必要的支持甚至扶持。世界各国政府也都采取各种政策来专门支持那些创新的小微企业。但从政府的角度看,究竟是从产业层面,还是从市场层面,抑或从社会层面,来支持或扶持共享单车,还是值得商榷的。归根结底,答案又与在共享单车的市场中政府究竟应该发挥什么作用有关。

1. 政府应该扮演监管者的角色

不可否认,共享单车是当前互联网技术革命背景下社会经济发展所出现的新事物、新趋势,满足了公众短途出行的社会需求,值得鼓励。但是,作为市场经济的一部分,不能忽视其中存在的各种市场失灵可能。例如,即便就产业本身的层面而言,是否存在不正当竞争和垄断?是否会损害消费者利益?是否存在经济金融方面的风险?以及是否会过度发展从而造成一些负外部效应?这些都需要政府给予常规性的市场监管。要看到市场的监管并不是为了限制"共享经济"的发展,相反,监管恰恰是为了促进"共享经济"更健康地发展。目前,对于共享单车类似的有效监管措施似乎还很缺乏,但很多方面对此已经在探讨和摸索。

2. 政府应该扮演公共产品供给者的角色

即便是共享型的交通方式,其本质上仍然从属于城市大交通的范畴。基于其对城市公共土地资源的利用,无论是公交车、出租车,还是共享单车,各种城市交通方式必然都有着或多或少的公共品属性。着眼于城市的良性有序发展,政府应该确保提供必要的交通公共基础设施以及交通公共品。在此,政府既可以通过自身直接供给的方式来提供公共品,也可以通过第三方购买的方式来提供。但无论是哪种供给方式,政府都不能忽略自身在创造和提供交通服务上的职责。

因此,在共享单车的发展过程中,还应该考虑的是如何在政府公共品供给的平台上,令其有效地参与到公共品的生产或供给过程中?只有将共享单车纳入到城市交通公共品的供给范畴内,才足以真正彰显政府作为公共品供给者的职责所在,同时这也是对共享单车最大的一种扶持和鼓励。

3. 政府还应该扮演"治理者"的角色

在寻求共享单车负外部性解决方案的过程中,尽管政府始终是一个至关重要的参与者,但并不是唯一的参与者。在城市交通公共品供给中,除了供给和需求的供求经济关系之外,还存在治理意义上的社会关系。这体现为如何将社区和个人等社会要素纳入到城市交通的建设过程中,以及如何通过政府、市场和社会三方之间的"共治"关系来最大程度上消除各种"负外部性",而不是仅仅依靠行政或市场的力量来解决。

例如,在共享单车乱停车的例子中,这里既有停车位规划上的成因,也有单车规模和价格经济等因素的影响,还有市民交通文明素养不足的原因。因此,要解决这个困扰各界的问题,除了政府和企业必须做出各种努力外,如何在全社会培育和倡导一种文明出行的习惯,同样是真正解决这个问题的重要方面。在这个过程中,政府有关部门要善于从根源上通过顶层设计来"治理"相关问题,而非停留在技术和经济层面上去"解决"问题而已。

共享单车发展到今天,已经形成了一个真正意义上的市场。既然是一个市场,政府就应该对其以市场的客观标准予以对待,只有这样才足以真正凸显政府作为市场"裁判员"而不是"运动员"的重要作用。理顺政府和市场的关系,共享单车也将会迎来更好的发展。

问题:
1. 举例说明现实中共享单车负外部性的表现。
2. 共享单车除了负外部性,有没有正外部性?
3. 政府可以采取怎么样的政策措施来矫正共享单车市场的负外部性?

B2C 电子商务模式下的信息不对称问题

电子商务中的 B2C 模式是一种十分重要的电子商务形式,B2C 模式包含了消费者和供应商两大主体,是利用电子商务所虚构的交易平台进行的贸易活动。B2C 电子商务模式的应用能够最快速度的获取和传递信息,为贸易的发展注入了新的力量,极大程度上促使消费额的大幅度增长,B2C 电子商务模式已经成为当下最热门的产业之一。但是,在 B2C 电子商务模式下经常会出现信息不对称的问题。信息不对称问题的出现可能会造成逆向选择和一定的道德风险,使交易的市场变得十分的混乱。

1. B2C 电子商务模式下的逆向选择

在 B2C 电子商务的模式下,如果交易的信息是对等的,就是生产商和消费者双方对信息的获取都是一致的,对交易商品的信息有着充足的了解,这样生产商就可以对自己的商品进行一定的定位、定价,根据商品的质量确定商品的价格,这样才能使双方的交易变得更加的公平。但是在实际的商品交易中,很多消费者都不能对商品的真实质量有着充分的了解,不能对商品进行准确的评价,所以,在这种情况下,价格比较低的商品往往成为消费者比较不错的选择,或者有的时候消费者会比较倾向于选择市场的平均价格。所以,很多质量比较好的商品有可能会因为价格比较高所以不受消费者的欢迎,有的时候只能以低价的形式进行促销,因此,很多质量比较高的商品有的时候会出现亏损的现象,时间一长这些高质量的商品就自主退出了电子商务的平台,反而是那些质量不太好的商品在市场上占据了一定的份额,也就出现了"劣币驱逐良币"的情况,市场效率也开始变低。

2. B2C 电子商务模式下的道德风险

道德风险一开始是出现在委托——代理的关系中的,因为委托人对代理人的信息并不是充分了解的,并且委托人和代理人的利益是不一样的,所以,代理人经常会违背委托人的意思进行对委托人不利的行为。很多人们都会由于机会主义倾向对未知的环境不能进行准确的判断,不能根据环境的改变对经济的收入和损失进行判定,机会主义倾向增加交易双方利用不当方法获取利益的概率。而在 B2C 电子商务的模式下,生产者就承担了代理人的角色,而消费者就扮演了委托人的角色,在电子商务交易的平台中由于其虚拟性的特点,假如消费者不能对生产者进行一定的监督,就很有可能出现卖方违约的行为。很多时候,对于 B2C 电子商务模式下的生产者来说,他们经常根据消费者对商品不了解往往会选择对自己有利的行为,而这些行为会对消费者产生一些不利,比如常见的拖延发货时间、以质量差的商品充当好的商品等,这些行为都是对消费者不利的。

问题:
1. 逆向选择如何影响电子商务经营者的定价?
2. 现实中有哪些针对商家道德风险的措施?
3. 由于逆向选择和道德风险的存在,实体商店是否有其必要性?

二、思考题
1. 何谓市场失灵?哪些情况会导致市场失灵?
2. 外部性如何导致资源配置失当?如何降低或消除由外部性所带来的效率损失?
3. 公共物品与私人物品的区别是什么?能否说政府提供的物品都是公共物品?
4. 什么是搭便车问题?它是如何产生的?
5. 信息不对称容易引起逆向选择和道德风险,请举例说明其主要后果。

第十章 一般均衡理论与福利经济学

◎ 学习目的与要求

本章重点介绍生产和消费的均衡过程,讨论市场与市场之间的相互作用,研究如何判断一个经济体系是否有效率,判断效率的标准是什么,实现效率有哪些条件,最后研究社会福利函数以及经济学对平等与效率问题的讨论。

通过本章学习,要求了解局部均衡和一般均衡的概念,重点掌握判断经济效率的帕累托标准,了解福利经济学的两个基本定理;了解经济学对社会公平问题的一般看法。

微课:经济人的公平观念

导 读

前面章节中对商品市场和要素市场的分析,都是局部均衡分析的范畴,具体方法是考虑把某个市场从相互联系的整个经济体系中分离开来进行分析。然而整个经济是一个相互关联的整体,有必要把各个市场的变化以及相互之间的影响联系起来,考虑所有市场共同达到均衡的条件。这就是一般均衡的分析方法。这将成为分析判断经济体系效率和改善社会福利的基础。

第一节 一般均衡理论

在前面章节中,在讨论商品或者生产要素价格的时候,都假定其他条件不变,只讨论一种商品或要素的价格决定问题。事实上,无论是生产者还是消费者,他们的行为都是互相影响的。一种商品的价格会影响另一种商品的价格,一个消费者的决策行为会影响其他消费者的行为。消费者的决策会影响到生产者的决策,生产者之间的行为互相影响,并且影响消费者的行为。因此有必要构建一般均衡的分析方法,把各个市场的变化和相互之间的影响联系起来。

一、一般均衡的含义

一般均衡理论是由法国经济学家里昂·瓦尔拉斯(Léon Walras)于19世纪70年代创立的。19世纪末,阿尔弗雷德·马歇尔(Alfred Marshall)建立了以局部均衡为基础的价格理论。1939年,希克斯出版了《价值与资本》,在局部均衡和一般均衡之间建立了联系。

某个市场中的一个变量的变化会引起其他市场中的变量变化,并反馈回原来的市场。例如,气候变化导致水力发电量减少,电价提高,引起以电力为生产能源的商品价格上涨,比如,化肥价格上涨,化肥的涨价引起了农产品价格提高,进而提高了工人的生活成本,工人会要求更高的工资,工资的提高又会引起各种产品的价格上涨。这种变动会持续到各个市场再次同时达到均衡为止。分析商品和要素市场同时达到均衡的过程和条件的就是一般均衡理论。

在瓦尔拉斯的模型里假定,经济处于完全竞争条件,所有的家庭和厂商都是价格接受者。在此基础上,进一步的假定包括:①每个家庭(消费者)既是产品的需求者又是要素的提供者,消费者根据自身的效用函数和产品、要素价格决定产品需求量和要素的供给量,并将其提供要素获得的全部收入用于消费,实现效用最大化;②厂商在既定技术水平下,根据产品价格和要素价格来决定产品供给量和要素需求量,实现利润最大化;③均衡状态下所有市场同时出清,各自供求相等;④每一厂商只能获得正常利润,即其经济利润为零。

从上述假定状态可以看出,一个均衡状态的基础是完全竞争市场和资源具有稀缺性两个假定。前者保证了市场机制的充分作用,后者将分配的经济效率问题引入到了经济活动中。

二、交换的一般均衡

假定一个经济体中只生产两种商品 X 和 Y,只有两个消费者 A 和 B,分别消费 X 和 Y 的数量为 X_A 和 Y_A,X_B 和 Y_B。假定 X 和 Y 的最大产量分别为 X_0 和 Y_0。图 10-1 是 A 的无差异曲线图,图 10-2 是 B 的无差异曲线图。

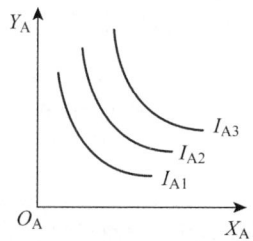

图 10-1　A 的无差异曲线图

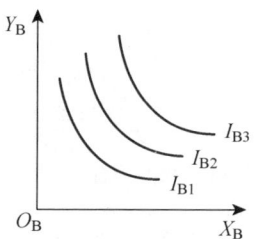

图 10-2　B 的无差异曲线图

将图 10-1 固定下来,将图 10-2 旋转 180 度,使两者的原点相对,构成了一个矩形的盒状图,这就是埃奇沃思盒状图(Edgeworth box diagram)。我们可以用它来分析 A 和 B 在两种商品交换中如何达到一般均衡的过程和条件。

如图 10-3 所示,埃奇沃思盒状图表示了商品在消费者之间的分配情况。盒子的横轴为 X 的消费量,纵轴为 Y 的消费量。F 点表示交换开始前的初始状态,即 A 拥有全部的 X 产品,B 拥有全部的 Y 产品。

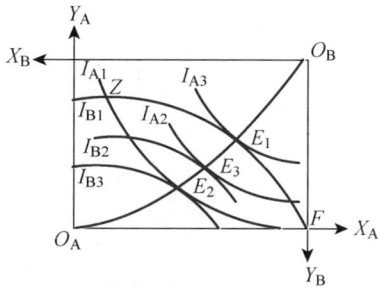

图 10-3　交换的埃奇沃思盒状图

如果通过交换,A,B 达到图中 Z 点所表示的状态,在 Z 点无差异曲线 A_1 和 B_1 相交,故在该点两条无差异曲线的切线斜率不同,所以在 Z 点上的商品 X 对 Y 的边际替代率 MRS_{XY} 不相等。于是消费者 A 用一定数量的 Y 商品交换消费者 B 的一定数量的 X 商品,双方都能获得改善。如图 10-3 所示,从 Z 点经过这样的交换移动到 E_3 点,对应的消费者 A 和消费者 B 的无差异曲线分别达到 A_2 和 B_2。消费者 A 和 B 的效用水平都从这样的交换中得到了提升。

如果从 Z 点出发,沿着无差异曲线 A_1 移动到 E_1 点,那么消费者 A 的效用增加,而消费者 B 的效用保持不变。类似的,如果无差异曲线 B_1 移动到 E_2 点,那么消费者 B 的效用增加,而消费者 A 的效用保持不变。

在上述埃奇沃思盒状图中，曲线 $O_A E_2 E_3 E_1 O_B$ 被称为契约曲线或者交换契约曲线 (contract curve for exchange)，是两个消费者无差异曲线切点的连线。交换契约曲线上的各点的无差异曲线的切线斜率都相等，也即两种商品的边际替代率相等。如果我们用 MRS^A_{XY} 表示消费者 A 的 X 商品对 Y 商品的边际替代率，用 MRS^B_{XY} 表示消费者 B 的 X 商品对 Y 商品的边际替代率，那么，在交换均衡的条件下，有：

$$MRS^A_{XY} = MRS^B_{XY} \tag{10-1}$$

于是，任何一个不在契约曲线上的点，都可以在契约曲线上找到一个点使得至少一人的效用水平提高，而另一人的效用水平并未减少。换句话说，只要消费者追求效用最大化，其交换的结果最终会落在交换契约曲线上的某一个点。如果最初的分配点已经在交换契约曲线之上，那么就不存在能同时提高双方效用的交换方式。

在完全竞争的条件下，消费者的效用最大化保证了公式(10-1)中的条件。消费者的效用最大化还受其预算线的约束。在前面章节里，我们学习了预算线的两个决定因素：一是消费者的收入；二是两种商品的价格之比 P_X/P_Y。

图 10-3 中的 Z 点是假定消费者已经把全部收入用于购买两种商品。

三、生产的一般均衡

假定一个经济体中只有劳动 L 和资本 K 两种要素，只生产两种产品 X 和 Y。根据既定技术水平，给出两种产品的等产量线，如图 10-4 和图 10-5 所示。其中，K_X，K_Y 表示分配给 X 和 Y 的资本数量，L_X 和 L_Y 表示分配给 X 和 Y 的劳动数量。

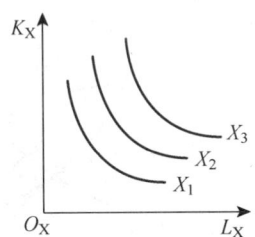

图 10-4　X 产品的等产量线

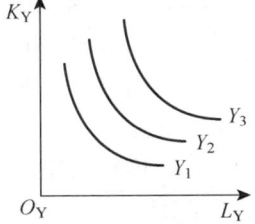

图 10-5　Y 产品的等产量线

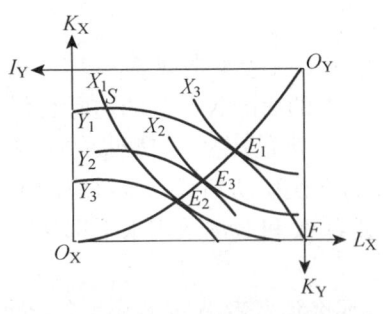

图 10-6　生产的埃奇沃思盒状图

我们要研究社会如何配置 L 和 K 两种资源，使得能够提供的总产出最大。与前文中方法类似，将图 10-4 固定下来，将图 10-5 旋转 180 度，使两者的原点相对，构成了一个矩形的盒状图，如图 10-6 所示。

如果资源配置结果如图 10-6 中 S 点所示，那么在 S 点，生产 X 和 Y 产品的劳动对资本的边际技术替代率 $MRTS_{XY}$ 并不相等。如果沿着等产量线 X_1 或 Y_1 移动到 E_2 或 E_1 点，通过要素重新配置，可以增加一种产品的产量而没有减少另一种产品的产量。若重新分配要素，达到图中 E_3 点，使得产品 X 和产品 Y 的产量都增加。可见,S 点不是生产 X 和 Y 的最佳要素投入配置。

在上述生产盒状图中,曲线 $O_X E_2 E_3 E_1 O_Y$ 被称为生产契约曲线(contract curve for production),是两种产品的等产量曲线切点的轨迹,所有这些切点处两种产品的等产量曲线的斜率相等。也就是说,在生产契约曲线上各点,两种要素的边际技术替代率 $MRTS_{XY}$ 都相等。如果我们用 $MRTS_{LK}^X$ 表示生产 X 产品时劳动 L 对资本 K 的边际技术替代率,用 $MRTS_{LK}^Y$ 表示生产 Y 产品时劳动 L 对资本 K 的边际技术替代率。那么在生产均衡的条件下,有:

$$MRTS_{LK}^X = MRTS_{LK}^Y \tag{10-2}$$

于是任何一个不在生产契约曲线上的点,都可以在生产契约曲线上找到一个点使得至少一种产品的产量提高,而另一种产品的产量并未减少。换句话说,只要生产者追求产量最大化,资源配置的结果最终会落在生产契约曲线上的某一个点。如果最初的分配点已经在交换契约曲线之上,那么就不存在能同时提高两种产品产量的交换方式。

在完全竞争市场中,厂商达到利润最大化的条件是:要素的边际产品价值(VMP)等于要素的价格。要素的边际产品价值等于要素的边际产量乘以产品的价格,即一单位要素能够带来的产出的价值。假设只有劳动和资本两种要素,那么上述利润最大化条件可以表示为:

$$VMP_L = P \times MP_L = w \tag{10-3}$$

$$VMP_K = P \times MP_K = r \tag{10-4}$$

整理可以得到:

$$\frac{MP_L}{MP_K} = \frac{w}{r} \tag{10-5}$$

根据前面章节里面的边际技术替代率的定义,则:

$$MRTS_{LK} = -\frac{dK}{dL} = \frac{MP_L}{MP_K} = \frac{w}{r} \tag{10-6}$$

对应式(10-2),得到生产的一般均衡条件:

$$MRTS_{LK}^X = MRTS_{LK}^Y = \frac{w}{r} \tag{10-7}$$

从生产契约曲线,我们再引入生产可能性曲线。生产可能性曲线是指厂商生产 X 和 Y 两种产品的最大可能的产出组合的轨迹。用产品 X 的产量为横轴,产品 Y 的产量为纵轴。在图 10-6 中,我们发现生产契约曲线是 X 和 Y 的等产量线切点的连线,即在某种产品产量既定时另一种产品所能实现的最大产量。沿着生产契约曲线从一点移动到另一点过程,如从 E_1 移动到 E_2 点,随着 X 产量的下降,Y 的产量不断提高。连接这些等产量线的切点,我们就可以得出一条生产可能性边界。生产可能性边界上各个点都是资源充分利用的产量组合,生产可能性边界内部点所代表的产量组合不能充分利用资源。

在生产可能性边界曲线上，增加一种产品的数量必须要减少另一种产品的数量。生产可能性边界曲线的斜率也被称为边际转换率（marginal rate of transformation，MRT），即增加一个单位 X 的产量时必须减少的 Y 的产量，表示成微分形式如下式所示：

$$MRT_{XY} = -\frac{dY}{dX} \tag{10-8}$$

由生产契约曲线可以推导出两种产品的生产可能性曲线。从上式中可以看出，边际转换率就是生产可能性曲线的斜率的绝对值。在图 10-6 中，当产量组合点从 E_1 移动到 E_2 点，X 的产量减少了 ΔX，而 Y 的产量增加了 ΔY，这时，生产 ΔY 的机会成本就是生产 ΔX 的成本。当这种在生产可能性曲线上的商品组合变化趋于无穷小的时候，用 MC_X 和 MC_Y 分别代表生产 X 和生产 Y 的边际成本，就有：

$$|MC_X \cdot dX| = |MC_Y \cdot dY|$$

于是有：

$$-\frac{dY}{dX} = \frac{MC_X}{MC_Y} \tag{10-9}$$

进而：

$$MRT_{XY} = -\frac{dY}{dX} = \frac{MC_X}{MC_Y} \tag{10-10}$$

我们知道，在完全竞争市场上，厂商为了追求利润最大化，竞争的结果使厂商生产的边际成本等于既定价格。于是有 $MC_X = P_X$，以及 $MC_Y = P_Y$。所以厂商的利润最大化行为必然使得下式成立：

$$MRT_{XY} = \frac{P_X}{P_Y} \tag{10-11}$$

式（10-11）意味着：当两种产品的相对价格发生改变的时候，为了追求利润最大化，厂商将分别调整两种产品的产量，使其边际成本之比与价格之比相等。

四、生产和交换的一般均衡

前面分别讨论了交换的均衡过程和条件，以及生产均衡的过程和条件，现在考虑生产和交换同时达到均衡的情况。将交换的埃奇沃思盒状图与生产可能性曲线相结合，我们可以分析生产和交换同时达到均衡的情况。

图 10-7 中的生产可能性曲线上每一点代表生产的一般均衡。埃奇沃思盒状图表示已经生产出来的 X 和 Y 产品在消费者 A、B 之间的分配和交换，交换契约线上的每一个点表示交换的一般

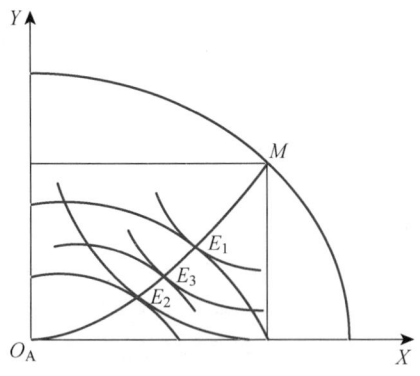

图 10-7　生产与交换的一般均衡

均衡。

生产可能性曲线上的每一个点代表厂商利润最大化的状态,即资源充分利用的状态。以生产可能性曲线上的 M 点作为初始状态,消费者将只能在 M 点对应的 X 和 Y 的数量限制内分配和消费这些商品,并实现效用最大化。OY_0MX_0 围成的矩形就是交换的埃奇沃思盒状图,我们可以找出对应的交换契约曲线。

在生产可能性曲线上每一点代表生产的一般均衡,在交换契约曲线上的每一点代表交换的一般均衡。如果生产和交换同时均衡,必然要求生产两种产品的边际转换率 MRT 和两种产品的边际替代率 MRS 相等,并且都等于两种产品的价格之比。

于是,我们得到生产与交换同时均衡时的条件:

$$MRT_{XY} = MRS_{XY} \qquad (10\text{-}12)$$

可以证明,上述关于生产、交换以及两者同时均衡的最优条件不仅适用于两个生产者、两个消费者、两种商品和两种要素的情况,也适用于多个消费者、多个生产者、多种产品和多种要素的更一般情况。

第二节 帕累托最优与经济效率

福利经济学从微观经济主体的角度出发,考察一个社会全体成员的经济福利最大化问题。具体来讲,福利经济学是从生产资源的有效率的配置和国民收入在社会成员之间的分配这两个方面来研究一个国家实现最大的社会福利所需具备的条件和国家为了增加社会福利应采取的政策。福利经济学具有一定的价值判断,属于规范分析的范畴。

一、帕累托最优

根据帕累托标准,个人从商品消费中获得的效用是可以衡量的,而且不同个人所获得的效用量是可以互相比较的。设想一下,我们现在要衡量 A,B 两种资源配置状态。如果至少有一个人认为 A 比 B 更好,而没有人认为 B 比 A 更好,则从社会的观点来看,A 优于 B。这一标准可以用于衡量社会福利是否被改善。

如果既定的资源配置状态是可以改变的,能够让一部分社会成员的状况改善,而其他人的状况并没有变化,这就可以看做是一种资源配置状态的改善,称为帕累托改进(Pareto improvement)。

如果帕累托改进进行到一定程度,不再有任何改进的余地,也就是说如果要使一个人的状况变好,必然使其他人的状况变坏,这种经济状态就被称为帕累托最优(Pareto optimality)。帕累托最优意味着整个社会的福利水平达到了最大。

值得注意的是,帕累托标准回避了分配问题,在一个经济中,一个人独得全部收益的状态也是帕累托最优的。不过,帕累托标准仍然是经济学中一个十分有用的判断经济效率的工具。

二、竞争性均衡与经济效率

在技术、消费者偏好等条件既定的前提下,如果存在一种资源配置状态,使得所有的帕累托改进都不存在,这种状态就达到了帕累托最优状态。满足帕累托最优状态的资源配置能够使消费者的福利达到最大化,我们可以说这个配置是具有经济效率的。

根据帕累托标准,可以对前一节中的分析进行总结。完全竞争经济中的一般均衡状态实现了帕累托最优。

1. 交换的帕累托最优

两种数量既定的商品在两个消费者之间进行分配。如果能够使各自达到效用最大化,那么这种分配是最优的。交换的埃奇沃思盒状图中的交换契约曲线就是消费者交换最理想组合点的轨迹。这条曲线上的每一个点都是 X 和 Y 两种商品在消费者 A 和 B 之间的最优分配,都代表一个帕累托最优状态。也就是说,消费者交换的帕累托最优状态必定落于交换契约曲线上,因此交换的帕累托最优条件是:

$$MRS_{XY}^{A} = MRS_{XY}^{B} \tag{10-13}$$

2. 生产的帕累托最优

两种生产要素劳动 L 和资本 K 在两种产品 X 和 Y 的生产中进行配置。在生产的埃奇沃思盒状图中,生产契约曲线上的每一个点,都表示要素配置的最优状态,也就是说,生产的帕累托最优状态必定落于生产契约曲线上,因此,生产的帕累托最优状态是:

$$MRTS_{LK}^{X} = MRTS_{LK}^{Y} = \frac{w}{r} \tag{10-14}$$

3. 生产和交换的帕累托最优

帕累托生产和交换同时最优是指在生产最优化下生产出来产品组合恰好可以使交换达到最优,即生产和交换同时实现最优化。一个经济中无论要素的种类有多少,产品的种类有多少,消费者数量有多少,生产和交换的帕累托最优实现的条件是:对任何消费者分配的任意两种产品的边际替代率必须等于生产这两种产品的边际转换率。在假定只有 A 和 B 两个消费者和只有 X 和 Y 两种商品的情况下,整个经济达到帕累托最优状态的条件是:

$$MRT_{XY} = \frac{P_X}{P_Y} = MRS_{XY}^{A} = MRS_{XY}^{B} \tag{10-15}$$

通过上面的分析,西方经济学认为完全竞争市场的一般均衡状态就是帕累托最优,同时帕累托最优状态都可以由一套完全竞争机制来实现。这意味着,只要经济处于完全竞争状态,消费者追求效用最大化,厂商追求利润最大化,价格机制就会自动引导生产与消费相一致,从而使消费者对商品的边际替代率等于生产这些商品的边际转换率。

经济分析证明了,在一定条件下,一个在所有市场都存在完全竞争的经济体,价格机制推动市场作用,导致资源配置最佳,消费者福利最大,这就是"看不见的手"在发挥作用。完全竞争市场经济的一般均衡是帕累托最优的,这一结论被称为福利经济学第一定律。

上述定律反之亦成立。在所有的消费者的偏好为凸性和其他一些条件下，任何一个帕累托资源最优配置都可以从一个适当的初始配置出发，通过完全竞争的市场均衡来实现，这被称为福利经济学第二定律。该定律表明市场可以实现任何一种帕累托最优配置，政府的管制是不必要的。

第三节 社会福利与政策标准

要研究社会福利的最大化问题，需要构建一个社会福利函数。经济学家们尝试从个人福利来推导社会福利，由个人的偏好来推导社会偏好。但是这些尝试目前并没有达成共识。社会福利函数很难被准确地估计出来，不同分配状态下的帕累托最优状态有很多，但是福利最大化的点只可能是其中的一个。那么达到福利最大化的条件需要理想的收入分配方式，而这种理想的收入分配完全是一种价值判断，很难有统一的观点。

为了扩大福利经济学的适用性，解决现实经济生活中的一些问题，经济学家提出了一些社会福利标准。这些标准可以用于判断社会福利的相对变化，以及一项政策是否能够促进社会福利的增加。这里的关键在于社会福利增加与否的判定标准。虽然这些标准长期以来也都伴随着不同观点的争论，但是关于标准的讨论构成了福利经济学的主要研究内容之一。本节将介绍几种比较流行的判定标准。

一、帕累托标准

前文中提及的帕累托标准已经被经济学家广泛接受。帕累托标准认为：一项政策如果改善了一部分人的福利，而没有损害其他任何人的福利，那么这项政策就会提高社会福利。然后，有很多政策难以根据这个标准进行评估。比如，凡是对富人课税以补贴穷人的政策都不符合帕累托标准。所以说，帕累托标准解决的是在收入分配既定的前提下，如何实现资源配置最优的问题。而回避收入分配问题，既是帕累托标准的精妙之处，也是它的缺陷所在。

二、补偿原则

尼古拉斯·卡尔多（Nicholas Kaldor）和希克斯提出了补偿原则（compensation principle）来克服帕累托标准的严格限制。按照补偿原则，如果一项政策的变动导致了物质生产率的提高，实现了收入增长，即使有部分人因为这项政策受到损害，若受损者能够得到充分补偿，其他人的境况就会比以前更好，这一变动意味着社会福利的改进。希克斯进一步认为，这种补偿并不需要受益者支付，因为每一次经济变革只会引起实际收入分配的微小变化，微小的损失不需要及时的补偿。从长期来看，变革会使得生产效率更快的提高，因此受损者就会"自然而然地"得到补偿。

三、西托夫斯基双重标准

提勃尔·西托夫斯基提出,如果推行一项符合补偿原则的政策,变革能够增加社会福利,但是变革以后再回到原来状态的一项变革,也许还可以增加社会福利。为了避免这种矛盾的发生,西托夫斯基提出,只有当旧状态向新状态的变化能够增加社会福利,而由新状态向旧状态的变化不能增加社会福利的时候,这种由旧状态向新状态的变化,才能真正增加社会福利。也就是说,西托夫斯基双重标准是:首先,要看新变革是否使每一个人都比原来的状况好;其次,新变革再回到原来状态是否不可能达到对每一个人都更好。若结果只出现前者而不出现后者,则变革使社会福利改善了。

卡尔多-希克斯补偿原则的另一缺陷是忽视了货币对不同人的边际效用不同,对受益者和受损者采用了同样的衡量单位。因此,补偿原则仍不能确定某一变化是否有利于改善社会福利。

在西托夫斯基双重标准基础上,李特尔(little)提出了三重标准:是否满足卡尔多-希克斯补偿原则;是否满足双重检验标准;收入再分配是否恰当。李特尔认为,要使社会福利增加,除了实现效率的条件外,还必须满足收入分配上的条件,即实际收入的分配要比现在好,至少不比现在坏。

四、帕格森标准

帕格森标准由美国经济学家帕格森提出,萨缪尔森和阿罗等人进行了补充。帕格森认为,只有建立明晰的社会福利函数,才能解决社会福利的判别标注问题。社会福利函数是整个社会所有个人效用水平的函数,而个人的效用水平又是商品消费和要素提供的函数。

如果一项变革能够使得社会福利推进到更高的无差异曲线上,则说明这项变革能够增加社会福利。但是社会福利函数的建立十分困难,设置是不可能的。美国的经济学家阿罗就提出,从个人对社会福利的偏好次序推导得出全社会所有人的一致偏好次序是不可能的。这一观点被称为"阿罗不可能定理"。

第四节 经济学关于平等与效率的讨论

前文中,要素市场中要素价格的自动调节形成对资源的有效配置,但是由要素市场决定的收入分配可能引起收入的不平等,所以政府又通过税收和公共福利体制建设来解决收入再分配问题。再分配问题会影响到经济效率,故平等和效率问题也在经济学的讨论范畴中。

通过福利经济学的研究,学者们注意到,除了效率之外,平等也是一个社会追求的目标。在西方经济学中,效率通常可以被理解为资源的配置优化。但是对于平等概念的定义却众说纷纭。本节虽然采用了"平等与效率"的表述作为标题,但是学者们在描述这一问题的时候,公平(fairness)、平等(equality)与公正(justice)等词语经常交替使用。如果要做更为细致的区分,那么公平一般是指被正确、合理的对待,是接受者的主观感受;平等是指分配结果的均等,是对某种标准的符合,具有客观性;公正是非当事方对一件事的判断,比如法院或管理者的裁决。在本小节中将主要讨论社会选择层面上经济效率与收入分配平等之间的关系,最后会介绍行为经济学在个人决策层面上对公平与效率的理论探索。

一、平等与效率的关系

西方经济学中关于平等(公平)与效率的讨论结论非常丰富。通常情况下,这两个目标之间存在矛盾。有时,为了提高效率,不得不忍受更大程度的不平等。有时,为了促进公平,又必须牺牲一部分效率。美国经济学家奥肯曾经说过:"公平和效率的冲突是最需要加以慎重权衡的社会经济问题,它在很多的社会政策领域一直困扰着我们。我们无法按市场效率生产出馅饼之后,又完全公平的进行分享。"

同时,也有研究发现,效率与公平这两个目标有时是相互促进的。例如,提高体力劳动者的受教育程度,不但可以提高这些劳动者的生产率,而且改善了整个社会的收入分配。

专栏 10-1 我国社会发展的主要矛盾演进中的公平与效率

公平与效率是辩证统一的关系,公平的实现离不开效率的支持,效率的发展离不开公平的保证,两者互为内容和手段。

一方面,效率是公平的支持,只有效率不断提高,公平的增进才有质的保证。试想一下,如果生产力极其落后,社会供给不足,政府缺乏通过转移支付实现公平的基本财力,失业救济、养老保障则无从谈起,公平只能是低水平的平衡。很长时间里,我国社会主要矛盾是人民群众日益增长的物质文化的需要同落后的社会生产力之间的矛盾。平均主义导致效率低下,反过来,效率低下导致公平缺乏质量。在这种历史条件下,提高效率是解决温饱问题、实现小康水平的必要途径。

另一方面,公平是效率的保证。公平能使得社会经济运行有序,减少经济发展过程中的摩擦成本、交易成本,为效率的提高创造必要的条件。要提高效率,就必须有一个公平的社会环境。试想一下,如果社会动荡和无序,终将严重损害效率。从这个意义上说,公平是效率的保证。当前,我国社会主要矛盾已经转化为人民日益增长的美好生活需要和不平衡不充分的发展之间的矛盾。我国稳定解决了十几亿人的温饱问题,总体上实现小康,人民美好生活需要日益广泛,不仅对物质文化生活提出了更高要求,而且在民主、法治、公平、正义、安全、环境等方面的要求日益增长。但在新的历史时期,发展不平衡不充分是突出的社会问题,收入差距扩大已经成为社会持续健康发展的主要制约因素。

我国社会主要矛盾的变化是要求在继续推动发展的基础上,着力解决好发展不平衡不充分的问题,提升发展质量和效益,处理好公平与效率的关系,实现社会生态和谐。

二、平等和效率的标准

由于有效配置的结果不一定是平等的,社会就必须在某种程度上通过再分配政策来实现平等的目标。但是,再分配方案的实施是有代价的。收税的增加会导致劳动供给的减少,或者使得厂商的成本提高而减少生产。有关平等和效率的观点,经济学家有不同的观点。

1. 平等标准

平等标准是一种平均主义的观点,认为所有的社会产品应该在社会成员之间作绝对平均的分配,每个社会成员得到相同的产品。"均贫富"的观点反映了这种思想。但是由于消费者个人偏好并不相同,大多数人可能并不认可这种分配方式,所以这种平均主义的分配不符合帕累托最优标准。有人强调采用效用的均等来代替商品分配的均等,这样又会面临个人效用之间的比较问题。

在宏观经济中,收入分配的不平等问题主要采用洛伦兹曲线和基尼系数来进行度量,这一部分内容已在前文中介绍过。

2. 罗尔斯主义的公平观

美国哲学家约翰·罗尔斯(John Rawls)提出,在一个处于初始状态的社会中,任何人都不知道未来的变化究竟会使其状态变好还是变坏。在这种不确定的条件下,回避风险的人们会选择使他们在未来变化中处于平均状态的分配。对于处于最坏状态下的人来说,只有当不平等的分配能比平等分配得到的状况更好,不平等的分配才是可取的。这也被称为"最大中的最小标准"。

根据罗尔斯的观点,平等的结果是实现社会里境况最差的人的效用最大化。这意味着要给予生产力较高的人更高的奖励,从而生产出更多的产品,然后可以通过再分配使社会中最穷的人状况变好。

3. 功利主义标准

福利经济学中对社会福利函数的构建经常通过对个人效用的加权求和来实现。功利主义的社会福利函数给予每个人的效用相同的权重,将社会成员的效用最大化。所以功利主义的社会福利函数就是使社会成员的总效用最大化。

4. 市场主导的公平观

市场主导的公平观认为市场竞争的结果总是公平的,因为市场会奖励那些最有能力和工作最努力的人,按照这种观点,即使那些会导致产品分配极大不均的结果也是可以接受的。

三、行为和实验经济学的一些发现

行为和实验经济学在20世纪后期兴起,成为主流经济学中非常有活力的一个分支。不同于前文中福利经济学主要从社会选择的角度来分析平等与效率问题,行为经济学从个人决策的角度,分析个人在面对选择时如何衡量公平和平等。这里首先是实验经济学在实验中观察到了确凿的证据,表明个人决策时,对公平和平等的关切会影响行动。然后理论学者试图将这部分纳入到效用最大化的目标函数中。

实验经济学家用一个被称为"最后通牒博弈(ultimatum game)"的实验来说明人们是关注公平和公正的。

在最后通牒博弈中,两位参与者(互不相识,甚至互相匿名)被告知,他们有机会可以得到一笔钱,如 100 元。实验从掷硬币始,掷硬币的结果决定两位参与者的角色,玩家 A 或者玩家 B。玩家 A 的任务是为这笔钱在双方之间给出一个分配方案提议。在玩家 A 做出提议之后,玩家 B 有权决定接受还是拒绝这份提议。如果玩家 B 表示接受,这个提议将得到实施,这笔钱在两个玩家之间进行分配。如果玩家 B 表示拒绝,那么两个玩家都只能空手离开游戏,一分钱也得不到。

"最后通牒博弈"的设计模拟了现实中的谈判问题,这笔钱相当于一次交易给双方带来的总剩余(利润),接下来双方将就利润分配问题讨价还价。如果谈判不能达成一致,交易无法进行,利润也就不存在。

按照传统的经济理论假设,人们都是理性的财富最大化者。假设这里分配的数额是 100 元。根据这个思路,只要在玩家 A 给出的提议里,分给玩家 B 的份额不是零,那么玩家 B 就不应该拒绝这个提议,因为拒绝的收益是零。如果玩家 A 了解这一点,在出价必须为整数的条件下,他会提议自己得到 99 元,留给玩家 B 的只有 1 元。这种 (99,1) 的分配是一个纳什均衡。

但是实验经济学家通过大量的重复实验发现,人们在参与最后通牒博弈时,充当玩家 B 的人通常会拒绝非常不平等的分配提议。而玩家 A 也能预料到这一点,在他们给出的提议中,通常留给对方的远远多于 1 元钱。一些人会提出 (50,50) 的平均分配方案,但是大多数玩家 A 会提议分给对方 30%~40%,而留给自己更多一些。这样的方案大多数玩家 B 会选择接受。

"最后通牒博弈"等多个经典实验在世界各地的重复结果证明,人们会关心他人的收益,但是这种关切对决策的影响会随着实验规则、社会背景以及参与者的个人特征的变化而变化。

在实验探索的同时,行为经济学家也尝试建立各种理论模型来刻画人们的这种的公平关切,目前影响较大的模型主要有以下两类。

1. 基于结果的不平等厌恶模型

基于结果的分配性偏好模型强调分配结果的重要性,其特点是行为人不仅关心分配结果中自身的物质收益,还关心他人的收益。不平等的分配结果会给行为人带来负效用。费厄(Fehr)和施密特(Schmidt)建立了一个基于不平等厌恶的行为博弈模型。不平等厌恶表示人们会拒绝不平等的结果,人们甚至会放弃一些自己的收益,以得到更为均等的收益分配结局。

模型假设,首先,经济体中存在单纯追求自身物质收益最大化的人,也存在具有不平等厌恶偏好的人。其次,当人们的收益情况处于相对不利位置时,其效用损失量比处于相对有利位置时效用的减少量更大。考虑两个人的收益分配,$i \in \{1,2\}$,用 $x = x_1, x_2$ 表示参与者的物质收益,参与者 i 的效用函数 U 为:

$$U_i(x) = x_i - \alpha_i \max\{x_j - x_i, 0\} - \beta \max\{x_i - x_j, 0\}, i \neq j \tag{10-16}$$

式(10-16)中：$\alpha_i \geqslant \beta_i$，$0 \leqslant \beta_i < 1$。这里效用函数右边第一项是物质收益部分，第二项表示博弈参与者自己的物质收益比其他人物质收益少时所产生的负效用，第三项表示参与者自己的物质收益比其他人物质收益多时所产生的负效用。可以看到，这里的比较发生在自身收益与其他每个人的收益之间。任何偏离平均分配的结果都降低行为人的效用水平。

基于结果的模型能够解释一些实验中的发现，其形式比较接近前文中的标准效用函数形式。但是这一系列的研究忽视了收益分配的形成过程。

2. 基于动机的公平偏好

与基于结果的分配偏好模型不同，基于动机的互惠偏好模型中强调了意图对于行为的重要性。当一个人想对他人友善或者不友善时，他必须判断他自身的以及他人的行动是否友善。因此，在互惠模型中包含有与信念相关的动机，效用函数的定义与标准博弈论也就不同，这实际上构成了心理博弈。

马修·拉宾(Matthew Rabin)的模型借鉴了心理博弈的分析框架，主要观点有：①人们会愿意牺牲自己的物质利益来帮助对其友善的人；②人们也愿意牺牲自己的物质利益以惩罚对其不友善的人；③如果个人做出的这种牺牲不是很大，则以上两种行为的动机就更强。这一系列研究的关键在于对善意的判断。不同的善意标准会导致不同的判断。

可以看到，上述模型都是将公平关切融入一个最大化的效用问题中，形式上实现了效率与平等的兼顾。在上述两方面观点的基础上，有经济学家试图建立更加具有普遍适用性的模型，目前这方面的研究还在继续。这些研究扩大了传统上经济学对平等、公平等问题的研究范围。

本章小结

一般均衡分析是对局部均衡的总结和升华，福利经济学对资源最优配置和社会福利最大化目标进行专门的分析。瓦尔拉斯的一般均衡分析给出了交换的一般均衡，生产的一般均衡，以及生产和交换同时均衡时的条件。市场完全竞争和资源的稀缺性是这一系列分析的前提。

福利经济学中的帕累托最优给出了资源配置和收入分配的理想状态标准，完全竞争经济中的一般均衡状态实现了帕累托最优。衡量一项政策能否提高社会福利，主要有下列四种标准：帕累托标准、补偿原则、西托夫斯基标准和帕格森标准。

经济学研究关心平等(公平)与效率之间的关系。经济学家给出了不同的公平观念，经济学实验证明了公平观念对个人决策存在影响，并建立了基于分配结果和基于动机的两类理论来解释这些发现。

关键术语

一般均衡　埃奇沃思盒状图　契约曲线　福利经济学　帕累托最优　平等与效率　最后通牒博弈

练习题

一、案例分析

改革深水区挑战：复杂性前所未有

2013年5月30日中国经济体制改革工作会议在京召开。中国国家发展改革委主任徐绍史在会议上发表讲话，介绍了中国改革在攻坚期和深水区面临的五大挑战。

其一，中国改革已经越过了最初的"帕累托改进阶段"。徐绍史指出，目前在中国，让各方普遍受益的改革措施越来越难找到，达成改革共识的难度进一步加大。

其二，改革面临利益固化的现状。徐绍史指出，中国改革未来越来越多地触及深层利益关系，越来越多的要求对现有利益进行重大而深刻的调整，推进改革的难度在加大。

其三，改革面临政府部门"自我革命"的课题。徐绍史指出，从一定意义上来看，固化的既得利益往往和政府部门自身的利益相关联，"革思想的命，削手中的权，去部门的利"是一个新的课题。

其四，改革面临跨越"中等收入陷阱"特殊阶段的挑战。我国已经成为中等偏上收入经济体，需要通过深化改革来优化经济结构，加快农村的改革，协调好各种利益关系，成功跨越这一阶段，避免重蹈一些中等收入国家经济徘徊不前，社会矛盾凸显的覆辙。

其五，改革任务发生了重大变化。徐绍史指出，现在中国的改革已经不单单是经济体制改革，涉及经济、政治、生态、文化等方方面面。改革面临的任务都是"难啃的硬骨头"。

徐绍史强调，在攻坚期和深水区，中国改革面临的艰巨性、复杂性前所未有，必须以敢闯的锐气和会闯的睿智，集中力量攻坚克难。他表示，就深化改革开放，中央十分重视，社会和民众热切期盼。但同时，改革的任务也十分紧迫、艰巨，需要各地区各部门履行好自己的职责，攻坚克难，打好改革的攻坚战。

问题：

1. 结合我国改革实践说明为什么最初的改革是"帕累托改进"？
2. 结合卡尔多-希克斯补偿原则，在我国改革攻坚阶段，政府如何协调公平和效率，使我国经济发展顺利跨越"中等收入陷阱"？

二、思考题

1. 什么是帕累托最优？满足帕累托最优需要具备什么样的条件？
2. 为什么说完全竞争市场的一般均衡状态实现了帕累托最优？
3. 如果对于生产者 A 来说，以要素 L 替代要素 K 的边际技术替代率等于3，对于生产者 B 来说，以要素 L 替代要素 K 的边际技术替代率等于2，那么有可能发生什么情况？

参 考 文 献

[1] 叶德磊. 微观经济学[M]. 4版. 北京：高等教育出版社，2013.

[2] 刘东，梁东黎. 微观经济学教程[M]. 1版. 北京：科学出版社，2005.

[3] 黄亚钧，郁义鸿. 微观经济学[M]. 1版. 北京：高等教育出版社，2000.

[4] 高鸿业. 西方经济学（微观部分）[M]. 3版. 北京：中国人民大学出版社，2004.

[5] 曼昆. 经济学原理[M]. 梁小民译. 4版. 北京：北京大学出版社，2006.

[6] 萨缪尔森，诺德豪斯. 经济学[M]. 萧琛，等译. 18版. 北京：人民邮电出版社，2007.

[7] 范里安. 微观经济学现代观点[M]. 费方域，朱保华，等译. 9版. 上海：上海人民出版社，2016.

[8] 尹伯成. 西方经济学简明教程[M]. 5版. 上海：上海人民出版社，2006.

[9] 雷切尔·博茨曼，路·罗杰斯. 共享经济时代[M]. 唐朝文，译. 上海：上海交通大学出版社，2015.

[10] 胡忠德. 电子商务中的B2C模式下的信息不对称问题研究[J]. 宿州教育学院学报，2017(6)：19-20.

[11] 徐绍史. 徐绍史详解改革深水区五大挑战：复杂性前所未有[EB/OL]. 中国新闻网，2017-05-30[2017-10-18]. http://www.chinanews.com/gn/2013/05-30/4876348.shtml.

[12] 佚名. 白领跳槽换工作的"隐性成本"[EB/OL]. 理财周刊. 网易财经，2010-09-26[2017-10-17]. http://money.163.com/10/0926/09/6HGG1M0G00253G87_2.html.

[13] 佚名. 五星酒店收益不乐观，短期内并不盈利[EB/OL]. 三秦都市报. 环球旅讯，2012-05-25[2017-08-20]. http://www.traveldaily.cn/article/61486.

[14] 刘晓. 以反腐为契机深化国企改革. [EB/OL]. 南京龙虎网—南京日报. 网易新闻，2015-02-09[2017-09-25]http://news.163.com/15/0209/06/AI08L4BM00014AED.html.

[15] 李志青. 当共享单车频频呈现"负外部性"，该怎么办？[EB/OL]. 搜狐财经，2017-03-07[2017-09-09]. http://www.sohu.com/a/128141904_611354.

[16] 佚名. 人民视点[EB/OL]. 人民网第74期，2013-09-05[2017-08-30]. http://opinion.people.com.cn/GB/363551/368857/.

[17] 何代欣，透视环境税[N]. 中国社会科学报，2017-05-31(04).

[18] 曾世宏，夏杰长. 公地悲剧、交易费用与雾霾治理——环境技术服务有效供给的制度思考[J]. 财经问题研究，2015(1)：10-15.